Alles, was ich weiß, ist Gott

Zen in Frage und Antwort

Zu diesem Buch

Dieses Buch erläutert Zen in der verständlichen Form von Frage und Antwort und berührt dabei viele Bereiche des Lebens.

Über den Autor

Ralf Scherers Wahrnehmung änderte sich durch die Arbeit mit dem Kôan Mu, dem paradoxen Rätsel des großen Zen-Meisters Jôshû Jushin (778 - 897). Seine Sicht der Dinge war nun nicht mehr verfälscht durch sein Ich. Aus dieser Ichlosigkeit heraus beschreibt er Zen.

Alles, was ich weiß, ist Gott

Zen in Frage und Antwort

Bibliografische Information der Deutschen Nationalbibliothek:
Die Deutsche Nationalbibliothek verzeichnet diese Publikation in der Deutschen Nationalbibliografie; detaillierte bibliografische Daten sind im Internet über http://dnb.dnb.de abrufbar.

© 2014 Ralf Scherer

Herstellung und Verlag:
BoD – Books on Demand, Norderstedt
ISBN 978-3-7386-0511-2

Vorwort

Dieses Buch erläutert Zen in Form von Frage und Antwort und berührt dabei viele Bereiche des Lebens.

Sowohl Frage als auch Antwort sind von mir. Warum auch die Fragen? Sicherlich ist die freieste, und damit auch beste Form, doch diejenige, in der Menschen kommen und frei fragen.

Ich stehe zu dieser besten Form, und doch möchte ich, zumindest für dieses Buch, einmal davon abweichen. Ich möchte vieles Erwähnenswerte auch mitteilen, was aber niemals gefragt würde, weil der, der von Zen noch nicht durchdrungen ist, nicht in der Lage ist entsprechende Assoziationen herzustellen.

Wie sollte man das bezeichnen? Ein Selbstgespräch? Ein eigenes Zwiegespräch? Ich würde sagen, es ist irgendetwas zwischen Monolog und Dialog.

Ralf Scherer, 2014

Sie sind heute siebenundvierzig Jahre alt. Wie kamen Sie zu Zen?

Mit etwa siebzehn Jahren las ich sehr viele Bücher über die asiatischen Kampfkünste Karate, Taekwondo, Aikido etc., dabei kam ich zum ersten Mal mit Zen in Berührung. Ich las beispielsweise auch das „Tao des Jeet Kune Do" des großen Kampfkünstlers Bruce Lee, in dem er davon spricht keinen Weg als Weg zu verwenden, wie auch davon, dass letzten Endes der Name des von ihm begründeten „Jeet Kune Do" ausgelöscht sei, also eine Rückkehr zum Ursprung stattfände und der Kreis sich schließe. Ich konnte diese Aussagen zu dieser Zeit nicht in ihrer Tiefe verstehen, es war eher ein intellektuelles Verstehen, kein Verstehen im Dasein. Die wirkliche Berührung mit Zen kam erst viele Jahre später, als ich auf das Kôan Mu stieß, das paradoxe Rätsel des großen Zen-Meisters Jôshû Jushin (778 - 897), da war ich achtunddreißig Jahre alt.

Diese wirkliche Berührung mit Zen, wie kam sie zustande?

Als ich neunundzwanzig Jahre alt war, scheiterte die Beziehung mit meiner Freundin. Es war nicht so, dass sie und ich lange zusammen gewesen wären, gerade mal ein dreiviertel Jahr, und dennoch: Dass die Beziehung scheiterte, schockte mich, denn eigentlich war sie, was ich immer wollte, und eigentlich wollte ich mit ihr zusammenbleiben, aber ich konnte nicht, meine Gefühle für sie waren plötzlich einfach weg, und erstmals erfuhr ich, was es heißt als Mensch unfähig zu sein, diese enorme Diskrepanz zwischen Wollen und Können.

Verzweifelt...

... versuchte ich meine Gefühle zu ihr wieder herzustellen. Einmal, als ich mit dem Zug fuhr und sah, dass ein Fahrgast zufällig ein Buch über Paarberatung las, bat ich ihn, es mir für die Zeit der Zugfahrt auszuleihen und las das ganze Buch innerhalb von zwei Stunden, nach jedem Strohhalm greifend, jeden Hinweis suchend, die Beziehung doch noch zu retten. Alles vergeblich. Ich musste erst mir und dann auch ihr eingestehen, dass ich sie nicht mehr liebe, ein schreckliches Eingeständnis. Es war mir ein völliges Rätsel, wie mir die Liebe zu ihr abhanden gekommen war. Es gab nichts, was man einen objektiven Grund nennen konnte, dass beispielsweise sie oder ich fremdgegangen und es zu einem Vertrauensverlust gekommen wäre und vielleicht deshalb meine Gefühle erkaltet wären.

Wenn...

... meine Freundin dann fragte, warum ich sie nicht mehr liebe und was sie denn falsch gemacht habe, konnte ich ihr keine Antwort geben, denn ich verstand es ja selbst nicht. Das störte mich massiv an mir, denn ich war schon der Meinung, dass der Mensch sein Handeln gegenüber dem anderen Menschen begründen können muss und nicht willkürlich oder beliebig sein darf. Das Handeln, so dachte ich weiter, sollte schon an etwas gebunden sein. Aber an was? Und wenn es an etwas gebunden war, wie konnte es dann dennoch frei sein? Jedenfalls wollte ich eine solche Unfähigkeit meinerseits nicht noch einmal erleben.

Weil mein Trennungsschmerz...

... so groß war und ich auch nicht verstand, wieso es in mir überhaupt einen Trennungsschmerz gab, war ich es doch, der sie nicht mehr liebte und Schluss gemacht hatte, sagte ich mir damals: „Da muss es auf dieser Welt doch weisere Menschen geben als dich, die dir sagen können, was da eigentlich abgelaufen ist." So ging ich etwa ein halbes Jahr lang zu einer kirchlichen Einrichtung, die sich „Offene Tür" nannte und sprach einmal die Woche eine Stunde mit einem älteren Jesuitenpater. Ich war zunächst besorgt darüber, weil es eine kirchliche Einrichtung war, denn mit der Kirche wollte ich nichts zu tun haben. Aber meine Sorgen waren unbegründet, es ging wirklich nur um die Sache, nicht um eine Missionierung oder weltfremdes Geplapper, jeder war bemüht zur Wahrheit vorzudringen und den Grund der Diskrepanz zu finden. So war ich dann doch froh, dass es diese Einrichtung gab, auch weil sie kostenlos und völlig anonym war und man nicht lange auf einen Termin warten musste.

Der Jesuitenpater...

... verwandt zur Psychoanalyse die sogenannte Transaktionsanalyse nach Eric Berne, die der große Psychoanalytiker Erich Fromm (1900 - 1980) nicht sehr schmeichelhaft als eine sehr vereinfachte Darstellung von Freuds Es, Ich und Über-Ich bezeichnete, was mich etwas verunsicherte, denn ich legte sehr viel Wert auf Erich Fromms Meinung, er gehörte zu meinen Lieblingsautoren. Die wöchentlichen Gespräche mit dem Pater taten mir jedenfalls gut und halfen mir allmählich über den Trennungsschmerz hinwegzukommen, doch wirkliche Antworten, warum das mit der Beziehung so abgelaufen war, konnte ich nicht finden und irgendwann war alles gesagt, und wir drehten uns nur noch im Kreis und beendeten das Ganze.

Sie fragten dann nach Ihrem Wertemaßstab?

Da ich in den Gesprächen mit dem Pater doch keine wirkliche Ursache für den plötzlichen Wegfall meiner Gefühle und dem damit verbundenen Scheitern der Beziehung gefunden hatte, hatte ich Angst, dass mir das bei der nächsten Beziehung wieder so passiert oder dass die Angst eine nächste Beziehung überhaupt verhindert. Ich sagte mir: „Noch einmal ein solcher Gefühlsverlust, das kannst du doch niemandem zumuten, auch dir selber nicht." Ich fragte mich: „Was ist eigentlich dein Wertemaßstab, was ist deine Werteskala, woran machst du fest, was gut oder böse ist?" und fand in mir keine überzeugende Klarheit. Ich tat dann, was ich, abgesehen von den Gesprächen mit dem Pater, immer getan hatte, wenn ich etwas sehr genau wissen wollte: Ich kaufte mir Bücher. Dieses Mal zum Thema Mensch, Bücher aus den Bereichen Psychologie, Philosophie, Esoterik, Wirtschaftsmanagement etc., alles, was mir irgendwie das Menschsein erklären könnte.

Eines der Bücher...

... hieß „Power: Die 48 Gesetze der Macht" von Robert Greene und benannte 48 Gesetze, um in dieser „bösen egoistischen" Welt bestehen zu können und nicht unterzugehen. Ein Gesetz lautete beispielsweise: „Sage immer weniger als nötig", ein anderes: „Glänze durch Abwesenheit, um den Respekt zu erhöhen", dann nannte es historische Persönlichkeiten, etwa Ludwig XIV. oder Napoléon, die diese so angewandt hatten. Zu jedem Gesetz gab es die sogenannte Umkehr, wo das Gesetz nicht galt, sondern man den Anderen zuquatschen oder omnipräsent sein musste, um seine Haut zu retten. Das Buch benannte also einen Bereich, in dem das Gesetz galt und einen Bereich, in dem es nicht galt.

Es ging in dem Buch um relative Macht?

Ja, um relative Macht, nicht um absolute. Relativ und absolut, zwei Begriffe, die mir erst später durch Zen wesentlich klar werden würden. Zu dieser damaligen Zeit hatte ich Bedenken, dass das Buch mir nicht gut tun könnte, doch dann dachte ich, je besser du das Böse kennst, desto besser kannst du damit umgehen und es auch an dir selbst erkennen, denn vielleicht bist du ja gar nicht so lieb und nett, wie du immer dachtest.

Und vielleicht war auch meine Freundin nicht so lieb und nett, wie ich immer dachte.

Einige Zeit versuchte ich...

... wirklich nach diesen 48 Gesetzen der Macht zu leben, sie als Maßstab meines Handelns zu betrachten. Vor allem in der meist egoistischen Arbeitswelt gelang mir dies recht gut, und ich hatte den Eindruck, dass die Gesetze mir halfen besser zurechtzukommen. Kehrseite war allerdings, dass mir meine lebendige Spontanität genommen war, weil ich in jeder Lebenssituation erst einmal überlegen musste, welches Gesetz denn jetzt zu dieser Situation passt, ich also das Leben einkatalogisierte.

Vielleicht...

... sagt jemand: „Der Ralf Scherer, der spinnt." Doch tatsächlich zeigte mein Verhalten eher meine damalige Verlorenheit, meine Verzweiflung und meinen Wunsch nach einem echten Maßstab, wie auch das Versagen von Schule, Gesellschaft und Kirchenreligion diesen zu vermitteln oder wenigstens zu benennen. Und sowieso muss die Frage erlaubt sein, ob andere Menschen denn einen besseren Maßstab besitzen als ich damals mit den 48 Gesetzen oder sich überhaupt jemals Gedanken darüber gemacht haben? Viele sagen zwar, dass Gott ihr Maßstab sei, doch wenn man sich ihr Handeln dann betrachtet, kommen einem Zweifel, ob Gott wirklich dessen Basis sein soll.

Von den 48 Gesetzen zur Frage „Wer bin ich?"...

Mit der Zeit verstrickte ich mich immer mehr in den 48 Gesetzen und entfernte mich von dem, was der Mensch ist. Ich glaube, ich war auf dem besten Wege sonderbar zu werden, seltsam zu werden, das Gegenteil von dem, wie ich sein wollte, nämlich so natürlich wie möglich.

Ich dachte, handle da eigentlich noch ich, oder spiele ich nur noch eine Rolle? Was war noch echt an mir, wenn ich zum Beispiel mit Menschen sprach, die mir zuwider waren, doch das Buch es so vorgab, um nach einem seiner Gesetze in Erfahrung zu bringen, wie der Feind dachte etc.? So spürte ich allmählich, dass ich mich in die falsche Richtung bewegte, weg von mir, statt auf mich zu. Hin zur Zerrissenheit, statt des Einsseins. Hinzu kam, dass ich mich durch die jeweilige Umkehr der Gesetze fragte, wo das Gesetz beginnt und wo es endet und den Punkt des Wechsels oft nicht traf, also das Gesetz falsch anwendete. Aber wenn ich schreibe, weg von mir, wer war denn Mir oder anders ausgedrückt: Wer bin ich? Noch einmal zog ich los, um zu sehen, ob ich nicht ein interessantes Buch zu dieser Frage finden würde und kam zurück mit dem zen-buddhistischen Buch „Die drei Pfeiler des Zen" von Philip Kapleau.

Durch dieses Buch...

... kam ich wirklich zu Zen und dem Kôan Mu in seiner Praxis. Nach diesem Buch hörten alle meine Buchkäufe schlagartig auf. Ich brauchte keine Bücher mehr. Meine Arbeit mit dem Kôan Mu beendete alle Bücher.

Das Kôan Mu zeigte mir, dass es keine 48 Gesetze gab, sondern nur ein Gesetz, ein einziges und damit absolutes Gesetz, ein gesetzloses Gesetz, ein Nicht-Gesetz. Ein Gesetz, das nicht befolgt werden konnte, weil es schon befolgt wurde. Ein Gesetz, das nicht katalogisiert werden konnte, weil das Leben das Gesetz war. Ein Gesetz, das Anfang und Ende war und so immer den Punkt des Wechsels traf. Ein Gesetz, das nicht umgekehrt (pervertiert) werden konnte, weil es jede Richtung war, sodass der, der sich um dieses Gesetz bemühte, immer in die richtige Richtung ging und damit fehlerlos war.

Dieses eine Gesetz hieß Mu. Mu war Gott.

Mu war der unabhängige Werte-Maßstab, der Leitstern, der Halt, den ich immer gesucht hatte.

Mu war gebunden, doch seine Gebundenheit war die Freiheit.

Sie lasen also das Buch „Die drei Pfeiler des Zen" von Philip Kapleau, und dann begannen Sie mit dem Kôan Mu zu arbeiten?

Genau. Es war vor allem auch der Dialogteil des Buches, der es mir angetan hatte und den ich immer wieder las. In diesem Dialogteil kommt jeder Schüler im Dokusan (= Begegnung mit dem Rôshi in der Zurückgezogenheit seines Lehrraumes) zu Yasutani Rôshi (1885 - 1973, Rôshi heißt verehrungswürdiger Meister) und spricht mit ihm. Kapleau, der ursprünglich Gerichtsreporter war, u.a. bei den Nürnberger Prozessen (was ihn schließlich zu Zen brachte, um zu verstehen, wie denn all das Leid des Dritten Reiches möglich war) hörte mit der Erlaubnis des Rôshi zu und schrieb danach den Dialog, solange er ihn noch frisch im Gedächtnis hatte, in Kurzschrift auf. Es ging darum den Dialog nicht etwa durch ein Aufnahmegerät oder das Machen von Notizen zu stören oder zu beeinflussen. So ist der gesamte Dialogteil sehr authentisch.

Yasutani Rôshi weist...

... jedem Schüler, je nach Tiefe seines Wunsches um Zen, eine Übung zu, etwa das Zählen der Atemzüge, das Verfolgen der Atemzüge, Shikantaza (Sitzen ohne Leitstern) oder ein Kôan, im allgemeinen das Kôan Mu. Eine Schülerin beispielsweise wird in solch einem Dialog von Yasutani Rôshi gefragt: „Wollen Sie Erleuchtung finden?", und als ich das las, dachte ich: „Aha, Erleuchtung, das fragt er sie so einfach. So, als sei das gar kein großes Problem", und ich dachte weiter: „Wenn Zen Freiheit ist und die Erleuchtung höchster Ausdruck dieser Freiheit, dann will auch ich Erleuchtung finden." So wies ich mir selbst das Kôan Mu zu. Ich setzte mich auf den Fußboden, auf eine kleine Decke, in den Schneidersitz, der Lotussitz war wegen der fehlenden Beweglichkeit meiner Beine nicht drin und begann, so wie Yasutani Rôshi oder andere Meister es an diversen Stellen des Buches angegeben hatten, mit dem Kôan Mu zu arbeiten.

Wie lautet das Kôan Mu, und was ist ein Kôan überhaupt?

Laut Philip Kapleau ist ein Kôan eine in verwirrender Ausdrucksweise abgefasste Formulierung, die auf die letzte, die ultimative Wahrheit hinweist.

Kôans lassen sich nicht mit Hilfe logischen Denkens lösen, sondern nur, indem man eine tieferliegende Schicht des Geistes erweckt, die jenseits des diskursiven Intellekts liegt.

Gebildet werden Kôans aus den Fragen der Schüler alter Zeit und den Antworten ihrer Meister, aus Teilen von Predigten und Reden der Meister, aus Zeilen der Sûtras (buddhistische Schrifttexte) oder anderer Lehren.

Das Kôan Mu ist das bekannteste aller Kôans und lautet:

Ein Mönch fragte Jôshû in allem Ernst: „Hat ein Hund Buddha-Wesen oder nicht?"

Jôshû versetzte: „Mu!"

Mu ist japanisch und heißt: „nichts", „nicht", „das Nichts", „kein" und „un-... ." „Versetzen" heißt scharf, unmittelbar antworten.

Wer ist Jôshû?

Jôshû Jushin (778-897) ist ein berühmter Zen-Meister der T'ang-Zeit. Sein Mu ist das bekannteste aller Kôans. Es heißt, dass Jôshû mit achtzehn Jahren Kenshô (Selbst-Wesensschau) erlangte und mit fünfundvierzig vollkommene Erleuchtung (Satori) fand.

Kapleau schreibt weiter:

Von seinem fünfundvierzigsten Lebensjahr an bis zu

seinem achtzigsten wanderte er als Pilger in China umher, hielt sich bei hervorragenden Meistern auf und führte mit ihnen „Dharma-Gefechte". Erst als er achtzig Jahre alt war, eröffnete er ein Kloster und begann zu lehren. Er fuhr bis zum Tode fort, Schüler zu unterweisen, und starb im Alter von hundertzwanzig Jahren. Wie sein Meister, Nansen, war Jôshû von sanftem Gebaren. Er vermied die kraftvolle Rede und heftige Handlungsweise eines Rinzai, doch waren seine Weisheit und sein Scharfsinn im Umgang mit seinen Schülern derart, dass er mit seinem sanften Spott oder hochgezogenen Augenbrauen mehr vermitteln konnte als andere Meister durch Anbrüllen oder Stockhiebe. Das geht aus den zahllosen Kôans hervor, die ihn zum Mittelpunkt haben. Jôshû Zenji wird in Japan hoch verehrt.

Aufgabe...

... war es herauszufinden, was Mu ist, also nicht nur verstandesgemäß zu wissen, dass Mu begrifflich das Nichts oder die Leere ist, sondern Mu jenseits aller Begriffe zu **erfahren**. Hierzu galt es ohne Unterbrechung auf die Frage „Was ist Mu?" bzw. die Kurzform „Mu?" konzentriert zu bleiben und sich mit seinem ganzen Wesen um eine Antwort zu bemühen. Dachte man als Übender also an etwas anderes als an diese eine Frage und unterbrach damit sein Streben Mu zu erkennen, beispielsweise weil man an die Einkaufsliste für das Abendessen dachte oder an das Vorstellungsgespräch nächste Woche, oder was auch immer, so zog man sich, alsbald man bemerkte, dass man die Frage verloren hatte, wieder zur Frage zurück.

Hierzu...

... auch die Worte des großen Zen-Meisters Mumon Ekai (1183 - 1260) aus dem Mumon-kan, der torlosen Schranke (Torlose Tor), Fall 1, Jôshûs Hund:

Konzentriere deine ganze Energie auf dieses Mu und lasse keine Unterbrechung zu. Wenn du in dieses Mu eintrittst, und es erfolgt keine Unterbrechung, so wird dein Erfolg wie eine brennende Kerze sein, die das ganze Universum erleuchtet.

Hat ein Hund Buddha-Wesen?
Das ist die ernsteste aller Fragen.
Sagst du ja oder nein,
so verlierst du dein eigenes Buddha-Wesen.

Ich bemerkte...

... bei diesen ersten Versuchen, dass all dies alles andere als leicht war. Meist war es so, dass bereits zwei Sekunden, nachdem ich mir felsenfest vorgenommen hatte, nur an dieser einen Frage festzuhalten, ich mit meinen Gedanken schon wieder woanders war. Ich war so leicht abzulenken und mein Geist wollte einfach nicht konzentriert bleiben. Ich schimpfte mit mir: „Jetzt reiß dich mal zusammen, die Aufgabenstellung ist doch klar und deutlich, halte nur an Mu fest, das wirst du doch noch hinbekommen."

Ich dachte dann...

... „Das ist doch voll bekloppt, du suchst nach etwas, von dem du nicht einmal weißt, wonach du suchst." Erst später wurde mir klar, dass dies so sein muss.

Denn...

... durch das Suchen vernichtest du das Suchen, d.h. wenn das Suchen durch seine Vernichtung endet, bleibt das, was du gesucht hast, also das, was zu finden war. Oder wie es der große indische Mauna-Guru Ramana Maharshi (1879 - 1950, Maharshi bedeutet Großer Weiser) ausdrückt: *„Durch das forschende Fragen „Wer bin ich?", wird der Gedanke „Wer bin ich?" alle anderen Gedanken zerstören. Dann wird sich die Erkenntnis des Selbst ergeben."* Dabei wird auch der Gedanke „Wer bin ich?" zerstört, d.h. die Frage stellt (erhebt) sich nicht mehr, sie ist vernichtet, und damit beantwortet. Siehe auch Zen-Meister Bassui Tokusho (1327 - 1387): *„... wird die Frage völlig zerbersten... ."* Schwieriger ist es zu verstehen, dass die folgende Aussage Ramana Maharshis ebenfalls dasselbe ausdrückt: *„Wenn Sie das Ego suchen, finden Sie, dass es nicht existiert. Dies ist die Weise, es zu zerstören."*

Ramana Maharshi spricht aber von „Wer bin ich?", nicht von „Was ist Mu?"...

Beides ist dieselbe Frage, die Frage nach der Selbsterkenntnis. Beide Fragen führen zu demselben.

Sie blieben also dabei und arbeiteten weiter mit dem Kôan Mu?

Ja, ich hatte großes Vertrauen in Zen und damit auch in das von den Zen-Meistern benannte Kôan Mu, auch wenn ich zu diesem Zeitpunkt keine Ahnung hatte, was Zen wirklich ist. Wenn ich aber die Biographien einiger Zen-Meister las, wie radikal sie auf der Suche nach der Wahrheit waren, etwa Bassui Tokusho, der auf einen Baum stieg und sich auf einen Ast setzte, um beim Üben wach zu bleiben und dies durch Nacht, Regen und Kälte, bis er schließlich die tiefste Erleuchtung fand und stundenlang vor Freude weinte, dann schienen mir diese Menschen sehr echt zu sein und wirklich zu wissen, wovon sie sprachen und nicht nur einen 14-tägigen Abendkurs in Psychologie oder Philosophie an der Volkshochschule belegt zu haben. Das hier hatte echte Tiefe.

Aus Kapleaus Buch:

Eines Tages fragte Zen-Meister Koho, der die Reife von Bassuis Geist spürte: „Sag mir, was ist Jôshûs Mu?" Bassui antwortete mit einem Vers:

*„Berge und Flüsse,
Gräser und Bäume
Offenbaren gleichermaßen Mu."*

Koho erwiderte: „Deine Antwort zeigt Spuren von Selbstbewusstsein."

Urplötzlich, so berichtet der Biograph, hatte Bassui das Gefühl, als hätte er „seines Lebens Wurzel verloren, einem Fass gleich, dem der Boden ausgeschlagen war". In Strömen floss ihm der Schweiß aus jeder Pore seines Körpers, und als er Kohos Raum verließ, war er in solcher Betäubung, dass er bei dem Versuch, das äußere Tempeltor zu finden, mehrmals mit dem Kopf an die Mauern stieß. Als er in seiner Hütte angekommen war, weinte er stundenlang aus tiefstem Innern. Die Tränen strömten ihm nur so und „rannen wie Regen an seinem Gesicht herab". Es wird uns berichtet, dass Bassuis vorherige Begriffe und Glaubensanschauungen durch den Feuerbrand seines überwältigenden Erlebnisses völlig vernichtet wurden.

Vertrauen hatte ich...

... aber auch, weil das Kôan Mu über die Jahrhunderte hinweg immer mit Bestandteil des um Zen bemühten Menschen war und sich wohl dauerhaft bewährt hatte. So schreibt Kapleau:

Seit Jôshû (778-897), einer der großen chinesischen

Zen-Meister der T'ang-Zeit, auf die Frage eines Mönchs, ob ein Hund Buddha-Wesen habe, versetzte: „Mu!", widerhallen all die Jahrhunderte hindurch die Räume der Zen-Klöster und -Tempel vom Echo dieses Vorfalls. Auch heutzutage wird kein anderes Kôan Anfängern so oft aufgegeben. Japanische Zen-Meister sind sich allgemein darüber einig, dass dieses Kôan unübertroffen ist, um den Geist der Unwissenheit aufzubrechen und das Auge der Wahrheit zu öffnen.

Nicht...

... zu vergessen, der große Zen-Meister Mumon Ekai (1183 - 1260), der das Kôan Mu in seiner Kôan-Sammlung, dem Mumon-kan (Torlose Schranke), an die erste Stelle setzte. Und last but not least der von mir sehr geschätzte Erich Fromm, der in den fünfziger Jahren Zen durch Daisetz T. Suzuki einem westlichen Publikum näher brachte. Das war für mein weiteres Üben wirklich Referenz genug und die Versicherung, dass ich mit dem Kôan Mu in guten Händen sein würde und ich das Üben ernst nehmen sollte.

Wie oft und wie lange übten Sie dann mit dem Kôan Mu?

Ich stellte mir anfangs eine Küchenuhr auf 30 Minuten, in denen ich täglich mit dem Kôan Mu arbeiten wollte, doch bald bemerkte ich, dass ich von den 30 Minuten 20 Minuten viel zu geistesabwesend war und nicht auf die Frage nach Mu konzentriert blieb. So sagte ich mir: Komm, mach täglich 10 Minuten, die dann aber richtig, lieber kurz und intensiv, als lang und zerfahren, lieber Qualität statt Quantität.

Ich möchte...

... an dieser Stelle aber auch anmerken, dass der Mensch letzten Endes immer übt, 24 Stunden am Tag, also das Leben zu seiner Übung wird, d.h. die Übung verschwindet, und der Mensch lebt. Er wacht mit Mu auf und schläft mit Mu ein. So sagt etwa Zen-Meister Fo-yan (1067 - 1120):

Wenn du Farben siehst und Laute hörst, ist dies eine gute Zeit zur Verwirklichung. Wenn du isst und trinkst, ist auch dies eine gute Zeit zur Verwirklichung. All dies sind wunderbare Gelegenheiten zur Verwirklichung bei allen Verrichtungen des alltäglichen Lebens.

Ich übte also täglich 10 Minuten intensiv und versuchte die restliche Tageszeit sehr aufmerksam zu sein und in den Alltagssituationen, etwa beim Einkaufen, meine Gedanken so zu behandeln, als würde ich die 10 Minuten intensiv am Kôan Mu arbeiten, mich also auch in diesen Situationen ernsthaft zu fragen: „Was ist Mu?"

Was waren die Auswirkungen Ihres Übens?

Ich bemerkte sofort, dass ich nun mit dem Kôan Mu arbeitete. Ich weiß noch sehr gut, als ich einige Wochen danach mit dem Fahrrad fuhr und mir Erkenntnisse kamen. „Woher weißt du das denn jetzt?", dachte ich verwundert. Es kamen Erkenntnisse von überall, aus allen Bereichen des Lebens. Es war ein Feuerwerk an Kreativität. Und dies war mir so völlig neu, denn diese Erkenntnisse waren nicht eine Vermittlung von Wissen wie etwa in der Schule, sondern kamen wie aus dem Nichts, sie kamen aus sich heraus, ohne Grund, es gab keinen Lehrer und keinen Lehrenden, das Wissen war plötzlich einfach da. Mir wurde da klar, dass das Kôan Mu ein Instrument zum Erlangen von Weisheit ist.

Um ein Beispiel zu nennen: Plötzlich spukten mir ständig die Begriffe „relativ" und „absolut" im Kopf herum, ich hatte diese beiden Begriffe all mein Leben zuvor so gut wie nie verwendet oder ausgesprochen.

Bemerkten Sie auch körperliche Auswirkungen Ihres Übens?

Ja, das war ziemlich seltsam. In den ersten Wochen des Übens, und auch noch später, sah ich sehr kurze, grelle Lichtblitze, die ich mir nicht erklären konnte.

Der große indische Weise Sri Nisargadatta Maharaj (1897 - 1981) erklärt sie so:

Frage: Kommt der Lichtblitz vom Sein - Ich bin?

Maharaj: In dem Moment, wenn das Sein - Ich bin explodiert oder in Erscheinung tritt, wird das gesamte Universum in Licht getaucht. Der gesamte Himmel ist der Ausdruck deines Seins. Obwohl die gesamte Welt ein Ausdruck deines Seins ist, glaubst du, dass du lediglich der Körper bist. Deine Liebe für den Körper begrenzt deinen Horizont. Doch in dem Moment, wenn diese Mauern einstürzen, bist du eins mit Brahman und dem gesamten Universum.

Auch...

... schlossen sich meine Augen manchmal ganz fest zu und verkrampften. So fest, dass ich, als es zum ersten Mal geschah, regelrecht erschrak und mich fragte, ob ich sie überhaupt jemals nochmal aufbekomme. Doch dann öffneten sie sich wieder von ganz alleine. Es schien mir als seien meine Augen nach solchen „Anfällen" lebendiger, klarer, gereinigter. Ähnlich war zu dieser Anfangszeit auch eine Art Krampf im Bauchraum, nicht muskulär bedingt, sondern es war, als würde auch in der Bauchhöhle eine Art Reinigung stattfinden, eine Art Platzschaffen, ein Freiwerden. Ich hatte so etwas zuvor noch nie erlebt, das war eindeutig auf meine Arbeit mit dem Kôan Mu zurückzuführen. Diese Krämpfe waren nicht unangenehm, wie etwa die einer muskulären Überlastung, im Gegenteil, sie waren eher so, als würde man eine Spannung los, vielleicht am ehesten vergleichbar mit einem Menschen, der einen Orgasmus erlebt und danach sehr entspannt ist.

Ich fand...

... einen entsprechenden Bericht über Krämpfe auch bei Kapleau, hier ist die Stelle:

aus: Acht Erleuchtungserlebnisse zeitgenössischer Japaner und Menschen des Westens, Die Erlebnisse: 1. Herr P. K., Amerikaner, ehemaliger Geschäftsmann, Alter 46

… Der godô (Mönchs-Älteste, Mahner) kommt zurück und schlägt mich wieder und brüllt dabei: „Entschlagen Sie sich aller Gedanken; werden Sie wieder wie ein kleines Kind. Einfach Mu, Mu! direkt von den Eingeweiden her!" - - - Krach, krach, krach! Urplötzlich verliere ich die Gewalt über meinen Körper und, noch bei Bewusstsein, sinke ich in mich zusammen. Der Rôshi und der godô heben mich auf, tragen mich auf mein Zimmer und legen mich hin. Ich keuche und zittere noch immer. Der Rôshi blickt mir besorgt ins Gesicht: „In Ordnung? Wünschen Sie einen Arzt?" … „Nein, ich glaube, es geht schon." … „Ist Ihnen das früher schon mal passiert?" … „Nein, nie." … „Ich gratuliere Ihnen!" … „Warum, habe ich Satori erlangt?" … „Nein, aber ich gratuliere Ihnen gleichwohl." Der Rôshi bringt mir einen Krug Tee; ich trinke fünf Tassen. **Kaum hat er mich verlassen, spüre ich, wie mit einem Mal meine Arme und Beine und mein Rücken von einer unsichtbaren Kraft gepackt und in einen riesigen Schraubstock eingespannt werden, der mich allmählich zerdrückt … Elektrischen Schlägen gleich durchzucken mich Schmerzkrämpfe, und**

*ich winde mich vor Qual. Es kommt mir vor, als sei ich erschaffen worden, um für meine und der ganzen Menschheit Sünden zu büßen. Bin ich am Sterben oder werde ich erleuchtet? ... Schweiß rinnt mir aus jeder Pore, und ich muss zweimal mein Unterzeug wechseln. Schließlich falle ich in tiefen Schlaf. Als ich erwachte, fand ich eine Schale Reis, Suppe und Bohnen neben meiner Schlafmatte. Aß heißhungrig, zog mich an, ging ins Zendô. Nie im Leben habe ich mich so leicht, aufgeschlossen und durchscheinend gefühlt, so durch und durch gereinigt und ausgespült. Beim Kinhin (Zazen-Gangart) ging ich nicht, sondern hüpfte wie ein Korken auf dem Wasser. Konnte nicht widerstehen, hinauszublicken auf die Bäume und Blumen, lebensvoll, blendend, bebend vor Leben! ... Das Sausen des Windes in den Bäumen ist lieblichste Musik! Wie köstlich der Rauch des Räucherwerks duftet! **Später beim Dokusan sagte Harada Rôshi (1871 - 1961): „Sie bekamen Krämpfe, weil Sie anfangen, Ihre Verblendung abzuschütteln; das ist ein gutes Zeichen.** Aber halten Sie nicht inne, um sich zu beglückwünschen. Konzentrieren Sie sich noch energischer auf Mu."*

Ebenfalls...

... körperlich deutlich wahrnehmbar war die Wärme in dem Bereich zwischen meinen Augen und in dem Sonnengeflecht (Solar Plexus). Wenn ich tief in die Frage versunken war, hatte ich den Eindruck, als würden beide Bereiche übereinanderliegen, sich ineinander verschieben, miteinander verschmelzen, so als seien sie ein und dasselbe.

Hierzu aus: Erleuchtungserlebnis, Frau D. K., kanadische Hausfrau, Alter 35

Man hatte mir wiederholt gesagt, ich solle meine Aufmerksamkeit in meine Bauchhöhle, genauer gesagt, auf die Stelle handbreit unter dem Nabel richten. Je mehr ich das versuchte, desto weniger verstand ich, was es mit dieser Bauchhöhle für eine Bewandtnis habe, was diese Stelle so bedeutsam macht. Der Rôshi hatte sie Zentrum oder Brennpunkt genannt, aber das hatte für mich nur philosophische Bedeutung. Nun sollte ich also mein Bewusstsein in diesen „philosophischen Punkt" verlagern und dabei andauernd Mu wiederholen.... Er (Rôshi) unterwies mich dann, Mu an der Stelle des Sonnengeflechts zu suchen... ***Ein heißer Fleck erschien zwischen meinen Augenbrauen und vibrierte heftig.***

Und dann haben Sie Mu erkannt?

Ja, bereits etwa sechs Wochen nachdem ich begonnen hatte mit dem Kôan Mu zu arbeiten. Ich hatte wieder meine 10 Minuten absolviert, und als die Küchenuhr klingelte, erhob ich mich wie immer von meiner kleinen Decke, und mein Blick fiel zufällig auf meine in der Ecke stehende Stereoanlage, und ich bemerkte, dass ich die Stereoanlage bin. Da wusste ich, dass ich Mu, wenn auch nur für einen kurzen Moment, erkannt hatte. Es war eine Wahrnehmung, wie ich sie noch nie zuvor erlebt hatte, unbeschreiblich, und ich war ziemlich aufgeregt.

Mir...

... fiel dann der Dialog zwischen Yasutani Rôshi und einem Schüler ein, und ich nahm mir sofort Kapleaus Buch, suchte die Stelle und las sie nach, hier ist sie:

Schüler (aufgeregt): Ich weiß, was Mu ist! In einer Situation ist dies Mu (er hebt den Meisterstab des Rôshi auf). In einer anderen würde dies Mu sein (er nimmt etwas anderes auf). Etwas anderes weiß ich nicht.

Rôshi: Das ist nicht so schlecht. Wenn Sie wirklich wüssten, was Sie mit „Ich weiß nicht" meinen, dann wäre Ihre Antwort sogar noch besser ...

Schüler: ... Ich weiß nur, dass ich manchmal spüre, ich bin dieser Stock, und manchmal, dass ich etwas anderes bin - ich weiß nicht, was.

Rôshi: Sie haben es beinahe erreicht. Lassen Sie jetzt nicht nach - tun Sie Ihr Äußerstes.

Ich war sehr froh darüber, dass ich diese Wahrnehmung, dieses Einssein mit der Stereoanlage, erfahren hatte, denn sie zeigte mir, dass ich korrekt mit dem Kôan Mu arbeitete, dass das Kôan Mu „funktionierte" und ich auf dem richtigen Weg war, dem Weg der Mitte.

Waren Sie damit dann fertig und das Kôan Mu gelöst?

Ich würde es so ausdrücken: Es war das erste kurze Erkennen der Täuschung, der erste Durchbruch der Illusionen, der Phänomene, das erste Erheben des Schleiers, das erste Erblicken der Spuren des Ochsen.

(Siehe Zen-Meister Kakuan Shien (12. Jahrhundert): Die zehn Ochsenbilder, sie geben die verschiedenen Ebenen der Erleuchtung wieder. Wahrscheinlich wurde der Ochse auf Grund seiner im alten Indien geheiligten Natur dazu ausersehen, das Urwesen oder den Buddha-Geist des Menschen zu symbolisieren.)

Ich hatte zum ersten Mal in meinem Leben wahrgenommen, dass das, was ich dachte, was ist, nicht das ist, was wirklich ist, dass die Dinge nicht das sind, was sie zu sein scheinen. Ich hatte zum ersten Mal die Wirklichkeit (Wahrheit) wahrgenommen. Ich hatte zum ersten Mal wahrgenommen, dass ich mit den Dingen eins bin, dass es kein Subjekt und kein Objekt gibt, kein ich hier, dort die Stereoanlage. Ich hatte zum ersten Mal wahrgenommen, dass die Gegensätze für einen kurzen Moment aufgehoben waren. Ich hatte zum ersten Mal die Transzendenz wahrgenommen, meine Verschmelzung mit der Stereoanlage. Für einen kurzen Moment war die Stereoanlage mein Ich.

Ich hatte zum ersten Mal erkannt, dass da nichts ist, auch keine Stereoanlage, und auch ich nicht bin. Es nichts zu erkennen und keinen Erkennenden gibt, und die Welt nicht besteht.

Aus: Erleuchtungserlebnisse zeitgenössischer Japaner und Menschen des Westens, Herr P. K., Amerikaner, ehemaliger Geschäftsmann, Alter 46

*Urplötzlich verschwanden der Rôshi, der Raum, jedes einzelne Ding in einem blendenden Strom von Licht, und ich hatte das Gefühl, in unaussprechlich köstlichem Entzücken gebadet zu werden... Für eine flüchtige Ewigkeit war ich allein - **ich allein war...** Dann schwamm der Rôshi in meinen Blick. Unsere Augen trafen sich, und wir brachen in Lachen aus... **„Ich habe es! Ich weiß es! Da ist nichts, absolut nichts. Ich bin alles, und alles ist nichts!"** rief ich aus, mehr zu mir selbst als zum Rôshi sprechend, stand auf und ging hinaus... Kehrte zur Haupthalle zurück ... Als ich auf meinen Platz schlüpfte, kam Großmutter Yamaguchi, unser zweiter godô, auf den Fußspitzen zu mir herüber und flüsterte mit leuchtenden Augen: „Wunderbar, nicht wahr? Ich freue mich so für Sie!..." Ich nahm Zazen wieder auf, lachte, schluchzte und murmelte vor mich hin: „Es stand die ganze Zeit vor mir, aber ich brauchte fünf Jahre, um es zu sehen."*

Sicherlich war dieser kurze Moment eine tolle Erfahrung, aber es ging ja darum in diesem ichlosen Zustand bleibend zu verweilen, sodass ich eher sagen würde, ich war nicht fertig, sondern es begann damit erst so richtig.

Könnten Sie Tipps für die Menschen geben, die bei ihrem Üben nicht so richtig weiterkommen?

Letzten Endes ist der einzige Tipp, den man geben kann, an der Frage, und damit an Mu, festzuhalten. Aber ich möchte aus meiner Erfahrung heraus die folgenden Stichworte nennen: Der Übende sollte versuchen seine Gedanken nicht zu verstehen, wie ein Mensch, der kein deutsch kann, sodass seine gedanklichen Formulierungen ihre Wortbedeutung verlieren, er also beispielsweise an „Haus" denkt, aber nicht weiß, was das Wort bedeutet, um so hinter das Wort (Symbolik) zu kommen. Der Übende sollte versuchen die Frage woanders zu stellen, als dort, wo er sie stellt. Geht nicht? Wieso, er benötigt doch keinen Mund, er stellt die Frage doch in seinem Geist. Wieso sollte sein Geist dort sein, wo er ihn vermutet? Die meisten Menschen verwechseln den Geist mit ihrem Gehirn und denken irgendwie „dort oben" im Kopf. Er sollte doch mal „dort unten" denken, die Frage doch mal in seinem Bauch oder seinem Fuß stellen. Er sollte seinen Geist lösen (befreien) von dem von ihm Zeit seines Lebens vermuteten Denkort und geistig beweglich werden. Der Übende sollte, wenn er von der Frage „Was ist Mu?" fast „verrückt" geworden ist, hin und wieder zu der Frage „Wer bin ich?" wechseln. Der Übende sollte auf seine Zwischengedanken achten, auch diese unterbrechen die Frage. Was ist immer dazwischen, zwischen dem zwischen, zwischen dem zwischen dem zwischen etc., also beispielsweise Mu Mu Mu Mu Nachher noch einkaufen gehen, Ach, Mist, ich soll ja nicht an was Anderes denken, Nochmals Mist, denn ich soll auch nicht an was Anderes denken, indem ich nicht an was Anderes denken soll etc.

Wen diese Stichworte verwirren, soll einfach wieder zu der Frage „Was ist Mu?" zurückkehren.

Sie sprechen immer von Gedanken, was aber ist mit den Gefühlen?

Wie beschrieben, soll der Mensch, der mit dem Kôan Mu arbeitet, keine Unterbrechung seiner Konzentration auf die Frage „Was ist Mu?" zulassen. Nicht aber nur die Gedanken unterbrechen die Frage, sondern auch das Gefühl oder etwa der Wille, und letzten Endes alle Dinge, sodass man sagen muss: Alle Wahrnehmung ist nur Gedanke (Geist), d.h. jede Wahrnehmung, außer der Wahrnehmung von Mu, die ja die Lösung des Kôan Mu ist, ist als Unterbrechung anzusehen.

Hierzu Ramana Maharshi:

Objekte, Gefühle oder Gedanken sind alles gedankliche Konzepte.

Ebenso der Übende...

... durch seine Gedanken an die Einkaufsliste für das Abendessen die Frage unterbricht und sich wiederum zu ihr zurückziehen muss, so muss er sich zur Frage zurückziehen, wenn er wahrnimmt, dass er sich nicht wohlfühlt oder wütend ist. Dies gilt auch für das Körpergefühl ganz allgemein. Das Interessante hierbei ist, dass der Mensch, der mit dem Kôan Mu arbeitet, also nicht nur gedankenlos (gedankenleer) wird, sondern auch das Diffuse loslässt, das, was nicht so klar in gedankliche Worte zu fassen ist, wie etwa die Einkaufsliste. Das, wo der Mensch sagt: „Ich weiß auch nicht, heute ist mir irgendwie nicht so."

All sein Dasein, all das, was der Mensch ist, wird in seinem Üben also zu nichts (leer), er wird Mu, er wird ichlos, d.h. Mu wird sein Ich, das große, nicht-egoistische Ich, d.h. religiös ausgedrückt wird der Mensch eins mit Gott, er erwirbt die Buddhaschaft. Gott (Buddha) ist damit nur ein Gedanke, ein Gedanke, der keiner ist, ein Nicht-Gedanke, ein leerer Gedanke, ein gedankenloser Gedanke.

Zum Körpergefühl noch einmal Ramana Maharshi:

Wahre Wiedergeburt ist das Sterben des Ego in das absolute Bewusstsein … bis das Körpergefühl verschwindet, indem es mit der Quelle, dem absoluten Bewusstsein, dem Selbst, verschmilzt.

Sehr interessant...

... zur Leere auch die Aussage von Johannes vom Kreuz (1542 - 1591), Heiliger und Kirchenlehrer, aus „Aufstieg auf den Berg Karmel":

Das ist es, was unser Herr durch David von uns erbittet mit den Worten: Vacate, et vide – te quoniam ego sum Deus. Wie wenn er sagte: Lernt, leer zu sein, von allen Dingen, das heißt, innerlich und äußerlich, und ihr werdet sehen, dass ich Gott bin (Ps, 46,11).

Schön...

... drückt es auch der Dialog mit Sri Nisargadatta Maharaj aus:

Der Fragende: Um Ingenieur zu werden, muss ich das Ingenieurswesen erlernen. Um Gott zu werden, muss ich was lernen?

Maharaj: Sie müssen alles verlernen (ablegen). Gott ist das Ende allen Verlangens und Wissens.

Zen geht...

... in seiner Wahrnehmung sehr, sehr tief, unendlich tief, d.h. in der Arbeit mit dem Kôan Mu wird die Wahrnehmung des Übenden feiner und feiner, bis er schließlich die Unendlichkeit (Mu, Gott) wahrnimmt. Feiner und feiner, wie ein Kreis, der vollkommener wird, indem die Eckenanzahl ständig zunimmt. Es geht also nicht mehr nur um eher grobe Dinge wie Gedanke, Gefühl oder Wille, sondern jede noch so kleine und kleinste Erhebung in der Wahrnehmung wird als Unterbrechung der Frage erkannt. Sieht dieser übende Mensch einen Tisch, nimmt er also einen Tisch wahr, so erkennt er dies als Unterbrechung der Frage und zieht sich wieder zur Frage zurück, d.h. er klärt, was der Tisch ist. Erkennt er, was der Tisch ist, wird er also nicht mehr unterbrochen in der Wahrnehmung des Tisches, so ist der Tisch Mu, d.h. der Tisch ist da, ohne da zu sein, d.h. leer ist sein Dasein, das Objekt Tisch ist, wie auch das Subjekt, verschwunden. Nichts zu Erkennendes und keinen Erkennenden. Man könnte also sagen: Nimm das, was dich veranlasst zu sagen, das ist ein Tisch, und lass es los, d.h. zieh dich zur Frage zurück, nimm das, was dich veranlasst zu sagen, das ist eine Banane, und lass es los, d.h. zieh dich zur Frage zurück, nimm das, was dich veranlasst zu sagen, das Ding dort ist grün, und lass es los, d.h. zieh dich zur Frage zurück etc., bis alle Dinge verschwunden sind und keine Erhebung, keine Unterbrechung, keine Trennung von der Welt mehr stattfindet, du also die Welt bist und es nichts mehr gibt, dass an deiner Wahrnehmung anhaftet, du so die Dinge von ihrer Eigenschaft befreit und ihre Formlosigkeit erkannt hast. Die Dinge werden dann nicht mehr durch das Ich verfälscht, sondern belassen, wie sie sind, d.h. der Mensch nimmt kein Abbild des Dinges, sondern das Ding selbst. Religiös ausgedrückt nimmt er Gott, nicht ein Abbild von Gott. Alle Wahrnehmung zu überwinden, ist auch der Grund, warum im Alltag geübt werden soll, d.h. der Übende Dingen begegnet, die ihm beim 10-Minuten-Üben mit dem Kôan Mu nicht in die Sinne kommen.

Hierzu entsprechende Aussagen...

Tozan Ryokai (807-869), erster Patriarch der Sôtô-Sekte in China, aus „Fünf Grade der Erleuchtung":

Auf der fünften und höchsten Ebene (ken-chû-to) durchdringen sich Form und Leere in solchem Maße, dass man sich keines von beiden mehr bewusst ist. Alle Vorstellungen über Satori und Verblendung verschwinden vollends. Das ist das Stadium vollkommener innerer Freiheit.

Die sieben jnana bhumikas (Erkenntnisstufen):

1. Subhechcha (Wunsch nach Erleuchtung)
2. Vicharana (Hören und Überdenken)
3. Tanumanasi (Geistesstille)
4. Sattvapatti (Selbst-Verwirklichung)
5. Asamsakti (Frei vom Verhaftetsein)
6. Padarthabhavani (Nichtwahrnehmung von Objekten)
7. Turyaga (Jenseits von Worten)

Ramana Maharshi:

Wenn der Geist, der die Ursache aller Erkenntnisse und aller Handlungen ist, still wird, verschwindet die Welt.

Yajnavalkya, Weiser, „Atman, das wahre Selbst", Einssein mit Brahman:

Nicht sehen kannst du den Seher, der sieht, nicht hören kannst du den Hörer, der hört, nicht verstehen kannst du den Versteher, der versteht, nicht erkennen kannst du den Erkenner, der erkennt.

Yasutani Rôshi:

... Natürlich verstehen Sie das in der Theorie. Aber theoretisches Verständnis ist wie ein Bild: **Es ist nicht das Ding selbst, sondern nur dessen Darstellung.** *Lassen Sie die logischen Gedankengänge fahren, und packen Sie das wahre Ding!*

Die Wahrnehmung der Gedanken ist aber nicht zu werten, oder?

Nein, es gibt keine Wertung, d.h. das Keine ist die Wertung, sodass Mu ohne Urteil ist, urteilsfrei, oder anders ausgedrückt: Mu ist ohne Unterscheidung, d.h. wenn der Mensch mit dem Kôan Mu arbeitet und ihm der Gedanke kommt: „Mein Chef, dieses Arschloch, morgen bring ich ihn um", so ist dieser Gedanke ebenso lediglich als Unterbrechung der Frage „Was ist Mu?" zu erkennen, als käme ihm der Gedanke an die Einkaufsliste für das Abendessen. Jeder Gedanke ist also zuzulassen, sei er noch so schön oder noch so hässlich, noch so edel oder noch so grausam. Erst das Erkennen von Mu wird den richtigen Begriff für den

Gedanken finden.

Alle Wahrnehmung ist Gedanke, d.h. die Urteilsfreiheit gilt ebenso für das Fühlen, Hören, Schmecken etc. Fühlt sich der Übende also gut, so ist das Gutfühlen eine Unterbrechung und sich zur Frage zurückzuziehen und nicht in dem Gutfühlen zu verweilen, es ist nur in der Frage zu verweilen.

Das Wiederholen der Frage im Geist, ist diese klar formuliert?

Als ich mit dem Kôan Mu begann, und es in Kapleaus Buch hieß, man solle die Frage „Was ist Mu?" im Geist wiederholen und nur an der Frage festhalten, versuchte ich anfangs die Frage im Geist so klar wie möglich zu formulieren, also wie ein Erstklässler, der vom Lehrer an die Tafel gerufen wird und ein Wort in Schönschrift schreibt. Das nahm in den kommenden Wochen und Monaten meines Übens immer mehr ab. Die geistige Formulierung, und damit die Form, wurde formlos, d.h. es ging mehr und mehr nur noch um den Impuls hinter der geistig zu formulierenden Frage. Dies geschah automatisch, lag also in der Arbeit mit dem Kôan Mu selbst begründet, d.h. das Überflüssige, die überlagernde Struktur, fiel ab und das anstrengende Schönzeichnen der Frage im Geist wich der Mühelosigkeit des Impulses, d.h. der Impuls wurde mehr und mehr zur Wiederholung im Dasein. Das ist das Fragen, ohne zu fragen, das ist das Suchen, ohne zu suchen. Ein Beispiel: Wenn ich von der

Arbeit nachhause fuhr, dachte ich nicht im Geist schön ausformuliert: „Ich fahre jetzt nachhause", sondern fuhr nachhause, der Impuls war das Nachhausefahren. Oder anders ausgedrückt: Das Fragen nach Mu wird mehr und mehr zur Antwort, die Mu ist, d.h. Mu ist Frage und Antwort.

Zen-Meister Fo-yan (1067 - 1120):

Wenn du suchst, was ist das anderes, als Schall und Form nachzujagen? Wenn du nicht suchst, worin unterscheidest du dich dann von Erde, Holz und Stein? Du musst suchen, ohne zu suchen!

Deshalb spielt auch die Lang- oder Kurzform der Frage keine Rolle?

Genau, ob „Was ist Mu?" oder „Mu?" spielt keine Rolle, es geht nur um den strebenden Impuls, der hinter der geistigen Wortformulierung steht. Irgendwann wird der Übende dann erkennen, dass der Impuls selbst Mu ist. Das ist u.a. das Kôan, mit dem der große Zen-Meister Bassui Tokusho rang: Wer ist der Meister, der die Hände bewegt?, oder anders ausgedrückt: Mu ist der unverursachte Verursacher, die Ur-Motivation, religiös ausgedrückt: Alles geschieht wegen Gott, nichts geschieht ohne Gott, Grund aller Dinge ist Gott.

Das Wiederholen von Mu im Geist ist aber kein

Mantra wie das indische „Om", oder?

Ich kann diese Frage nicht klar beantworten, auf den ersten Blick würde ich sagen: Nein, das Wiederholen von Mu ist kein Mantra und mich der Aussage von Ramana Maharshi anschließen:

(Die Frage) Wer bin ich? (Was ist Mu?) ist kein Mantra. Es bedeutet, dass du herausfinden musst, wo in dir der Ich-Gedanke aufsteigt, der die Quelle aller anderen Gedanken ist.

Auf den zweiten Blick würde ich folgende Anmerkung machen: Mu kann nicht wiederholt werden, weil Mu eins ist, es gibt also kein Wieder, kein Anderes (Zweites), weil auch das Andere Mu ist. Im Laufe der Zeit der Arbeit mit dem Kôan Mu erkennt der Übende, dass das geistige Wiederholen der Frage „Was ist Mu?" bzw. „Mu?" zu einer einzigen Frage wird, d.h. alle die vielen selben Fragen waren eine einzige Dauerfrage, ein Dauerton, eine Dauereinstimmung, eine ununterbrochene Dauerübereinstimmung, mit dem Formlosen, das Mu ist. Das Wort Dauer- wird damit überflüssig.

Ist das Wiederholen von Mu denn Suggestion, wie etwa verwendet im sogenannten Positiven Denken?

Nein, das geistige Wiederholen von Mu in der Arbeit mit dem Kôan Mu dient dem Leerwerden, nicht dem Aufbau von Bildern (Visualisierung) oder dem Einreden von Dingen. Mu unterliegt damit auch keiner Hypnose. Anders und religiös ausgedrückt: Gott ist niemals fremdbestimmt, sondern er selbst. Im Übrigen ist nur Mu positiv, weil Mu negativ ist.

Wer positiv denken möchte...

... muss also gedankenlos sein. Religiös ausgedrückt heißt dies, dass Gott sein einziger Gedanke sein darf. Die Dinge zu sehen, wie sie sind, ist Voraussetzung sie zum Besseren zu verändern. Tatsächlich ist dieses Sehen bereits die Veränderung.

Könnten Sie auch etwas zur körperlichen Haltung bei der Arbeit mit dem Kôan Mu sagen?

In der Praxis des Kôan Mu auf meiner Website schrieb ich, dass der Übende den Lotus- oder Schneidersitz einnehmen solle. Wenn er dies aus gesundheitlichen Gründen nicht könne, solle er sich auf einen Stuhl setzen ohne sich anzulehnen, wenn er auch dies nicht könne, solle er sich flach hinlegen. Ich möchte nicht, dass ein Mensch denkt, er könne wegen körperlicher Leiden nicht am Kôan Mu teilnehmen. Jeder Mensch, auch der, der nur noch liegen kann, soll Zugang zu der Frage „Was ist Mu?", die die Frage der Selbsterkenntnis ist, haben können. Wer keine Beschwerden hat, sollte den Lotussitz als Wahl der Mittel ansehen.

Von der Haltung sollte keine Bewegung ausgehen, außer dem Erheben der Frage „Was ist Mu?", die mit dem Näherkommen des Übenden an Mu mehr und mehr in ihrer Erhebung fällt, die Frage also gestellt wird, ohne dass sie gestellt wird, also die Suche dem Prinzip des zu Findenden erfolgt, oder anders ausgedrückt: Die Art und Weise des zu Findenden ist die Art und Weise zu suchen.

Gibt es Dinge, die das Bemühen um Mu beeinträchtigen? Verträgt sich Zen beispielsweise mit Drogen?

Nein, damit verträgt sich Zen nicht. Zen liebt die Klarheit des Geistes über alles und berauscht sich nur am Leben. Keinesfalls ist Zen interessiert an einer Abhängigkeit, nur an dessen Gegenteil, der Freiheit.

Erwähnen möchte ich aber, dass bestimmte Drogen geeignet sind, dem Menschen zu erkennen zu geben, dass das, was wir sehen, nicht das ist, was ist, also seine Sturheit aufzubrechen, die verhindert, dass er versteht, dass es auch andere Wahrnehmungen gibt, also etwa auch für die Wahrnehmung von Mu offener zu sein. Leider wird er dann sagen, eine Wahrnehmungsveränderung sei nur wegen Drogen möglich, während die Wahrnehmung von Mu kein Wegen kennt, also bedingungslos ist, d.h. die Dinge sieht, wie sie sind.

Mu ist also keine Halluzination?

Nein, Mu ist die Wirklichkeit, die Wahrheit. Mu ist die unendliche Klarheit.

Was ist mit Alkohol, geht Zen und Alkohol?

Auch das verträgt sich nicht. So war das erste, was Zen-Meister Bassui Tokusho tat, als er Rôshi des Klosters Kôgaku-ji wurde, Alkohol zu verbieten.

Ich möchte es so ausdrücken: Trinkt ein Mensch wegen Mu, so trinkt er in den freien Grenzen von Mu, d.h. nicht der Alkohol kontrolliert ihn, sondern Mu kontrolliert den Alkohol, indem er ihn nicht kontrolliert. Es ist eine Nicht-Kontrolle. Dies ist der Mensch, der zu einer Feierlichkeit mal etwas trinkt, sich vielleicht auch einmal im Monat richtig volllaufen lässt, aber jeden Tag benebelt herumlaufen, das geht nicht. Es werden dann die sehr wichtigen Nuancen im Näherkommen zu Mu nicht wahrgenommen.

Ansonsten...

... ist es, zumindest zu Beginn, nicht schlecht, wenn man eine etwas ruhigere Umgebung hat, denn jede Störung erhebt das Ich. Jede Erhebung des Ichs erhebt die Relativität, d.h. die Trennung, die Unterbrechung.

Später allerdings sollte man die Gedankenstille auch inmitten von Lärm halten können. Man sollte dem

Lärm also nicht ständig entfliehen.

Dazu Yasutani Rôshi:

Am Anfang ist es für jeden schwierig, sich zu konzentrieren, weil sein Sinn so leicht abgelenkt wird. Natürlich ist es der Idealfall, an einem ruhigen Ort zu üben, wenn man mit Zazen beginnt. Aus diesem Grunde zogen und ziehen sich viele Zen-Mönche in die Einsamkeit der Berge zurück. Es ist jedoch nicht gut, lange in solcher Atmosphäre zu bleiben. Wenn sich die Konzentrationskraft entwickelt und immer stärker wird, kann man in jeder Umgebung Zazen üben - ja, je lärmiger desto besser. Wenn man starke Konzentrationskräfte entwickelt hat, kann man zum lautesten Teil der Ginza (Innenstadt von Tokio) gehen und dort Zazen üben.

Sie schreiben oft, Mu ist Gott oder Buddha. War Ihnen klar, dass wenn Sie nach Mu suchten, Sie nach Gott suchten?

Nein, das war mir anfangs überhaupt nicht klar. Als ich mit dem Kôan Mu begann, dachte ich Mu sei eine Art buddhistisch exotischer Begriff, vielleicht so wie das indische Om. Dass Mu Gott ist, wurde mir erst klar aufgrund der Erkenntnisse, die sich durch meine Arbeit mit dem Kôan Mu einstellten, da dachte ich dann eines Tages: „Moment mal, dann ist Mu ja Gott."

Aus: Erleuchtungserlebnis, Frau L. T. S., amerikanische Künstlerin, Alter 51

*Der Rôshi sagte: **"Jetzt begreifen Sie, dass Mu sehen - Gott sehen ist."** Ich begriff.*

Und auch aus: Erleuchtungserlebnis, Frau D. K., kanadische Hausfrau, Alter 35

*Am nächsten Tage, dem siebenten, erschien ich wieder vor dem Rôshi zum Dokusan. Von den sechs oder sieben Stunden unaufhörlichen Zazens war ich körperlich derart erschöpft, dass ich kaum sprechen konnte. Unmerklich war mein Geist in einen Zustand überirdischer Klarheit hinübergeglitten. Ich wusste, und ich wusste, ich wusste. Sanft begann er, mir Fragen zu stellen: **"Wie alt ist Gott? Geben Sie mir Mu! Zeigen Sie mir Mu auf dem Bahnhof!"** Jetzt war mein innerer Blick vollkommen scharf eingestellt und ich reagierte ohne Zögern auf all seine Prüfungsfragen.*

Diese Erkenntnis, dass Mu Gott ist, was bedeutete sie für Sie?

Ich bemerkte, dass Gott ein anderer ist, als man mir in meinem Leben vor dem Kôan Mu etwa in Schule, Kirche oder Gesellschaft weismachen wollte.

Ein Jahr bevor ich mit dem Kôan Mu begann, hatte ich mich gegenüber anderen Menschen noch als Atheist bezeichnet, doch nun glaubte ich an Gott, weil ich mich mit meinen eigenen Augen überzeugt hatte, und damit glaubenslos wurde. Mein Dasein war nun der Glauben, d.h. der Glaube wurde durch Gott ersetzt. Anders ausgedrückt: Als Atheist war ich relativ gottlos, nun bin ich absolut gottlos, d.h. Gott ist überwunden und die Überwindung ist Gott. Atheist zu sein, war lediglich Ausdruck meiner Unzufriedenheit mit dem, was man mir erzählte, wer oder was Gott sei.

Wenn Sie sagen relativ gottlos und absolut gottlos, so fällt auf, dass zwei gleiche Begriffe verwendet werden, die aber dennoch völlig gegensätzliche Bedeutungen haben...

Ja, alle Verneinungen (keine, ohne, un-, -los etc.) nehmen im Näherkommen an Mu eine andere Bedeutung an. Dies geschieht, weil Gott nicht verneint werden kann, oder nicht religiös ausgedrückt: Weil das Nicht das Dasein ist. Nur um dies an dieser Stelle auch kurz zu erwähnen, liegt darin das Problem der Null und dem Nichts, das Mu ist, etwa in der Mathematik.

Wenn ein Mensch also sagt: „Ich bin gewaltlos", so ist seine Gewalt Gott, meint er aber eine andere Gewalt als Gott, so ist er nicht gewaltlos.

Tatsächlich findet dies Ausdruck in unserem allgemeinen Sprachgebrauch in dem bekannten Spruch von: „Du hast keine Chance, nutze sie". Gemeint ist hier, dass das Keine die Chance ist, was das Keine damit absolut verwendet. Würde das Keine bedeuten, dass es keine Chance gibt, also keine existiert, dann würde das Keine relativ verwendet. Natürlich will der Spruch sagen, es gibt keine Chance, ist also unlösbar, doch die Unlösbarkeit ist die Lösung. Löse also das Unlösbare. Mach Gott. Mach das Unmögliche möglich. Überwinde den Gegensatz.

Hierzu auch der große Zen-Meister Mumon Ekai aus seinem Kommentar zu Jôshûs Hund:

Wenn du durch diese Barriere hindurch möchtest, so musst du mit jedem Knochen deines Körpers, mit jeder Pore deiner Haut arbeiten, immer erfüllt von dieser Frage: Was ist Mu? und sie Tag und Nacht mit dir herumtragen. Glaube nicht, es sei dies das übliche negative Symbol, das einfach „nichts" bedeutet. Es ist nicht das Nichts, das Gegenteil von Existenz.

Gab es noch weitere Auswirkungen Ihrer Arbeit mit dem Kôan Mu?

Ja, Mu vertiefte sich in den folgenden Monaten und Jahren, und meine Wahrnehmung des Einssein mit den Dingen, die ich bei der Stereoanlage nur kurz hatte, blieb nun dauerhaft bestehen. Dabei ergaben sich „Plateaus". So sah ich eine Zeit lang in dem Gesicht jedes Menschen, dem ich begegnete, mein Gesicht, sodass ich nur mir begegnete und es niemand anderen gab. Dann schwächte sich diese Wahrnehmung wieder etwas ab, und es war eine Zeit lang so, als würde ich beim Gehen auf der Stelle treten und sich die Welt um mich herum bewegen. Dann schwächte sich auch diese Wahrnehmung wieder etwas ab, und es war eine Zeit lang so, dass ich völlig durchlässig (transparent) war und die Autos auf der Straße durch mich hindurch fuhren. Alles, was auf der Welt geschah, fand nur in mir statt. Dann schwächte sich auch diese Wahrnehmung wieder etwas ab, und es war eine Zeit lang so, dass alle Gebilde, Häuser, Straßen etc., wie von einem Projektor an eine Leinwand geworfen waren und ich meine Hand durch das Projektorlicht streifen konnte. Das war atemberaubend. Meine Hand berührte den Himmel, strich durch die Gebäude, durch die Straßen, alle Dinge waren nur noch projiziertes Licht, und es gab keinen Sehenden, denn ich war der Himmel, die Gebäude und die Straßen. Sie alle, d.h. ich, sahen sich selbst, der Projektor war selbst die Leinwand. Ich sah die Straße aus der Sicht der Straße. Aus ihrem ur-eigenen Blickwinkel. Ich war außenstehend und dennoch mittendrin. Ich konnte beobachten, ohne anwesend zu sein und war dabei so groß wie das Größte und so klein wie das Kleinste. Das war äußerst faszinierend. Dann schwächte sich auch diese Wahrnehmung wieder etwas ab.

Bei all diesen Wahrnehmungen dachte ich immer: „Wieso hast du das denn nicht früher schon gesehen, wo hattest du nur deine Augen?" Aber tatsächlich muss es lauten: „Wo hattest du nur deinen Geist?", d.h. mein Geist war früher nicht frei, sondern gefesselt durch das, was ich dachte, das sei, während das, was ist, nun war, was ich dachte, ich also gedankenlos (ichlos) war, d.h. mein Ich die Dinge nicht mehr verfälschte.

Wie reagierte denn Ihr persönliches Umfeld auf diese Wahrnehmungen?

Unterschiedlich. Als ich einem Bekannten sagte, dass jetzt in der überfüllten Kneipe tatsächlich nichts da sei, verzog er angewidert das Gesicht, nach dem Motto: „Was ist das denn jetzt für ein Spinner?", und ich wechselte sofort das Thema.

Zen-Meister Han-shan (1546 - 1623):

Diejenigen, die entschlossen sind, den Dharma zu üben, sollten unerschütterlich an die Nur-Geist-Lehre glauben, Nichts existiert außerhalb des Geistes. Der Zen-Schüler sollte sein früheres Wissen und Verstehen vollständig aufgeben. Gelehrtheit und Klugheit helfen hier nichts. Er sollte auf die Welt wie auf eine Sinnestäuschung blicken. Was er sieht, sind Luftspiegelungen, Bilder gleich dem Mond, der sich im klaren Wasser spiegelt. Die Töne, die er hört, sind Lieder des Windes, der durch die Bäume bläst. Er sollte alle Erscheinungen wie Wolken sehen, die am Himmel vorüberziehen - vergänglich und unwirklich wie im Traum. Nicht nur die äußere Welt, sondern alle gewohnten Gedanken, die Leidenschaften, alle Wirrnisse und Begierden unseres Geistes sind gleichermaßen ohne Substanz, nicht wirklich, sondern wurzellos und fliessend.

Manche Menschen sind nicht weit genug, um von dem Abstand zu nehmen, was sie als Realität ansehen.

Ein anderer...

... Bekannter hingegen hört sich gerne an, wenn ich ihm meine Wahrnehmungen schildere, etwa das Streifen der Hand durch den Himmel. Auch wenn er es selbst nicht nachvollziehen kann, so bemüht er sich zu verstehen, etwa indem er Schriften von Bassui Tokusho oder auch von Ramana Maharshi oder Sri Nisargadatta Maharaj liest. Meist sagt er dann: „Die sagen dasselbe wie du", ein größere Anerkennung kann er nicht geben, wobei mir natürlich bewusst ist, dass ich von den Genannten noch entfernt bin, nicht aber mehr so weit wie zu meiner Zeit vor dem Kôan Mu. Die Worte „Erleuchtung" oder „Ich bin Gott" nehme ich gar nicht erst in den Mund, da drehen die Leute durch und halten dich für verrückt. Sie können nicht verstehen, dass auch sie Gott sind. Sie wollen etwas, unter das sie sich unterwerfen können, statt es in sich zu erfahren und eins zu sein.

Hierzu Sri Nisargadatta Maharaj, aus dem Buch „I am that":

Der Fragende: Wenn Sie so im Westen sprechen wür-

den, würden die Leute Sie für verrückt halten.

Maharaj: Natürlich würden sie das! Für Ignoranten ist alles, was sie nicht verstehen können, verrückt.

Im Übrigen stehe ich selbst immer fassungslos da, wenn sich solche Wahrnehmungen einstellen. Es galt zu lernen mit ihnen umzugehen und sie nicht zu verleugnen.

Zu den herausragendsten Erkenntnissen...

... aufgrund meiner Arbeit mit dem Kôan Mu gehörte aber etwas, das zunächst nicht so spektakulär erschien, nämlich dass ich plötzlich verstand, dass in dem Absoluten, sei es Mu, Gott etc. benannt, Ding und Begriff des Dinges nicht getrennt sind, d.h. der Begriff von Mu ist Mu, der Name Gottes ist Gott, der Begriff ist also das Ding selbst.

All diese absoluten Begriffe sind damit begrifflos (namenlos). Sie sind transzendent, sie sind, worauf sie basieren, sie sind ihr eigener Grund, sie sind in (an) sich begründet und damit ohne Assoziation.

Diese Erkenntnis war wichtig...

... denn ich konnte von nun an das, was nicht formuliert werden kann, also das Formlose, das Mu ist, in Begriffe fassen, in gehaltvolle Worte, d.h. Mu beschreiben und mich damit jenseits der Begriffe verständigen. Ich konnte schreiben ohne zu schreiben. Meine Texte waren nun voller Widersprüche. Widersprüche, die aber keine waren, sondern den Gegensatz von ja und nein vereinten. Hier und da blitzte in den Zeilen Mu auf, hier und da leuchtete Mu durch die Sätze hindurch. Anfangs schrieb ich auf meiner Website an diese durchlässigen Stellen in Klammern Mu, um darauf hinzuweisen, dass hier eine Berührung mit dem Absoluten stattfand, doch irgendwann dachte ich, dass dies den Leser vielleicht mehr verwirrt als ihm zum Verstehen verhilft, und ich ließ die Klammern wieder weg.

Chuang-Tsu (Zhuangzi, ~ 365 – 290 v. Chr.), chinesischer Philosoph und Dichter, Daoismus:

Mit dem Netz fängt man Fische,
nimm die Fische und vergiss das Netz.
Mit der Falle fängt man Hasen,
nimm die Hasen und vergiss die Falle.
Mit Worten drückt man Gedanken aus,
nimm die Gedanken und vergiss die Worte.
Wo finde ich einen Menschen,
der die Worte vergisst,
auf dass ich mit ihm reden kann?

Heißt das dann, dass wenn ich in einer Sprache die Begriffe klären will, damit jeder vom Selben spricht und nicht aneinander vorbei gesprochen wird, dies durch das Erkennen von dem, was ist, geschieht?

Genau, es gibt keine Festlegung, keine Definition, sieh nur, was ist, dann findest du die richtigen Worte, die Worte, die zu sagen sind, und verstehst die Worte richtig.

Oder anders ausgedrückt: Mu ist das einzige Wort, das nicht ausgesprochen werden kann und doch alle Sprachen ist. Mu ist so universell. Mu ist damit aber auch ein Nicht-Wort, ein Wort, das keines ist. Transzendent. Leer. Alle Worte sind durch dieses Nicht-Wort bestimmt.

Interessant...

... ist hierzu vor allem auch die Aussage des Psychoanalytikers Erich Fromm aus seinem Buch „Zen-Buddhismus und Psychoanalyse":

Sobald ich etwas durch ein Wort ausgedrückt habe, findet eine Entfremdung statt, und die volle Empfindung ist bereits durch das Wort ersetzt. Die volle Empfindung besteht tatsächlich nur bis zu dem Augenblick, wo sie sprachlich ausgedrückt wird.

Weil Mu also universelles Nicht-Wort ist, welches nicht besetzt ist, demnach leer, ohne Assoziation, begrifflos ist, ist Mu das einzige Wort, bei dem die genannte Aussage Erich Fromms **nicht** gilt.

Mu nimmt also das Echte (Wahre), nicht den begrifflichen Ersatz, d.h. bei dem Menschen, der Mu erkannt hat, kommt bei jedem Ding, dem er begegnet, die volle Empfindung durch. Dieser Mensch lebt das Leben, er lebt das Echte, er lebt nicht den Begriff (Abbild) des Lebens. Er kennt das Leben also nicht vom Hörensagen, sondern weil er lebt und ist nicht durch einen Begriff vom Leben getrennt. Religiös ausgedrückt: Wenn du etwas durch Gott siehst, so siehst du das Echte und nicht durch den Schleier deines Ichs.

Die Begriffe (Worte) sind also gedeckt durch das, was ist und das, was ist, ist das Wahre, das Echte?

Ja, das, was ist, ist ihr Grund, ihr Fundament, ein Beispiel:

Ein Mann liebt seine Frau nicht mehr, sie bemerkt dies und fragt ihn eines Tages: „Liebst du mich denn noch?", und aus Angst ihr die Wahrheit zu sagen, sagt er: „Ja, ich liebe dich", d.h. seine Begriffe, die die Antwort bilden, sind nicht in sich begründet, stimmen, also nicht mit dem, was ist (Mu, Gott, Wahrheit) überein. Seine Antwort hat keine Bindung zur Wahrheit.

Der Mensch, der mit dem Kôan Mu arbeitet, wird mehr und mehr nur das sagen, was durch Mu gedeckt ist, d.h. er sagt nichts falsches, weil Mu ohne Falschheit ist. Dies gilt nicht nur für sein Sagen, sondern all sein Tun, d.h. all sein Dasein. Dieser Mensch spricht, auch wenn er schweigt, denn er drückt die Leere, das

Nichts, aus.

Weil ein solcher Mensch nur noch die Wahrheit spricht (ist), wird er zum Propheten. Religiös ausgedrückt verkündet er das Wort Gottes, das Gott ist.

Kann dieser Mensch dann nicht mehr lügen?

Er lügt, wenn es besser für den Menschen ist, das aber ist dann Mu, d.h. nicht falsch.

Wer Mu näherkommt, kann also erkennen, ob Begriffe mit dem, was ist, übereinstimmen?

Ja, er kann erkennen, ob Begriffe in ihrem Fundament, also dem, was ist, übereinstimmen, auch wenn sie begrifflich unterschiedlich sind.

Etwa die Frage „Was ist Mu?", die der Übende in dem Kôan Mu stellt, sie wird schließlich erkannt als die Frage „Wer bin ich?" oder „Was ist das?" oder „Wer ist Gott?" etc., alle begrifflich unterschiedlich, und doch nur ein und dieselbe Frage. Der Übende erkennt auch, dass in Mu alle Fragewörter wer, wie, was, wo, warum, wieso etc. alle dasselbe sind, d.h. „Wer ist Mu?" ist „Wie ist Mu?" ist „Was ist Mu?" ist „Wo ist Mu?" etc.

Dasselbe mit den Hilfsverben, Mu können ist Mu dürfen ist Mu müssen ist Mu sollen etc., alle diese werden zu sein, d.h. dein Können ist das Dasein, dein Dürfen ist das Dasein etc., oder anders ausgedrückt: Du kannst, was du bist, du darfst, was du bist etc. Natürlich hat diese Begrifflosigkeit von Mu Auswirkungen auf die Grammatik eines Textes, der versucht Mu, und damit das Unbeschreibliche, zu beschreiben. Darin liegt aber auch der Reiz eines solchen Textes, denn er bestätigt (beweist, begründet) sich von selbst.

Die Frage „Wo ist Mu?" führt also auch zum Erkennen von Mu?

Ja, der Mensch erkennt, von wo aus er sich beobachtet. Er ist Zuschauer und Leinwand im selben Moment. Von wo ist wer.

Das Zusehen fließt in das zu Sehende mit ein.

Wenn...

... ein Text richtig gut ist, also durch und durch wahr ist, so steht da nur noch Mu Mu Mu Mu Mu Mu etc., auch wenn begrifflich: „Ich fahre mit dem Auto durch die Stadt" dasteht. Jeder Begriff ist dann also begrifflos. Erwähnenswert ist, dass derjenige, der die Begriffe hinter sich lassen kann, also ihr Fundament betrachtet, dann auch erkennt, dass die Reihenfolge der Begriffe verrückt spielt, also Mu Mu Mu Mu etc. von links nach rechts oder rechts nach links, oder von

Mitte zu links, alle Konstellationen beinhaltend, gelesen werden kann. Auch können diese Mu nicht gezählt werden, weil sie in jeder möglichen Konstellation mit dem „anderen" Mu verschmelzen, sodass letzten Endes nur Mu, und damit die Basis aller Begriffe, da steht. Dieser Text hat also alle Grammatikregeln, alle Konventionen, überwunden, d.h. Mu ist die eigene Regel (Konvention).

Die Frage...

... „Was ist Mu?" als die Frage „Wer bin ich?" zu erkennen, geschieht also nicht aus einer logischen Folgerung heraus, die besagen könnte: „Ich habe gelesen, dass ich Mu bin, also ist das dieselbe Frage." Nein, aus Mu kann nur Mu gefolgert werden. Beide Fragen werden also unabhängig voneinander als dasselbe erkannt, unabhängig heißt aus sich heraus, frei beweglich voneinander, wie die Melodie- und Basshand eines Klavierspielers, und doch durch diese Freiheit miteinander verbunden.

Dann sind Zen und Mu auch dasselbe?

Ja, Zen ist Mu und Mu ist Zen.

Wer sich also um das Erkennen von Mu bemüht, etwa durch das Kôan Mu, oder vielleicht auch ein anderes Kôan, praktiziert Zen.

Hierzu Zen-Meister Mumon Ekai aus dem Mumonkan:

Du fragst vielleicht: Was ist das, die Barriere eines Patriarchen? Dieses eine Wort Mu ist es. Das ist die Barriere des Zen.

Oder anders ausgedrückt: Der Bemühende übt sich darin, (Mensch) zu sein.

Tokusan Senkan (782 - 865), der große Zen-Meister der T'ang-Zeit, gibt diese wunderschöne „Erläuterung", was Zen ist...

Ja, Zen-Meister Bassui Tokusho (1327 - 1387) zitiert ihn in seinem „Brief an eine Nonne":

Tokusan hat gesagt:

*„Auch wenn du über **es** etwas sagen kannst, setzt es dreißig Stockhiebe;*
*und wenn du über **es** nichts sagen kannst, setzt es dreißig Stockhiebe."*

Was tun, um der Strafe zu entgehen?

Wenn Du dem Stock entkommen kannst,
so begreifst Du,
was es heißt: „Der Ostberg schreitet über das Wasser."

Dieses Es, über das Zen-Meister Tokusan (782 - 865) spricht, ist Zen. Das Entkommen der Stockhiebe, der Weg aus der Ausweglosigkeit.

Es...

... ist also das Sagen und das nicht Sagen, d.h. es ist das Ja (der Hund hat Buddha-Wesen) und das Nein (der Hund hat kein Buddha-Wesen), und damit Mu.

Hierzu entsprechend Zen-Meister Mumon Ekai (1183 - 1260) aus dem Fall 1 des Mumon-kan, Jôshûs Hund, Übersetzung Paul Reps:

Hat ein Hund Buddha-Wesen?
Das ist die ernsteste aller Fragen.
Sagst du ja oder nein,
so verlierst du dein eigenes Buddha-Wesen.

Oder aus der Übersetzung von Philip Kapleau:

Hund! Buddha-Wesen!
Darstellung des ganzen, unabdingbaren Gebots!
Wer zu denken beginnt, „hat" oder „hat nicht",
hat (den Einklang mit dem) Leben verloren.

Zu dem Es auch Eugen Herrigel...

... und sein Meister, der japanische Kyūdō-Meister Awa Kenzo (1880 - 1939), aus dem Buch „Zen in der

Kunst des Bogenschießens":

Ich machte den Meister darauf aufmerksam, dass ich schon im vierten Unterrichtsjahr stehe, und dass mein Aufenthalt in Japan von begrenzter Dauer sei. „Der Weg zum Ziel", erwiderte er, „ist nicht auszumessen, was bedeuten da Wochen, Monate, Jahre?" „Aber wenn ich auf halbem Wege abbrechen muss?" fragte ich. „Wenn Sie wahrhaft ichlos geworden sind, können Sie jederzeit abbrechen. Also üben Sie sich darin!" Und so wurde wieder ganz von vorn angefangen, als sei alles bisher Erlernte unbrauchbar geworden. Aber das absichtslose Verweilen in der höchsten Spannung missriet nach wir vor, wie wenn es unmöglich wäre, aus eingefahrenen Spuren herauszukommen. Eines Tages fragte ich daher den Meister: **„Wie kann denn überhaupt der Schuss gelöst werden, wenn ‚ich' es nicht tue?" „ ‚Es' schießt", erwiderte er.** *„Das habe ich schon einige Male von Ihnen gehört und muss daher anders fragen: wie kann ich denn selbstvergessen auf den Abschuss warten, wenn ‚ich' gar nicht mehr dabei sein soll?" „ ‚Es' verweilt in höchster Spannung." „Und wer oder was ist dieses ‚Es'?" „Wenn Sie dies einmal verstehen, haben Sie mich nicht mehr nötig. Und wenn ich Ihnen auf die Spur helfen wollte, die eigene Erfahrung Ihnen ersparend, wäre ich der schlechteste aller Lehrer und verdiente, davongejagt zu werden. Also sprechen wir nicht mehr darüber, sondern üben wir!"*

Es ist Zen, darum also der Name Ihrer Website „Es

(abs.), Nicht"...

Genau, Zen ist das Es, das ist, indem es nicht (das Es) ist. Das Es ist so ein absolutes Neutrum, kein relatives (bedingtes). Das „abs." in Klammern steht für absolut.

Zen verhält sich also neutral, mischt sich nicht ein, greift nicht ein (chin. wu wei, jap. mu-i), ist wertfrei, urteilsfrei, d.h. Zen steht immer auf der Seite von Zen, und damit auf der Seite der Freiheit (Menschlichkeit). Dieser Nicht-Eingriff ist der höchste Eingriff.

Die Website „Es (abs.), Nicht" ist bemüht, (so wie) Zen zu sein, was umso mehr gelingt, je mehr ich ichlos geworden bin, denn dann schreibt es die Beiträge der Website, und der Leser kommt mit Zen in Berührung.

Neben Ihrer zen-buddhistischen Website schrieben Sie auch ein Buch über Zen?

Ja, etwa ein Jahr, nachdem ich begonnen hatte mit dem Kôan Mu zu arbeiten, begann ich zu schreiben. Ich dachte, dass meine Erfahrungen mit dem Kôan Mu auch für andere Menschen von Wert sein könnten. Das Buch nannte ich „Der Liebende ist kein Sünder" entsprechend der Textzeile „The Lover of Life is not a Sinner" aus dem Lied „Heaven and Hell" der britischen Band „Black Sabbath" und ihrem von mir sehr verehrten Sänger Ronnie James Dio. Wenn ich den Text richtig verstehe, hat der Song den andauernden

Dualismus zum Thema, in dem „je näher du zur Bedeutung (Sinn) gelangst, du erkennst, dass du träumst" und die „Liebe als eine Antwort (auf den Dualismus) angesehen werden könnte", was stimmen würde, denn das Absolute, also das, was den Dualismus überwindet, ist ja die Liebe.

Ich schrieb das Buch so, dass die ersten Kapitel den absoluten Maßstab, also Mu, benannten und beschrieben, was der Mensch tun muss, um diesen zu erfahren. Die weiteren Kapitel wandten dann das prinziplose Prinzip, das Mu ist, auf verschiedene Lebensbereiche des Menschen an, wie etwa das Soldatendasein oder den Bereich des Sozialen, der Arbeit etc., und schließlich gab es dann noch den Praxisteil, der die Arbeit mit dem Kôan Mu erläutert.

Die ersten Seiten...

... des Manuskripts waren ziemlich grauenvoll. Ich verlor mich in unzähligen Aufzählungen von Dualen, weil ich einfach nicht wusste, was ich vom Leser erwarten würde können. Ich hatte immer Angst missverstanden zu werden und versuchte alles bis ins Kleinste zu erläutern. Hinzu kam, dass ich schnell bemerkte, dass die Sprache, und damit auch die Schrift, limitiert ist für das, was nicht auszusprechen und beschreibbar ist, sodass ich ständig mit Klammern arbeitete, um dem Leser mitzuteilen, hier sind verschiedene Begriffe, die aber alle dasselbe Fundament besitzen, was sicherlich dem Lesefluss nicht förderlich war, zumal Mu mir dann auch noch sämtliche Grammatikregeln über den Haufen warf. Und vor allem kam beim Schreiben immer wieder mein Ich durch, wo ich doch wollte, dass einzig es das Buch schreibt, das Buch also ichlos geschrieben wird, religiös ausgedrückt Gott durch mich schreiben würde.

Vielleicht...

... waren alle diese „Anforderungen" damals doch etwas zu viel, zumal weitere schwierige Umstände hinzukamen. Aus heutiger Sicht, glaube ich, wäre es besser gewesen, wenn ich mit dem Buchschreiben noch etwas gewartet hätte, bis sich die Erkenntnisse weiter vertieft hätten, ich also eine klarere Nicht-Vorstellung von Mu bekommen hätte und mich dann auch klarer hätte ausdrücken können. Bei einer Website ist es natürlich leichter die Veränderung der Erkenntnisse ständig anzupassen, und wenn ich mir heute die ersten Web-Inhalte so ansehe, ist die Entwicklung auch deutlich zu erkennen. Auf der anderen Seite aber waren die „Anforderungen" bzgl. des Buches auch Hinweise darauf, was Mu ist, und überhaupt, vielleicht ist es mal ganz interessant zu lesen, was einer so schreibt, der gerade damit begonnen hatte, den weglosen Weg zu beschreiben. Ich denke, in dem Buch sind gute Aussagen enthalten, Aussagen, die in die richtige Richtung gehen, die von Mu.

Weitere schwierige Umstände, was meinen Sie?

Nachdem durch das Kôan Mu Mu zum Maßstab meines Handelns (Daseins) wurde und den Maßstab der o.g. 48 Gesetze der Macht mehr und mehr ablösten, konnte ich die Illusion des netten, tüchtigen, stets konformen Arbeitnehmers nicht mehr aufrechterhalten, nicht verwunderlich strebt das Kôan Mu doch nach Authentizität, nach Echtheit, und es kam am Arbeitsplatz zu ständigen Konflikten bis ich schließlich entlassen und zum ersten Mal in meinem Leben arbeitslos wurde. Mit der Entlassung konnte ich Rechnungen nicht zahlen, und der Strom wurde abgestellt. Ich schrieb das Buch dann in Cafés, Kneipen oder bei Bekannten, was nicht immer einfach war. Schließlich verlor ich auch meine Wohnung und fand mich in einem Obdachlosenheim wieder.

Ich weiß nicht mehr welcher Zen-Meister es sagte, aber sinngemäß lautete es: *„Seien Sie sich sich nicht zu sicher, dass sie erleuchtet sein wollen."* Doch die Erleuchtung ist nicht das Problem, sie einzig ist die Lösung.

Konnte das soziale Netz Sie denn nicht auffangen?

Viel zu spät. Ich wusste nicht, wie ich meine durch Zen verursachte Menschenveränderung den Behörden verständlich machen sollte, so versäumte ich viele wichtige Termine.

Ins Obdachlosenheim zu kommen, war sicherlich ein

Schock für Sie?

Teils ja, schlimm war vor allem die Vorstellung, von jetzt an ein Penner zu sein. Diese Vorstellung durch Mu aufzulösen, also von ihr nicht gefangen zu sein, war alles andere als einfach.

Schlafen konnte ich zu dieser Zeit nur, weil ich im Kôan Mu geübt war.

Aber ich sagte mir...

... auch: „Jetzt wollen wir doch mal sehen, wofür Zen (Gott) gut ist. Jetzt wollen wir doch mal sehen, ob du durch Zen schon ein stärkerer Mensch geworden bist und du in der Lage bist, die Dinge bedingungslos zu akzeptieren."

Bedingungslos zu akzeptieren, heißt das alles hinzunehmen?

Bedingungslos zu akzeptieren, heißt (das) Nicht zu akzeptieren, also Gott zu folgen. Und genau das wollte ich tun.

Ich wollte einzig an Gott festhalten, was immer dabei herauskäme, denn wenn das nicht ausreichend ist, was ist es dann? Was soll dann der Halt des Menschen sein?

Und das war nun dabei herausgekommen, und ich wollte dies auch so akzeptieren, was mir keineswegs immer gelang. Oft haderte ich mit Gott. Doch gerade auch in diesen Momenten, da ich mich getrennt von ihm sah, galt es nur an ihm festzuhalten. Es gibt keine andere Lösung als Gott, das wurde mir durch Zen immer wieder klar. Du kommst an Gott nicht vorbei, weil auch das Vorbei Gott ist.

Ist diese absolute Akzeptanz eine Kapitulation vor Gott?

Ja, doch weil diese Kapitulation ein Sich-Aufgeben (Hingeben) ohne sich aufzugeben ist, nein. Man gibt Gott auf, um ihm zu folgen. Die Akzeptanz ist widerstandslos. Es ist, als würden Wellen, die auf einen einströmen, ungehindert hindurchgehen.

Oder anders ausgedrückt: Vor Gott zu kapitulieren ist der größte Widerstand, den man ihm bieten kann.

Die Wohnungsräumung...

... die alles andere als schön war, versuchte ich so ichlos wie möglich zu erleben, und damit so bewusst wie möglich. Ich wollte voll rein in den Schmerz, mich keine Sekunde von ihm trennen. Das war bereits die Heilung der schwierigen Situation. Nur im Zen verständlichen Sinne war es, als wollte ich sagen: „Das ist meine Räumung, ich will sie erleben, wenn ihr eine erleben wollt, müsst ihr euch selbst eine verdienen."

So wie Zen-Meister Bassui Tokusho in seinem Bemühen um Mu das augenblickliche Tun hinterfragt, fragte ich ständig: „Wer ist es, der gerade seine Räumung erlebt?" Ich leistete also keinerlei Widerstand, ich stand in keinem Gegensatz zur Räumung. Ich war eigentlich gar nicht dabei, Gott war dabei, ich nicht. Ich war nicht zu finden. Ich war der Gerichtsvollzieher.

Ihre Zeit im Obdachlosenheim, können Sie dazu etwas sagen?

Ich war etwas über ein Jahr dort, dann gelang es mir, wieder eine „normale" Wohnung zu finden. Die Zeit im Obdachlosenheim war schwirig, sehr viel Elend, sehr viel Gewalt, sehr viel Alkohol, sehr viel Leid und sehr viel behördliches Versagen. Kalle war früh verstorben, Horst war früh verstorben, die alte Gerda war verstorben, eine sehr traurige Umgebung. Wer in einer solchen Umgebung dennoch Gott (Buddha) erkennt, der ist wahrhaft Meister. Mir gelang dies dort viel zu selten und dennoch war Zen mein unumstößlicher Halt.

Zen-Meister Yoka Daishi (665 - 713):

Darin bewahrt sich die Kraft der wahren Weisheit, dass man gerade mitten im Feuer der Welt den Weg des Zen ausübt. Diese Lotusblume, die aus dem Feuer erblüht, ist ewig unverwelklich.

Das Obdachlosenheim war weit...

... am Rande der Stadt, ich möchte fast sagen auswärts, gebaut worden. Absichtlich, wie ein Sozialarbeiter, der sich mal dahin verlaufen hatte, mir einmal bestätigte, damit die sogenannte normale Bevölkerung mit diesen Menschen nicht belastet wird, was natürlich die Gefahr des rechtsfreien Raumes geradezu fördert, zumal die Polizei nur dann kam, wenn sie Lust dazu hatte. Es war, als sei die Einrichtung für die gebaut worden, die die Pest hatten. So war die soziale und örtliche Trennung zwischen der Welt dort und der Welt außerhalb sehr deutlich zu sehen. Nur ein Schritt vom Obdachlosenheim galten völlig andere Gesetze, völlig andere Regeln, völlig andere Maßstäbe. Wer im Obdachlosenheim King war, war außerhalb nichts, und wer außerhalb King war, war dort nichts. Etwas, was ich auch aus vielen Kneipen kenne. Die, die meinen, weil sie auf ihrem Arbeitsplatz Chef sind, seien sie auch Chef in der Kneipe. Oder die, die meinen, weil sie in der Kneipe was zu sagen haben, gelte das auch außerhalb der Kneipe etc. Wer nur einen Maßstab für alles haben will, der muss Mu als Maßstab haben, dann ist er, wo immer er ist, der Maßstab. Das Maß aller Dinge.

King im Obdachlosenheim? Seltsam, da sind die Leute schon ganz unten und brauchen untereinander dennoch eine Rangliste...

Das war mir auch völlig unverständlich. Statt zu sagen, wir sitzen alle in derselben Scheiße und helfen uns untereinander so gut wir können, gab es zu viele, die obwohl selbst unten, noch jemanden brauchten, der noch darunter war, um über diesem zu sein, und damit wirkliche Hilfe untereinander versagten. Einer der Heimbewohner zeigte auf ein Fenster des Heims und klärte mich auf: „Da hinten, da wohnen die wahren Asozialen", aber ich konnte zwischen denen, die er benannte und ihm keinen Unterschied entdecken. Es war, als zeigte er auf sich selbst.

Sie schrieben Behördenversagen, was meinen Sie?

In einer Nacht hatte mein Nachbar im Zimmer hinter mir Streit mit seiner Freundin und sie beschimpften sich aufs Übelste. Ich konnte hören, wie Flaschen an die Wand geworfen wurden und zersplitterten. Das volle Programm. Sehr aggressiv. Die Gewalt kroch regelrecht durch die dünnen Wände zu mir rüber. Es begann etwa gegen 23 Uhr und endete morgens um 9 Uhr. Ich rief in dieser Nacht, nicht nur, weil ich nicht schlafen konnte, sondern auch aus Sorge, dass die beiden sich ernsthaft verletzen oder gar umbringen könnten, ungelogen, sechsmal die Polizei, die ganze Nacht hindurch. Jedes Mal sagte sie mir zu, zu kommen, doch sie kam nicht ein einziges Mal. Wäre wirklich etwas Schlimmes passiert, hätte es geheißen, warum hat uns keiner angerufen.

Warum sind Sie nicht rüber und haben nach dem

Rechten geschaut?

Das war mir zu gefährlich, zumal viel Alkohol im Spiel war, und es heißt ja auch immer, das Gewaltmonopol liege beim Staat, eine Aussage, der ich zustimme, also soll er sich auch kümmern, wenn nach ihm gerufen wird, vor allem an Orten, an denen Gewalt gang und gäbe ist.

Ist das Zen?

Heißt Zen ich muss mich in Gefahr begeben und all das berichtigen, was von anderen versäumt wurde?

Manchmal heißt es das.

...

Dann ist Gott die Gefahr.

Ein anderes Mal wurde...

... eine junge Bewohnerin des Heims schwanger, und sie ließ ihren großen Hund für die Tage, an denen sie zur Entbindung im Krankenhaus war, alleine im Heim zurück, wenn auch versehen mit Wasser und Futter. Der Hund jaulte, sein Frauchen vermissend, über eine Woche herzzerreißend. Es tat in den Ohren richtig weh, nicht nur wegen der Lautstärke. Man muss kein

Buddhist sein, um Tiere zu mögen. Auch konnte durch das laute Jaulen und Bellen keiner mehr im Heim schlafen. Ich rief dann: Die Polizei, das Tierheim, die Feuerwehr, das Ordnungsamt. Jeder verwies auf den Anderen, keiner kam. Der Hund hörte erst auf, als sein Frauchen wieder aus dem Krankenhaus zurückkam. Über eine Woche war er in dem kleinen verdreckten Zimmer ohne Auslauf eingesperrt gewesen. Mir wurde da klar, dass du beim Benennen der Adresse des Heims automatisch Bürger zweiter Klasse bist. Mir wurde da auch klar, dass nicht gesagt werden kann, ob die wahren Asozialen im oder außerhalb des Heims beheimatet sind. Es ist kein Wunder, dass die meisten Menschen, die auf der Straße oder in solchen Einrichtungen leben, nichts mit Behörden zu tun haben wollen, und dies sind lediglich zwei von vielen möglichen Schilderungen.

Gab es dort auch schöne Momente?

Ja, aber leider nicht sehr oft. Mit Peter, einem alten Rocker, verstand ich mich bestens. Wenn Olli, ein weiterer Mitbewohner, in einen philosophischen nicht-endenden Monolog über Gott und die Welt abzugleiten drohte, nannte Peter ihn immer Dr. Dolittle, das fand ich wirklich lustig. „Olli, quatsch dich nicht fest!", meinte Peter dann mit mehreren Zahnlücken lachend in seiner rauhen Stimme, die aufgrund seiner chronischen Bronchitis wie die von AC/DC-Sänger Bon Scott klang.

An einem Abend saß ich mit all denen, vor denen mich meine Eltern immer gewarnt hatten, in Peters kleinem Zimmer und wir hörten laut „Uriah Heep", die ganzen alten geilen Sachen mit Sänger David Byron wie etwa „Gypsy, Stealin`, July Morning etc.", und Peter imitierte mit geschlossenen Augen das Orgelspiel von Ken Hensley, er war völlig darin versunken. Das waren schöne Momente, in denen es so viel leichter war Gott (Buddha) zu erkennen.

Olli „Dr. Dolittle", Peter und ich...

... halfen uns oft gegenseitig, Peter war immer hilfsbereit, wenn man etwas brauchte, Olli teilte, wenn ich mal zu wenig eingekauft hatte, mit mir das, was er von „Der Tafel" mitgenommen hatte, während ich wichtige Briefe für ihn öffnete, weil er schlechte Nachrichten nicht mehr verkraftete und nur noch Höllenpost bekam, etwas was auch ich nach dem Verlust meines Arbeitsplatzes kennengelernt hatte. Auch ich ließ mir damit von einem Bekannten helfen. Zen heißt auch, Hilfe annehmen zu können, sie zu akzeptieren. Auch das ist bedingungslos, auch das ist Gott.

Peter verstarb etwa ein Jahr, nachdem ich aus dem Obdachlosenheim ausgezogen war. Er wurde vierundfünfzig Jahre alt. Er war ein harter Bursche, jemand den du nicht als Feind wolltest, jemand, der in seinem Zimmer immer einen Knüppel in Griffweite liegen hatte und in bestimmten Situationen auch mal ein Messer ziehen konnte. Und dennoch, und auch bei all dem, wo ich nicht seiner Meinung sein konnte, hatte er unbestritten etwas sehr Warmherziges und einen Humor, der mir sehr lag.

Am allerbesten fand ich...

... wenn Peter von seinem Zimmer schnurstracks rüber ans ebenerdige Fenster des fast siebzigjährigen Franz, einem alten Kumpel von ihm, marschierte, fest ans Fenster klopfte und lauthals herumschrie: „Franz, hör auf zu wichsen, und komm ans Fenster." Franz, der bis dahin ungestört ferngesehen hatte, erhob sich dann gemächlich und ging, meist nur in Unterhose bekleidet, langsam zum Fenster, um zu hören, was Peter von ihm wollte. Eine traumhafte Szene, bei der nur noch Dittsche (Kabarettist Olli Dittrich) gefehlt hätte, im Bademantel und mit der Bierflasche in der Hand.

Wenn möglich, werde ich über diese Zeit ein weiteres Buch schreiben.

Zurück zum Kôan Mu, sowohl im Buch als auch auf der Website, spielt das Kôan Mu also eine zentrale Rolle?

Ja, das Kôan Mu ist der wichtigste Beitrag, denn es ist das Instrument, das das Erkennen des Absoluten (Mu, Gott) erlaubt. Natürlich ist das Kôan Mu nicht das einzige Instrument, alle Kôans zielen darauf ab. Außerdem könnte man das, was das Kôan Mu leistet, auch anders ausdrücken, etwa wie Ramana Maharshi oder Meister Eckhart:

Ramana Maharshi:

Denken Sie „Ich, ich, ich...", - und halten Sie daran fest, unter Ausschluss aller anderen Gedanken.

Meister Eckhart (1260 - 1328), Theologe, Philosoph, Dominikaner:

Wer werden will, was er sein sollte, der muss lassen, was er jetzt ist.

Das Problem ist, mir ging es jedenfalls so, dass erst die Arbeit mit dem Kôan Mu mir die Fähigkeit gab, in den Aussagen von Ramana Maharshi und Meister Eckhart zu erkennen, dass sie ebenfalls geeignet sind, das Absolute zu erkennen.

D.h. durch das Kôan Mu werden andere Schriften erst verstanden?

Ja, wobei es genauer heißen muss, durch das Erkennen des Absoluten werden andere Schriften erst verstanden.

Als Ramana Maharshi gefragt wurde, ob er Kamba Ramayana (tamilische Version des Ramayana-Epos) gelesen habe, antwortete er:

„Nein, ich habe nichts gelesen. Was ich gelernt habe, beschränkt sich auf die Zeit vor meinem vierzehnten Lebensjahr. Seitdem habe ich keinerlei Neigung mehr gehabt, etwas zu lesen oder zu lernen. Die Leute wundern sich, wenn ich über die Bhagavad Gita (zentrale Schrift des Hinduismus) und andere Werke spreche. Ich habe weder die Gita noch die dazugehörenden Kommentare gelesen. **Wenn ich einen Vers höre, verstehe ich ihn und erkläre ihn dementsprechend. Das ist alles. Ähnlich ist es mit meinen anderen Aussagen; sie fallen mir spontan ein.** *Ich weiß, dass die Wahrheit jenseits von Intellekt und Wort liegt. Weshalb also sollte ich den Geist damit befassen zu lesen und zu lernen? Das tut man nur solange, bis man die Wahrheit erkannt hat. Wenn dieses Ziel erreicht ist, ist es unnötig, sich weiterhin mit Studien zu befassen."*

Und Sri Nisargadatta Maharaj...

Eines Tages erzählte mir ein Freund von einem Weisen, der in der Nähe zu Besuch sei, und lud mich ein, mit ihm zu kommen, um diesen Weisen zu treffen.

Ich hatte zwar kein Interesse, doch mein Freund ermunterte mich, also begleitete ich ihn. Mein Freund kaufte eine Blumengirlande und einige Süßigkeiten für diesen Weisen und meinte, ich solle mich doch ein wenig in Schale werfen. Als ich den Guru traf, forderte er mich auf, meine Augen zu schließen, und weihte mich ein. Nach einer gewissen Zeit sagte er, ich solle meine Augen wieder öffnen, und es war, als ob ich explodiert wäre. Von dem Augenblick an war ich ein anderer Mensch.

1932 erstand ich zwei Bücher über Philosophie, die mir ein Freund empfohlen hatte. Ich versuchte sie damals zu lesen, doch ich konnte nichts davon verstehen. Also klappte ich sie wieder zu und legte sie beiseite. Mein Guru weihte mich 1934 ein. Zwei Monate, nachdem mich mein Guru eingeweiht hatte, lud mich derselbe Freund zu einem Besuch in sein Dorf ein und schlug vor, zusammen über diese Philosophiebücher zu diskutieren. **Ich erläuterte die Bücher völlig spontan, die mir jedoch zu dem Zeitpunkt wie Kinderkram erschienen.**

Frage: Wie hast du dir diese Fähigkeit angeeignet?

Maharaj: Das ist wie die Frage, wie ich mir ohne mein Wissen diese menschliche Form angeeignet habe! **Es geschah ganz einfach, ich hatte nichts damit zu tun. Die Leute mögen mich preisen oder verdammen, doch ich tat es, ohne mir dessen gewahr zu sein, ohne mich darum zu bemühen, völlig natürlich. Ich habe nie die heiligen Schriften studiert und doch kam das Wissen ganz einfach zu mir.**

Wie auch ich oben beschrieb, ist das Wissen in dem Bemühen um das Absolute plötzlich einfach da. Die Dinge vermitteln das Wissen, indem der Mensch die Dinge transzendiert. Bücher lese ich nur noch, um vielleicht einmal ein Zitat oder eine Jahreszahl nachzuschlagen, nicht aber um zu wissen.

Die Frage ist...

... wie kann erreicht werden, dass ein Mensch zu seiner Befreiung gelangt, er sich also darum bemüht das Absolute zu erkennen? Ramana Maharshi gibt Antworten, Meister Eckhart gibt Antworten, viele andere geben Antworten. Aber werden diese Antworten wirklich verstanden? Wie oft hatte ich all diese Bücher gelesen und mich ernsthaft um Verständnis bemüht und fand viele Aussagen auch irgendwie toll, aber wirklich weiter kam ich damit nicht, erst das Kôan Mu erreichte dies. Der Zen-Buddhismus wusste um dieses Problem und entwickelte die Kôans, um dem Mensch das Erkennen des Absoluten zu erleichtern, d.h.: Ja, lies vom Kôan Mu, damit du weißt, dass es überhaupt so etwas wie ein Kôan Mu gibt, dann aber vergiss das Lesen und nimm das Kôan Mu, d.h. übe dich in der Praxis, lass die Praxis dein Lesen sein, lass die Praxis deine Theorie sein.

So fand ich...

... zusätzlich zu den Aussagen des Buches von Kapleau, es auch reizvoll ein Rätsel zu lösen, und nichts anderes ist das Kôan Mu, ein paradoxes Rätsel. Es ist wie Yasutani Rôshi sagt: *„Kôans sind wie Süßigkeiten, um ein widerwilliges Kind zu überreden."* Ich habe diese Süßigkeiten gern genommen. Und ebenso fand ich es sehr angenehm, dass es in dem Kôan Mu nur diese eine Aufforderung gibt, nämlich die, einzig an Mu festzuhalten, also nicht „tausende" verschiedene komplizierte Aufforderungen, etwa wenn Erich Fromm in seinem berühmten Buch „Die Kunst der Liebe" die Voraussetzungen zum Erlernen dieser Kunst benennt: Disziplin, Konzentration, Geduld etc. Drei Begriffe, bei denen dem normalen Menschen speiübel wird, vor allem dann, wenn er diese Kunst schnell erlernen will, weil seine Beziehung kurz vor dem Scheitern steht. Mir war es lieber, das Ganze, d.h. das Absolute, ist in ein Kôan verpackt, in dem es heißt: Mach nur das eine, dann hast du alles gemacht, dann ist Gott die Disziplin, Gott die Konzentration, Gott die Geduld etc., d.h. alle benötigten Teile der Kunst fügen sich von selbst zusammen. Ich glaube, dass der Mensch damit besser zurechtkommt.

Was...

... ich also all denen, die zwar den Menschen zu seiner Befreiung führen wollen, vorwerfe, wobei der Begriff des Vorwurfs völlig falsch ist, ist, dass sie keine Methodik erschaffen haben, wie sie etwa das Kôan Mu vorgibt. Natürlich ist die Methode des Kôan Mu eine Nicht-Methode und damit exakt die Methode des Absoluten oder religiös ausgedrückt: Du findest Gott genau so, wie du ihn suchst, d.h. die Methode ist Gott bzw. Gott ist das Suchen und Finden.

Dann ist Mu ganz einfach? Ganz, ganz leicht?

Ja, Mu ist das Einfachste des Einfachsten: Auf das Wesentliche reduziert, simplifiziert, direkt auf den Punkt gebracht und doch liegt in diesem unendlich reduzierten Punkt die gesamte Schöpfung, d.h. die Schöpfung ist das Wesentliche.

Es gibt also keine begriffliche Verschleierung, keine akademischen Fremdwörter, kein intellektuelles, psychologisches, philosophisches Gequatsche, es gibt kein „Das ist so kompliziert ausgedrückt, also muss es wahr sein", es gibt kein „Aufgeilen" der Intellektuellen an vielen Fachausdrücken, es gibt nur die pure Klarheit: Mu ist alles, was zu verstehen ist. Punkt. Zu verstehen, dass das alles ist, was zu verstehen ist, gerade darin liegt die Schwierigkeit des Einfachen.

Dass...

... auch in dem kleinsten die gesamte Schöpfung liegt, dazu der große Zen-Meister Huang-po (9. Jahrhundert):

Das ganze sichtbare Weltall ist Buddha, so auch alle Klänge. Halte an einem Prinzip fest, dann sind alle anderen identisch. **Siehst du ein Ding, dann siehst du alles.** *Gewahrst du den Geist eines Individuums, gewahrst du den gesamten Geist. Fällt dein Blick auf einen Weg, sind alle Wege in deiner Schau enthalten, denn es gibt nichts, das abseits des Weges wäre.*

Wenn dein Blick auf ein Staubkörnchen fällt, ist das Gesehene identisch mit sämtlichen riesigen Weltsystemen mit ihren großen Flüssen und gewaltigen Bergen. Einen Tropfen Wasser ansehen bedeutet, das Wesen allen Wassers im Weltall zu sehen. Derart die Gesamtheit aller Erscheinungen anzusehen heißt, die Gesamtheit des Geistes anzusehen. Alle diese Erscheinungen sind von Anbeginn leer, und doch ist der Geist, mit dem sie identisch sind, nicht reines Nichts. Hiermit meine ich, dass er existiert, aber in einer Weise, die zu wunderbar ist, als dass wir sie erfassen könnten. Es ist eine Existenz, die keine ist, eine Nichtexistenz, die dennoch existiert. So existiert diese wahre Leere auf eine wunderbare Weise.

Sowie die Aussage von Ramana Maharshi:

*Die großen Weisen haben auch gesagt: **„Wenn das Eine erkannt wird, das in sich selbst enthalten ist, wird alles bisher nicht Gewusste erkannt"**. Wir haben so viele verschiedene Gedanken; wenn wir über Gott meditieren, der das Selbst ist, werden wir die Vielfalt unserer Gedanken durch diesen einen Gedanken überwinden können; und auch dieser eine Gedanke wird schließlich verschwinden. Das ist gemeint wenn man sagt, das Selbst zu kennen, heißt Gott zu kennen. Dieses Wissen ist Erlösung.*

Damit gilt auch: Erkenne das Prinzip von Mu, genaugenommen das Nicht-Prinzip, und du erkennst das Prinzip aller Dinge.

Natürlich...

... liegt in der Einfachheit von Mu auch ein weittragendes Element der menschlichen Gesellschaft, nämlich dass religiös ausgedrückt jeder Mensch Zugang zu Gott hat und dieser Zugang nicht einer besonderen Bildung vorenthalten ist und so eine Klasse entsteht, die diese Bildung vorgibt und damit den Zugang zu Gott regelt. Oder anders ausgedrückt: Es gibt keine Bedingung zum Erhalten des Bedingungslosen. Sicherlich wird dies der Klasse nicht gefallen, und sie wird versuchen den Menschen in Abhängigkeit von ihr zu halten, d.h. die Abhängigkeit begründet die Existenz dieser Klasse statt aus sich heraus begründet zu sein.

Aber ist denn das Kôan Mu nicht auch eine Bedingung?

Nein, das Kôan Mu ist Mu, oder religiös ausgedrückt: Gott ist das Suchen und Finden, oder gesellschaftlich ausgedrückt: Die lehrende Klasse (Bedingung) löst sich im Lehren auf und der Mensch steht von selbst, er ist frei, d.h. die Freiheit war die Lehre, wie auch die Klasse und die Bedingung.

Sie schreiben: „Ja, lies vom Kôan Mu, damit du weißt, dass es überhaupt so etwas wie ein Kôan Mu gibt, dann aber vergiss das Lesen und nimm das Kôan Mu, d.h. übe dich in der Praxis, lass die Praxis

dein Lesen sein etc."...

Ja, es ging mir sowohl im Buch als auch auf der Website darum das Kôan Mu zunächst überhaupt einmal zu benennen und auch zu beschreiben, wie der Mensch damit arbeitet. Natürlich kennen diejenigen, die sich mit Zen befassen, das Kôan Mu, aber ich glaube, dass nur wenigen die Bedeutung des Kôan Mu und die Leistung, die es erbringt, wirklich klar ist. Diese enorme Tragweite in alle Gesellschaft hinein.

Ich erinnere mich...

... einige Jahre bevor ich mit dem Kôan Mu zu arbeiten begann, an die Sendung „Domian" im WDR, die ich manchmal nachts hörte. Für diejenigen, die diese Sendung nicht kennen: In ihr können Menschen, die Probleme haben, anrufen und Jürgen Domian bemüht sich, zusammen mit einem Psychologenteam im Hintergrund, um eine Lösung. Eine junge Frau, ca. fünfundzwanzig, rief damals an und erzählte, dass sie zwei Jahre zuvor vergewaltigt worden sei und versucht habe mit dieser Erfahrung alleine zurechtzukommen, doch sie bemerke nun, dass sie das nicht könne und Hilfe brauche, weswegen sie anrufe. Diese Frau war intelligent und stark, aber das Geschehen machte sie dennoch fertig. Ich dachte damals, wenn sie, oder der Mensch ganz allgemein, doch etwas hätte, wohin er seine Last verschieben könne, und diese Verschiebung der Last dennoch nicht egoistisch wäre, weil das, das die Last von nun an trägt, nichts mitträgt, dann wäre der Mensch frei (von Last, von Leid). Und genau das leistet das Kôan Mu.

Oder religiös ausgedrückt: Durch die Arbeit mit dem Kôan Mu wird alle Last auf Gott übertragen, der diese Last verträgt, weil er nichts mitträgt, sodass der Übertragende kein schlechtes Gewissen haben muss.

Der Mensch...

... der also aufgrund eines Erlebnisses nicht mehr weiß, was richtig oder falsch ist, also nicht mehr weiß, ob er richtig oder falsch ist, und aufgrund dieses fehlenden Wissens, das kein verstandesgemäßes Wissen ist, sein Dasein berechnen muss, statt sich in das fallenlassen zu können, was er ist und dieses Dasein dann die gerechte Unterscheidung ist, wird dieses Wissen durch das Kôan Mu wiederfinden. Oder anders ausgedrückt: Er wird das wiederfinden, was in ihm verlorenging.

Dann ist die Arbeit mit dem Kôan Mu Psychotherapie?

Ja, absolute Psychotherapie. Der Mensch erforscht sich in aller Tiefe, und all das, was nicht zu ihm gehört, wird losgelassen.

Was gehört denn nicht zu ihm?

All das, was nicht Mu ist.

Aber ich dachte, alles ist Mu?

Ja, alles ist Mu.

Für Mu besteht hier kein Widerspruch, weil Mu paradox ist, d.h. Mu ist der Widerspruch in sich, das Ja (der Hund hat Buddha-Wesen) ist das Nein (der Hund hat kein Buddha-Wesen). Oder anders ausgedrückt: Mu ist nicht.

Die in der Sendung genannte Frau bräuchte also nur das Kôan Mu?

Ich würde es so ausdrücken: Wer mit dem Kôan Mu arbeitet, sich also um die Lösung des Kôan Mu bemüht, betreibt Psychotherapie: Er erforscht sich, er sieht in sich, er sieht in das, was er ist. Der Therapeut ist Mu, religiös ausgedrückt Gott, Gott ist der Therapeut, d.h. der Therapeut ist absolut und damit ohne Irrtum.

Alle Psychotherapie muss vor der Erleuchtung, die die absolute Befreiung des Menschen ist, zurücktreten, und das Kôan Mu führt zur Erleuchtung. Mehr als das, was Zen-Meister Mumon Ekai im Fall 1 des Mumonkan sagt, kann Psychotherapie nicht sein:

Wer wünschte nicht, durch diese Schranke zu gehen?

Dafür müsst ihr euch Tag und Nacht konzentrieren und euch mit jedem eurer 360 Knochen und jeder eurer 84.000 Poren erforschen.

Ich möchte...

... damit nicht sagen, dass diese Frau nicht auch vielleicht zusätzlich einen Psychotherapeuten aufsucht und ihre Arbeit mit dem Kôan Mu mit diesem ergänzt, natürlich unter der unfehlbaren Maßgabe des Kôan Mu, nicht der des Therapeuten. Ich möchte auch nicht sagen, dass die Arbeit mit dem Kôan Mu einfach ist. Sich hinzusetzen und vor sich nicht wegzulaufen, sondern sich anzusehen, auch das, was man nicht sehen möchte, sich zu erfahren, zu spüren, mag die härteste Arbeit sein, aber eben auch die heilsamste.

Oder anders ausgedrückt: Die Frage „Wer bin ich?" ist das, was der Mensch braucht, um unter der Last seines Ichs nicht zusammenzubrechen, eine Last, die durch Gewalt, also durch all das, was nicht Mu ist, erhöht wird.

Man muss doch sehen, wie klasse das ist...

... da ist etwas, das nennt sich Kôan Mu und ist ein Instrument zur Befreiung des Menschen. Es ist, in jeder Hinsicht, umsonst, kostenlos, du brauchst keinen Termin, keine Anfahrtszeiten, du hast es immer bei dir, es kann dir niemand abnehmen, ob du im Gefängnis sitzt, ob du in einem Kriegsgebiet lebst etc., du hast eine Methode, um an deiner Befreiung (Heilung) zu arbeiten. Das Kôan Mu sollte Einzug in den Schulunterricht finden, was natürlich gefährlich ist für die, die an der Freiheit des Menschen nicht interessiert sind.

Es ist nicht verwunderlich...

... dass etwa der große Psychoanalytiker Erich Fromm oder auch der Psychiater C. G. Jung bemüht waren Zen auch im Westen bekannter zu machen und in Zen die Verkörperung der Psychotherapie schlechthin ansahen.

Hierzu aus dem Vorwort von Kapleaus Buch, Huston Smith, Professor für Philosophie Massachusetts Institute of Technology, USA:

... Ich möchte hier anführen, welchen Eindruck Zen im Westen auf drei Männer von beträchtlichem Ansehen gemacht hat: auf einen Psychologen, einen Philosophen und einen Historiker. Das Buch, das C. G. Jung auf seinem Sterbebett las, war Ch'an and Zen Teachings: First Series von Charles Luk, und er bat seine Sekretärin ausdrücklich, dem Autor mitzuteilen, dass „er begeistert sei... Als er las, was Hsu Yun gesagt hatte, hatte er manchmal das Gefühl, dass er selbst genau dasselbe gesagt haben könnte! **Das genau war ‚Es'!"** *Auf dem Gebiet der Philosophie wird Martin Heideggers Ausspruch zitiert: „Wenn ich (Dr. Suzu-*

ki) recht verstehe, so ist es das, was ich in all meinen Schriften zu sagen versuchte." ...

Erwähnenswert...

... ist auch eine Szene in Stanley Kubrick`s Film „Full Metal Jacket". In ihr ist der Marinesoldat Joker zu sehen, wie er im Vietnamkrieg einen Helm trägt auf dem „Born to Kill" steht, während er gleichzeitig ein Button mit dem Peacezeichen an seine Jacke angeheftet hat und deshalb von einem Colonel angeschnauzt wird, was dieser Widerspruch denn solle und Joker dann antwortet: *„Ich wollte wohl etwas über die Dualität des Menschen sagen, das Ding von Jung."*

Zen überwindet den Dualismus.

Und auch...

... Sri Nisargadatta Maharaj sollte hierzu zu Wort kommen:

„Was (wer) bin ich?" ist die elementare Frage aller Philosophie und Psychologie. Tauche tief in sie ein.

Könnten Sie die Wirkungsweise des Kôan Mu bzgl. der Psychotherapie genauer erläutern?

In dem Kôan Mu wird die Frage gestellt, ob ein Hund Buddha-Wesen habe, oder nicht. Es geht also um die Frage ja oder nein. Sagt der Übende ja, verliert er, sagt er nein, verliert er. Was verliert er? Sich.

Hierzu Zen-Meister Mumon Ekai aus dem Mumonkan:

Hat ein Hund Buddha-Wesen?
Das ist die ernsteste aller Fragen.
Sagst du ja oder nein,
so verlierst du dein eigenes Buddha-Wesen.

Das Ich des Menschen ist ja und nein, man könnte also sagen das Ich ist dualistisch, d.h. zwischen dem Ja und Nein gibt es einen Abstand. Dieser Abstand ist der Grad (Maß) der Verschobenheit des Menschen, seiner Verrücktheit, seines Neben-Sich-Stehens, seines Nicht-Beieinander-Seins, seines Getrenntseins, seiner Zerrissenheit, seiner Verzweiflung.

Durch das Üben...

... und dem damit verbundenen Näherkommen an Mu verringert sich der Abstand zwischen dem Ja und dem Nein, d.h. der Gegensatz (Dualismus) wird kürzer und kürzer, bis schließlich das Ja das Nein ist und so der Gegensatz überwunden ist. Das Einssein mit den Dingen, religiös ausgedrückt mit Gott, ist dann das Ich des Menschen. Oder anders ausgedrückt: Die Verrücktheit des Erleuchteten ist die Transzendenz. Das

Ja und Nein, und damit das Ich, und damit auch die Frage, wurde aufgelöst.

Die Therapie des Kôan Mu ist also den Gegensatz einander näherzubringen, das Ja kommt so zum Nein, und das Nein zum Ja, sodass der Mensch zu sich kommt, also erwacht. Durch das Erwachen wird der Mensch in eine absolute Balance (Mitte, Gleichgewicht) gebracht, d.h. wo immer er ist, er ist Mensch, er ist sich, er verliert sich nicht, er nimmt sich mit. Die Mitte ist so in Bewegung und die Bewegung ist Mitte, d.h. die Bewegung ruht (in sich).

Hierzu Zen-Meister Bassui Tokusho:

Braucht eure Kräfte bis zum Letzten! Erst wenn das Fragen mächtig genug geworden ist, wird die Frage völlig zerbersten. Ihr fühlt euch wie Einer, der von den Toten auferstanden ist. Das also ist Wahre Wesensschau.

Anzumerken ist, dass mit diesem Erwachen verstanden wird, dass das Ja und Nein begrifflos ist, es also nur um einen Gegensatz geht, der auch gut und böse, yin und yang, hier und dort etc. lauten könnte.

Warum verirrt sich dieser Mensch nicht, wenn er in sich hineinschaut?

Weil er einen Leitstern besitzt, dieser ist die Frage „Was ist Mu?" (bzw. „Wer bin ich?"), d.h. durch das

Festhalten an der Frage, auch wenn er auf sie noch keine Antwort hat, also noch nicht weiß, was Mu ist, erkennt er die Richtung. Der übende Mensch besitzt in Mu das, was allgemein ein objektiver Maßstab genannt wird, um zu sich zu finden und auf dieser Suche nicht verlorenzugehen.

In einer Psychotherapie muss der Therapeut diese Rolle übernehmen, d.h. er muss Mu sein, ansonsten verwirrt er mehr, als er hilft.

Der Begriff...

... „objektiver Maßstab" entstand aus dem Wunsch des Menschen heraus einen Maßstab zu besitzen, der vom Subjekt unabhängig ist, etwa in der Gesetzgebung. Gesetze etwa sollen für jeden Menschen unabhängig vom Ansehen seiner Person (Subjekt) gelten und damit gerecht sein. Doch tatsächlich müsste es lauten: Der objektive Maßstab ist der, der Subjekt und Objekt überwunden hat, denn dann bleibt das Absolute, das alles ist und deshalb für alle gilt.

Gott, um es religiös auszudrücken, kann also nicht als etwas anderes angesehen werden als Gott. Sieht jemand in Gott etwas anderes als Gott, so sieht er nicht Gott. Das Absolute ist also der bleibende Maßstab, und damit das, wonach der Mensch sich richten kann. Ein Maßstab, in dem nicht gilt: Kaum bin ich dort, gilt schon wieder was anderes und ich muss wieder weiter, diese endlose Hetze. Bist du bei Gott, so bist du (bei dir) angekommen.

Sie hatten keinen Meister, war das ein Problem für Sie?

Es muss lauten: Ich hatte keinen persönlichen Meister. Mein Meister war Mu. Oder wie es in dem Kôan lautet, mit dem Bassui Tokusho u.a. übte: Wer ist der Meister, der die Hände bewegt?

Als ich damals mit dem Kôan Mu anfing, diesen Meister, der Mu ist, zu suchen, fragte ich mich auch, ob ein persönlicher Meister denn nicht besser wäre. Doch finde erst mal einen, einen guten, einen wirklichen.

So sagt Yasutani Rôshi bereits 1958: *„Heute gibt es in ganz Japan wahrscheinlich kaum mehr als zehn echte Meister."* Oder Eugen Herriegel, der beschreibt, wie er schon im frühen 20. Jahrhundert Probleme hatte einen Meister zu finden. Gerade in dem sensibelsten aller Bereiche, der Mu ist, kann man keinen gebrauchen, der nicht wirklich weiß. Vielleicht hat es sich inzwischen ja auch wieder gebessert. Ich jedenfalls hatte nicht viel Vertrauen, sondern verließ mich auf Mu als Meister. Es gab nur selten Momente, wo ich mir einen persönlichen Meister gewünscht hätte, zumal diese meist eh nichts anderes sagen, als dass man noch mehr an Mu festhalten müsse. Vielleicht hat mich aber auch eine Erfahrung aus meiner Kampfsportzeit abgeschreckt, da gab es welche, die hatten den dritten Meistergrad, dann hörten sie in diesem System auf, gründeten ein neues System mit neuem Namen und tauchten dann plötzlich mit dem zehnten Meistergrad und irgendwelchen Urkunden an der Wand hängend wieder auf. Ein weiterer wichtiger Punkt, warum Gott immer den Namen Gott trägt, also nicht umbenannt werden kann.

Interessant ist...

... vor allem auch die Aussage des großen Sri Nisargadatta Maharaj:

Dein eigenes Selbst ist dein höchster Lehrer. Der äußere Lehrer ist bloß ein Markstein. Es ist einzig dein innerer Lehrer, der mit dir bis zum Ziel gehen wird, denn er ist das Ziel.

Es ist ein Problem...

... wenn die Lebensweise einer Gesellschaft nicht mehr einer natürlichen Auslese unterworfen ist, wie etwa der Schwertkampf, denn nur der echte Kampf zeigte, was funktionierte und offenbarte das, was ist. Ohne dieses tatsächliche Erlebnis gibt es zu viele Schwätzer. Ich denke, ähnlich ist es mit dem Zen-Buddhismus. Ohne das echte Erlebnis der Erleuchtung bleibt allzu viel im Begrifflichen. Vieles ist verwässert, wo Zen doch radikal ist, weil Zen in sich selbst wurzelt, also rein ist.

Manche...

... so scheint es mir, meinen, sie könnten Zen als eine Art Hobby ausüben wie ein Sport, in dem der „Meister" bezahlt wird und er deshalb gefälligst dafür zu sorgen habe, dass man weiterkomme, wie ein Personal Trainer, Zen als Wellness, aber so funktioniert Zen nicht. Die Erleuchtung benennt keinen Preis, also kann sie nicht gekauft werden.

Religiös würde ich das Problem so ausdrücken: Es wird in den meisten Gesellschaften nicht mehr verstanden wozu Gott gut ist, warum Gott gebraucht wird, warum Gott Gott sein muss, damit ich ich sein kann, also die Dinge nicht verschoben (verrückt) sind.

Aber ein persönlicher Meister kann doch korrigieren?

Ja, wenn er sich erkannt hat, ansonsten weiß er nicht, ob etwas einer Korrektur bedarf oder schon korrekt ist.

Vielleicht ist aber gerade, dass Sie keinen Meister hatten und auch kein Kloster aufsuchten, Beispiel für andere?

Genau, vielleicht sagen einige, wenn der Ralf Scherer Mu erkennen konnte, ohne Kloster, ohne Meister, ohne nach Japan oder sonst wo hin zu gehen, dann kann ich das auch. Hier in Deutschland. Und so ist es ja auch.

Im Übrigen...

... geht es ja darum, dass der Mensch selbst zum Meister seines Lebens wird. Er sollte nicht den Meistern hinterherlaufen und an ihren Aussagen haften, er sollte selbst Aussagen treffen, er sollte selbst die Wahrheit aussprechen.

Zen-Meister Linji (jap. Rinzai Gigen, 9. Jahrhundert):

Den heutigen Schülern fehlt das Selbstvertrauen, sie sollten nicht außerhalb suchen. Solange ihr euch nur an den Aussagen der alten Meister festhaltet, werdet ihr nie zwischen Echt und Falsch unterscheiden können.

Die zahlreichen Zitate, die ich anführe, bedeuten nicht, dass ich diesen Zitaten folge, sondern ich sage, was zu sagen ist, und die Zitate passen dazu, d.h. die Zitate folgen mir. Ich führe diese lediglich an, um dem Menschen das Vertrauen zu dem, was ich schreibe, zu erleichtern.

Es gibt ja auch Menschen, die Buddhismus an einer Universität studieren, was sagen Sie dazu?

Eine Uni geht am Wesen von Mu vorbei, dem Erfahren von Mu.

Wer Mu erfahren hat, hat Mu, und damit den Buddhismus, studiert, in Theorie und Praxis. Der Abschluss ist die Unendlichkeit. Ein Abschluss, der geschieht, wenn die Zeit reif ist, also solange dauert, wie er dauert.

Und was kann man mit diesem Abschluss dann anfangen?

Nichts, denn der Anfang ist das Ende.

Mu ist die Lehrmethode, nicht die Uni...

Ich erinnere mich, es gab im Fernsehen mal eine Talkrunde bzgl. des Islam und der Frage des islamistischen Terrors. Und dass es diese „selbsternannten Hassprediger" gäbe, deren Inhalte nicht mit den Lehrinhalten einer Universität übereinstimmten und man doch nur das anerkennen solle, was an einer Universität vorgegeben werde. Doch das ist problematisch, denn wer gibt die Lehrinhalte vor, wer finanziert die Uni, welches Interesse hat der Finanzier, welchen Grund haben die Studenten, studieren sie Buddhismus aus ernstem Anliegen, also aus Buddha heraus, oder aus sonstigen Gründen etc., d.h. sind alle Teile, die die Uni ausmachen, wirklich unabhängig (bedingungslos), so wie Mu unabhängig ist? Oder besteht eine Absicht außerhalb von Mu?

Lehrmeinung...

... ist also nicht, was eine Uni vorgibt, sondern einzig Mu. Dann aber eben keine Meinung mehr, sondern die Wahrheit. Und auch nur Mu ist selbsternannt.

Im Übrigen: Wer Allah verstanden hat, hat Allah verstanden und versteht damit auch, dass in Allah kein Terror und kein Hass liegt, sondern die unendliche Gnade.

Ich erinnere mich auch an einen Bekannten, der mich „abfragen" wollte...

... ob ich denn wüsste, wie der erste Buddha mit Namen hieß, also Siddharta Gautama. Er hielt dieses angehäufte Wissen für Buddhismus, doch nur Buddha (Mu) ist Buddhismus. Es gibt in Buddha kein mechanisch auswendig gelerntes totes Wissen, Buddha ist lebendiges Wissen, ein Wissen, das nicht weiß. Ein Wissen ohne Lehrenden und ohne Lernenden.

Zen-Meister Yunmen (jap. Ummon, 862 - 949) drückt es so schön aus:

Es gibt da eine Bande von Phrasendreschern, die den Gaber anderer Leute schlürfen, sich jede Menge Mist merken können und überall ihre Roßmäuler und Eselslippen breitmachen und sich dicketun.

Er war jemand, der dachte, weil er in seinem Leben

viel gereist war, auch in viele buddhistische Länder, wüsste er etwas über Buddha, doch manche tragen auf ihren Reisen ihre Blindheit nur in andere Länder, sie verstehen hier nichts und dort nichts. Wer etwas über Buddha wissen will, muss ihn erkennen, also dort, wo er ist, die Augen öffnen und wenn es mitten in Duisburg ist.

Manche denken...

... Zen gibt es nur im Osten, doch der Osten liegt im Westen. Es gibt keinen gottfreien Raum, die gesamte Schöpfung ist Gott (Buddha), alle Richtung ist Gott.

Ich glaube...

... es gibt allgemein ein Problem mit der Frage „Was ist Fakt (Beweis)?" Mir kommt es manchmal so vor, dass einige meinen, Fakt sei nur das, was auf Wikipedia steht, sie wollen ständig eine Quellenangabe. Andere meinen Fakt sei nur das, was der Lehrer, der Professor oder der Chef sagt. Doch Fakt ist einzig Mu. Mu ist das einzige, das ist. Stell also Gott in Frage, damit du den Beweis findest, dann findest du auch die Ur-Quelle.

Ihre Bildung erwähnen Sie nie, warum?

Weil alle Bildung des Menschen, ob durch Schule,

Universität etc., gegen die Nicht-Bildung des Göttlichen verblasst. Sie ist in Anbetracht der Weisheit, die Gott ist, nicht der Rede wert.

Meine Bildung ist so einzig das Kôan Mu, das zu Gott führt, d.h. ich bin bildungslos.

Hierzu das schöne „Gedicht zum Kalten Berg" des chinesischen Dichters Hanshan (whrs. 7./8. Jahrhundert), deren Aussage ich mich anschließe:

Es gibt zu viele Intellektuelle auf der Welt
Die haben ausgiebig studiert und wissen einfach alles
Doch kennen sie ihr eigenes Wahres Wesen nicht
Und wandeln fern, so fern vom Weg
Wie eingehend diese auch die Wirklichkeit erklären
Was nützen ihnen all die leeren Formeln denn?
Wenn du ein einziges Mal dein Selbstwesen erinnerst,
Dann tut sich dir die Einsicht eines Buddha auf.

Auch möchte ich verhindern, dass jemand in meinen Texten nur deshalb einen Wert sieht, weil ich diesen oder jenen Bildungsabschluss besitze. Die Texte sollen der Bildungsabschluss sein. Sie sollen für sich sprechen.

Bildungslos, heißt das dann ungebildet?

Wenn die Vorsilbe un- nicht als relativ, sondern als absolut verstanden wird, also Gott das un- ist, ja. Ungebildet heißt so jenseits aller Bildung, und damit die höchste Bildung, die Weisheit. Um sie bin ich bemüht.

Auch teilen Sie, außer Ihrem Alter, kaum etwas über sich mit, und ein Bild von Ihnen ist auch nirgends zu finden...

Wer wissen möchte, wer ich bin, muss herausfinden, wer er ist, dann weiß er, wer ich bin. Und erhält dann auch ein Bild von mir, nämlich das Nicht-Bild, das Mu ist. Das ist die Aussage des großen Zen-Meisters Mumon Ekai aus dem Mumon-kan:

Du fragst vielleicht: Was ist das, die Barriere eines Patriarchen? Dieses eine Wort Mu ist es. Das ist die Barriere des Zen. Wenn du durch sie hindurchgehst, so siehst du Jôshû von Angesicht zu Angesicht...

Im Übrigen soll es nicht um mich gehen, außer insofern das Mich Mu ist.

Und über das, was Sie arbeiten, Ihren Lebenslauf, verlieren Sie auch kein Wort...

Meine Arbeit ist einzig Mu, die Arbeit für Gott. Was ich vor dieser Arbeit tat, ist ebenfalls nicht der Rede wert, denn nur Mu ist Arbeit.

Wer bezahlt Sie für diese Arbeit?

Diese Arbeit ist ohne Lohn, d.h. Gott ist der Lohn, ein gerechter Lohn.

Ohne Lohn, wovon leben Sie dann?

Von Gott. Sehet die Vögel... ;-)

Auf Ihrer Website schreiben Sie Texte geordnet nach persönlichen Themen, Gesellschaft und Religion. Können Sie dazu etwas sagen?

Auch wenn die Texte nach persönlichen Themen, Gesellschaft und Religion geordnet (unterschieden) sind, so unterliegen sie tatsächlich doch keiner Unterscheidung. Der Mensch, der sich aufgrund eines persönliches Themas verändert, hat damit natürlich auch die Gesellschaft verändert und ist auch religiös, auch wenn diese Veränderung nicht religiös ausgedrückt werden muss, aber das Wesen der Veränderung eben das Absolute ist. Alle Dinge sind also miteinander verbunden. Nichts, außer Mu, geschieht losgelöst.

Wichtig...

... war es mir Texte zu schreiben, die in die heutige Zeit passen und fragen, inwieweit der heutige Mensch mit seinen heutigen Problemen von Zen betroffen ist, denn bei den alten Anekdoten ist man allzu geneigt zu sagen: „Das galt damals, aber nicht heute. Wir leben ja doch in einer anderen Zeit." Doch das Prinzip, das Mu ist, und das die Basis der Texte ist, ist ewig. Es galt damals und gilt selbstverständlich auch noch heute, auch wenn sich die Erscheinungen anders manifestieren. Damals wie heute suchten und suchen Menschen Antworten auf ihr Dasein.

Ein Text aus den persönlichen Themen ist die überhörte Beleidigung...

Diesen Text hatte ich geschrieben, als ich, nachdem ich begonnen hatte, mit dem Kôan Mu zu arbeiten, bemerkte, dass sich, wenn ich etwa am Arbeitsplatz beleidigt wurde, die Regenerationszeit, also die Zeit, die ich brauchte, um mich von der Beleidigung wieder zu erholen, verringerte. Knabberte ich früher also, sagen wir vier Tage daran, so waren es jetzt nur noch ein oder zwei Tage, bis ich das Ganze vergessen hatte und wieder unbefangen war. Mit dem Näherkommen an Mu, und damit an die Ichlosigkeit, verkürzt sich diese Zeit mehr und mehr, bis das Hören der Beleidigung bereits das Vergessen ist. Unmittelbar. D.h. der Mensch kann von einer Beleidigung nicht mehr getroffen (gefunden) werden. Wer oder was sollte in der Ichlosigkeit auch getroffen sein? Religiös ausgedrückt: Gott kann nicht beleidigt werden. Es liegt in der Natur der Sache, die Gott ist.

Den Text „Angst, Kôan Mu"...

... ebenfalls aus dem Bereich der persönlichen Themen, schrieb ich, als ich mich an ein Buch erinnerte, das ich mal gelesen hatte und das „Die Angst" hieß. Geschrieben hatte es der englische Türsteher Geoff Thompson, der darin beschreibt, wie die Angst ihn Zeit seines Lebens davon abgehalten hat, das Leben zu führen, das er eigentlich führen wollte. Er benennt dann seine Methode die Angst zu überwinden, um dies nicht mehr hinzunehmen, also ein freies Leben zu führen. Die Methode bestand darin, dass er jeden ihm kommenden Gedanken (der Angst) mit der Standardaussage: „Damit werde ich fertig!" beantwortete. Interessant, und das war der Grund, warum ich dann einen Text dazu schrieb, ist, dass auch das Kôan Mu jeden Gedanken beantwortet, aber die Antwort, die das Kôan Mu gibt, eine unendlich bessere ist, als die, die Thompson mit seiner Standardaussage gibt. Das Kôan Mu beantwortet, indem es keine Antwort gibt, d.h. die Frage ungeschehen macht, es also nichts gibt, mit dem fertig zu werden gäbe, weil Mu schon fertig (ganz, absolut) ist. Es erhebt sich also kein zu beantwortender Gedanke, d.h. das Kôan Mu benutzt keine Methode. Das ist die Methode, die das Kôan Mu benutzt und ist damit geeignet die Angst zu überwinden, d.h. frei zu leben, sodass nicht die Angst das Leben bestimmt.

Was ist denn Angst?

All das, was nicht Mu ist, ist Angst.

Könnten Sie das erläutern?

Nein, erkenne Mu, dann ist es erläutert.

„Die überhörte Beleidigung" und „Angst, Kôan Mu"...

... sind nur zwei von vielen persönlichen Themen, die ich für wichtig hielt zu beschreiben, damit auch andere Menschen verstehen, wofür das Bemühen um Mu gut ist oder religiös ausgedrückt warum Gott Gott ist.

Oder anders ausgedrückt: Zen erlaubt dem Menschen im seinem Leben besser klarzukommen. Wenn ich früher, als ich noch nicht Zen praktizierte, unschönen Situationen begegnete, stellten sich meine Augen automatisch unscharf, um nicht hinsehen zu müssen, weil ich das Unschöne nicht vertrug. Zen macht einem dies bewusst und das Bewusstwerden ist bereits die Änderung zum Besseren, dem Ertragen der Dinge, dem Nicht-Weg-Schauen-Müssen. Oder wenn ich widerlichen Menschen begegnete. Oft kam es in mir in deren Nähe zu einem großen Energieabfall, als ob mir jemand die Luft zum Atmen abgeschnitten hätte, doch durch Zen bleibt die Energie heute fast unverändert oben, sie sinkt nicht ab, ich kann frei durchatmen und mehr und mehr auch gegenüber widerlichen Menschen entspannt sein. Kurzum, wer Zen praktiziert, hat nur noch einen Konflikt, den mit sich und den löst er durch sein Bemühen um Mu, sodass der eine Konflikt zu keinem Konflikt wird.

Man könnte auch sagen...

... wie ein Trainer, der einen Spieler vom Spielfeld nimmt, nimmt Zen den Menschen aus der Schöpfung heraus, löst ihn aus der Spannung, die auf ihn einwirkt. Durch dieses Herauslösen, wie einen Stein aus einer Kuppel, in der sich die Steine gegenseitig stützten, stürzt das gesamte Universum gewaltlos ein. Eine herrlich lebendige Unordnung entsteht. 4 + 8 + 5 = 3, regellos, konventionslos.

Jemand fragte Meister Wenyan Yunmen (864 - 949): „Wie alt seid Ihr, Meister?" Der Meister antwortete: „Sieben mal neun macht achtundsechzig." „Wieso sollte sieben mal neun achtundsechzig sein?" „Ich habe deinetwegen fünf Jahre abgezogen."

Durch das Herauslösen sorgt das Spiel für sich selbst. Dies ist der höchste Einfluss, den der Mensch auf die Schöpfung nehmen kann.

Ihre Texte zur Religion, was ist denn Religion?

Gott ist die Religion, es gibt keine andere. Gott trägt alle Namen.

Oft heißt es, Zen sei eine Religion ohne Heiligkeit...

Das Ohne ist die Heiligkeit, d.h. Gott ist die Heiligkeit.

Oder anders ausgedrückt: In Zen ist Gott überwunden, und die Überwindung ist Gott.

Einen Text, den Sie zur Religion schrieben, erläutert den Dualismus in der berühmten Gottesaussage: „Ich bin, der ich bin" (Bibel, Exodus, 3.14). Worin liegt in der Aussage denn der Dualismus?

Gott sagt zweimal „Ich bin", doch das zweite Mal ist nicht das zweite Mal, weil das zweite „Ich bin" das erste „Ich bin" ist. Gott wiederholt also nicht, sondern das Nicht ist die Wiederholung. Gott nennt damit seinen Namen, ohne ihn zu nennen, d.h. das Ohne ist sein Name. Das Nicht ist sein Dasein.

Ist das nicht auch der brennende Busch, der brennt und doch nicht verbrennt?

Genau, er brennt ohne zu brennen. Eine Regeneration, die nichts verliert und nichts dazu gewinnt. Es geht nichts rein und nichts raus, das Nichts geht rein und raus. Ein Perpetuum Mobile. Das einzige. Der Fluss der Transzendenz ist reibungslos. Ohne Reibungsverlust.

Zu der Gottesaussage auch Ramana Maharshi:

... Sie sind immer. Dieses rein Seiende ist das Selbst. „Ich bin" ist Gottes Name. Von allen Definitionen Gottes ist keine so genau wie der biblische Ausspruch im

Exodus, Kap. 3,14: „Ich bin, der Ich bin". Es gibt auch andere Aussagen, wie Brahmaivaham (Ich bin allein Brahman), Aham Brahmasmi (Ich bin Brahman) und Soham (Ich bin Er). Aber keine ist so unmittelbar wie der Name Jehova = Ich Bin. Das Absolute Sein ist „Das, was ist". Es ist das Selbst. Erleben Sie das Selbst bewusst, dann wissen Sie, wer Gott ist, denn tatsächlich ist Gott niemand anderes als das Selbst.

Der Begriff Definition ist falsch, sicherlich kein Fehler von Ramana Maharshi, sondern ein Übersetzungsfehler.

In den Themen zur Gesellschaft schreiben Sie auch zur Politik. Aber ist Zen denn nicht unpolitisch und sollte sich aus dem Staat heraushalten?

„Ich bin" ist das politischste Statement überhaupt.

Oder anders ausgedrückt: Zen ist völlig unpolitisch, die Vorsilbe -un aber ist absolut, nicht relativ. Die Politik von Zen ist also Zen.

Platon (428 - 348 v. Chr.)...

... der Schüler des Sokrates, aus „Der Staat":

Wenn nicht die Philosophen Könige werden oder die Könige und Gewalthaber wahrhaft und gründlich philosophieren, und also dieses beides zusammentrifft, die Staatsgewalt und die Philosophie, und jene Leute, die sich jeder von beiden getrennt zuwenden, unerbittlich ausgeschlossen werden, so gibt es kein Ende des Unheils für die Staaten, ja ich glaube für das Menschengeschlecht; und diese Staatsverfassung wird niemals vorher ins Leben treten und das Licht der Sonne schauen.

Durch Zen...

... wird der Mensch sozial, d.h. er erkennt seine Verbundenheit zu dem anderen Menschen, die das Einssein ist.

Wird eine westliche Gesellschaft, etwa die deutsche, Ihre Texte annehmen?

Sie muss, sie hat keine Wahl, denn die Texte sind, meine Ichlosigkeit vorausgesetzt, nur das Eine, weil auch das Andere das Eine ist. Was sollte also gewählt werden können? Natürlich muss keiner die Texte lesen, was das Problem aber nicht löst. Der Mensch, der aber einen Text liest, wird in seinem Bemühen um das Absolute zu demselben Ergebnis kommen, weil das Absolute das Ergebnis ist.

Der Mensch, der nicht verstehen kann...

... und sich auch nicht bemüht zu verstehen, der also

ignorant ist, sagt Sätze in der Art eines Heinz Becker (Kabarettist, Gerd Dudenhöffer): „Was, Zen-Buddhismus? Hier in Deutschland, so weit kommt`s noch. Wir haben doch das Grundgesetz!" Ein solcher Mensch kann nicht verstehen, dass die Dinge nicht mit Artikel 1 des Grundgesetzes „Die Würde des Menschen ist unantastbar" enden, sondern gefragt werden muss, worauf basiert denn Artikel 1, was also ist die Würde, wer ist denn der Mensch, und beim ernsten Bemühen um eine Antwort auf Mu stößt. Wird also die Würde gefunden, so ist Mu gefunden, vice versa, d.h. Artikel 1 des Grundgesetzes basiert auf dem Absoluten, also demselben „Material", das Mu ist, lediglich, wie oben beschrieben, begrifflich anders benannt. Das Absolute wird bis in alle Dinge weitergegeben, also auch das Erhalten eines Strafzettels wegen falschen Parkens muss der Würde, d.h. dem Absoluten, entsprechen. Nur dann ist die Strafe gerechtfertigt und dient nicht der Schikane oder der Ausbeutung, sondern der Gesellschaft. Zen will also keinen Zentralismus, sondern die Mitte (Zentrale) wird in alle Dinge übertragen, in die feinste Verästelung, denn auch das Allerkleinste ist die gesamte Schöpfung. Die Würde wird bis in die entlegensten Winkel getragen. Getragen aber, indem die Dinge dort gedeihen, wo sie sind, also dezentral, sodass nicht nur eine fremde entfernte Zentrale gedeiht, während das Umfeld verarmt. Oder anders ausgedrückt: Mu schwächt sich mit der Entfernung von Mu nicht ab, weil auch die Entfernung Mu ist. Nochmals anders ausgedrückt: Auch der Rand ist die Mitte.

Wer...

... in Deutschland würdevoll lebt, also Mensch ist, lebt Zen. Er muss es nicht Zen nennen, weil das Absolute namenslos ist. Ein solcher Mensch erkennt auch, dass die Würde unteilbar ist, also ihr Teil das Ganze ist, d.h. seine Würde auch die des anderen Menschen ist.

Ebenso erkennt er, dass die Würde nicht unantastbar ist, weil das Grundgesetz sie dazu erklärt, sondern aus sich heraus unantastbar ist, eben weil das Absolute begrifflos ist. Wie willst du tasten, was nicht greifbar ist? Mu kann also nicht erklärt (deklariert) werden, weil Mu schon ist.

Wie könnte eine Gesellschaft von Zen profitieren?

Die Gesellschaft, die Zen ausübt, in der also die Menschen dieser Gesellschaft ein tiefes Interesse haben an dem, was ist, verringert den Egoismus und überwindet damit die Gegensätze von: Arm und reich, alt und jung, schwarz und weiß (Rassismus), nehmen und geben (etwa Arbeitnehmer und Arbeitgeber), Frau und Mann (Beziehungsfähigkeit) etc.

Alle Gegensätze nähern sich einander an. Die Gesellschaft wird so in eine Balance gebracht, d.h. sie ist menschenfreundlich, lebenswert, liebenswürdig, kreativ, künstlerisch, farbenfroh, tolerant, mehr und mehr gewaltlos, kurzum: sie ist frei.

Warum wird eine solche lebenswerte Gesellschaft meist nicht umgesetzt?

Ich glaube, dass die sogenannte politische Elite kein Interesse an der Freiheit der Menschen hat, sondern eher daran interessiert ist, die Gegensätze zu erhalten, um sie in Abhängigkeit von sich und voneinander, und damit geteilt, zu halten.

Viele halten sich für die Elite, aber wer ist sie tatsächlich?

Einzig Mu ist Elite. Ein über den Dingen stehen, indem das Über die Dinge ist. Oder anders ausgedrückt: Der Mensch als Mensch ist Elite.

Dieser menschgewordene Mensch steht nie im Rampenlicht, nur im unendlichen Licht seiner Erleuchtung.

Das Licht im Innern des Erleuchteten, erleuchtet die ganze Welt. Log. 24 – E .T.

Wenn...

... ich etwa den Gegensatz von arm und reich betrachte, wie kann es sein, dass so wenige so viel haben? Das ist nicht die Verteilung, die durch Zen zustande gekommen wäre, also keine gerechte Verteilung. Zen würde eine Verteilung erschaffen, in der arm und reich überwunden wären.

Gäbe es dann nicht mehr arm und reich?

Doch, aber es wäre eine bedingungslose Verteilung von arm und reich, d.h. arm wäre nicht arm wegen reich und reich nicht reich, wegen arm. Bertolt Brechts bekannter Satz „Und der Arme sagte bleich: Wär ich nicht arm, wärst Du nicht reich" gilt in Zen also nicht. Nicht der Andere wird belastet, damit ich etwas sein kann, sondern ich bin, weil ich auch der Andere bin. Anders ausgedrückt: Der Arme ist arm wegen Mu, der Reiche ist reich wegen Mu, das Wegen ist bedingslos.

Genau genommen ist das Doch am Anfang des Abschnittes Ja und Nein, also Mu, denn es gibt arm und reich, ohne dass es arm und reich gibt. Das Doch ist ein Nicht-Widerspruch.

Viele prangern gerade die Disbalance von arm und reich an...

Alles, was nicht gerecht, und damit nicht Mu ist, ist anzuprangern.

Den Fehler, den aber viele machen, ist der, dass sie zwar den Fehler im jetzigen System erkennen, doch was sie zu dessen Behebung vorschlagen ist nur ein neuer Fehler, also eine Umverteilung so, dass die jetzt Armen reich sind und die jetzt Reichen arm sind. Das aber ist nicht das, was Zen will, und damit falsch. Was weg muss, ist die Bedingung, dann ist das Bedingungslose, d.h. Zen, erreicht. Das gilt es zu verstehen, ansonsten wird ein Fehler nur unter anderem Vorzeichen weitergeführt. Die Bedingungslosigkeit hingegen hat kein Vorzeichen, sie ist die Null, die nichts, d.h. Mu, ist. Man muss dahin kommen, dass die Bedingungslosigkeit verteilt, also eine ichlose Verteilung stattfindet, religiös ausgedrückt Gott die Dinge verteilt. Das ist gerecht.

Wer einen Systemwechsel möchte, sollte also sehr genau wissen, was ist. Er sollte den Menschen kennen, indem er sich erkennt, sonst legt er bereits den Grundstein für den nächsten Systemwechsel, wohingegen Mu systemlos ist und daher bewahrt werden kann.

Wie sähe diese gerechte Verteilung Gottes aus?

Sie ist eine absolute Verteilung, keine relative, d.h. angenommen Stefan, Peter und Birgit brauchen Gott. Wie sollte er sich auf die drei verteilen? Sollte er sich dritteln, also so, dass Stefan ein Drittel Gott bekommt, Peter ein Drittel und Birgit ein Drittel? Nein, diese Verteilung findet nicht statt, sondern Stefan erhält Gott ganz, Peter erhält Gott ganz und auch Birgit erhält Gott ganz, jeder einzelne Teil ist ganz. Jeder Teil ist Gott. Gott kommt also nicht in die Verlegenheit sich aufzubrauchen. Sind, statt der drei, vier Millionen Menschen da, die ihn brauchen, bekommt jeder einzelne Gott ganz, er vermindert (subtrahiert) sich nicht, er vermehrt (addiert) sich nicht. Weil dies so ist, gibt es auch kein Neid oder Hass unter den Gott-Brauchenden nach dem Motto: „Ich brauch Gott jetzt **dringender als** du, weil ich größere Sorgen habe", denn jeder bekommt Gott ja ganz, jeder bekommt dasselbe, es gibt keine **Relativität** (Rivalität). Gott ist für jeden ganz da, für jeden ist er ganz Gott. Gott ist damit unumstritten.

Manche...

... verstehen diese absolute Verteilung nicht, sie wollen Gleichheit, doch das ist falsch. Das Kôan Mu sagt Ja (der Hund hat Buddha-Wesen) und Nein (der Hund hat kein Buddha-Wesen), und es stimmt, es ist wahr, dass in der Lösung des Kôan Mu, die Mu ist, das Ja das Nein ist. Aber: Noch immer ist das Ja das Ja und das Nein das Nein. Es gilt also nicht Ja gleich Nein. Es gibt keine Gleichheit, sondern nur die Selbigkeit, die keine ist. Keine Gleichgültigkeit, sondern die gerechte Unterscheidung.

Jede Wirtschaft...

... einer Gesellschaft muss sich an der genannten absoluten Verteilung orientieren. Um bei der religiösen Ausdrucksweise zu bleiben: Jede Verteilung muss sich an der genannten Gottesverteilung orientieren.

Ich hatte...

... einmal einen recht bekannten Wirtschaftsprofessor angeschrieben, weil er in seinen Vorträgen wiederholt darauf hinwies, dass Gläubiger und Schuldner zusammen immer Null ergeben müssen. Doch tatsächlich muss es lauten: Der Gegensatz von Gläubiger und Schuldner ist nicht Null, sondern das Nichts, das Mu ist, d.h. Gläubiger und Schuldner müssen immer eins sein. Nur dann ist die genannte Gottesverteilung, also Gott, verwirklicht und die Verteilung gerecht. Leider hat der Professor nicht darauf reagiert, er sollte lieber mal zuhören, nicht wegen Ralf Scherer, sondern wegen Mu, das ich mehr und mehr bin.

Ich glaube aber auch...

... dass viele Wirtschaftsleute nicht zuhören wollen, weil die Verteilung, die Gott ist, absichtslos ist, während in der Verteilung, die die enorme Disbalance erzielt hat, in der sehr wenige sehr viel haben, eine Gewinnabsicht besteht. Absichtslos heißt, wenn ich Gott habe, dann will ich nicht mehr, weil Gott schon mehr ist. Die Absicht (Ziel) ist also nicht das mehr (weiter, schneller, höher), sondern Gott. Die Steigerungsform, die in sich bleibt, d.h. Gott ist größer (mehr) als Gott, kurzum: In der Absichtslosigkeit, die das einzig erlaubte Wirtschaftswachstum ist, besteht keine Gier. Doch sie begründet sicherlich die Existenz vieler dieser Wirtschaftler.

Dr. Paul Craig Roberts, der ehemalige stellvertretende Finanzminister der USA unter Ronald Reagan:

Größtenteils haben die Wirtschaftler (Ökonomen) weggeschaut. Wirtschaftler dienen den Globalisierungs-Befürwortern. Sie bezahlen sie gut.

Nur in der Absichtslosigkeit...

... d.h. dem Fehlen der Gier, und damit dem Fehlen des Ichs, also dem Wirtschaftswachstum, das das Wachsen als Mensch ist, entsteht kein Ponzi-Scheme, das den Egoismus braucht, um weiter zu bestehen, bis dahin, da der Zusammenbruch unvermeidlich ist, sondern ein systemloses System, das nicht zusammenbrechen kann, weil das Nicht der Zusammenbruch ist. In diesem Nicht-System gibt es kein oben und unten, keine Basis und keine Spitze, alles in diesem Nicht-System ist Basis und Spitze.

Genau genommen ist dies eine Pyramide, die keine ist, eine Nicht-Pyramide.

Oft...

... versuche ich auf die durch den Egoismus erzeugte Ungerechtigkeit aufmerksam zu machen, indem ich die Dinge auch religiös ausdrücke.

Ich möchte dem Leser, der die Tragweite des Geschriebenen nicht versteht, der, wenn er von Mu liest, vielleicht denkt: „Ach, irgend so ein asiatischer Kram, der mich nicht betrifft" verständlich machen, dass wir hier von Gott reden, also von dem Allerhöchsten. Nicht seinem Gott? Doch natürlich, es gibt nur einen, denn Gott ist absolut.

Gerade...

... in Texten zu Politik und Wirtschaft verwende ich gerne die religiöse Ausdrucksweise, um daran zu erinnern, dass wenn etwa ihre höchsten Vertreter noch so sehr meinen, dass ihr Handeln das Beste für die Gesellschaft sei und sie zu einer gesellschaftlichen Elite gehören, Gott noch lange nicht dieser Meinung sein muss. Gott spielt nach anderen Spielregeln, nach seinen, und seine sind unsere. Eine ungerechte Verteilung der Schöpfung kann Gott nicht gefallen.

Laktanz (~ 250 - ~ 320), Apologet, Kirchenvater, Auszug aus den göttlichen Unterweisungen (Epitome divinarum institutionum):

Gott, der die Menschen erschafft und belebt, wollte, dass alle gleich seien, er hat alle denselben Lebensbedingungen unterstellt, alle zur Weisheit gezeugt, allen die Unsterblichkeit versprochen, niemand ist von seinen himmlischen Wohltaten ausgeschlossen. Denn wie er allen gleicherweise sein einzigartiges Licht zuteilt, für alle die Quellen fließen lässt, die Nahrung bereitstellt, allen die süße Ruhe des Schlafes gewährt, so schenkt er allen Gleichheit und Würde. Niemand ist bei ihm Sklave, niemand ein Herr, wenn er für alle derselbe Vater ist, sind wir mit gleichem Recht alle Freie.

Wenn Gott auch ohne Konsequenzen ist, also die Konsequenz von Gott Gott ist, sollte sich der Mensch nicht gegen Gott richten. Gott ist Leben **und** Tod.

Kann man sich denn gegen Gott richten?

Nein, ebenso sollte man versuchen auch diesen Widerspruch zu verstehen.

Eine Organisation, die Ungerechtigkeit und Korruption in der Welt anprangern, ist Anonymous...

Ich teile nicht alle Aussagen von Anonymous, finde aber die folgenden interessant:

Wir sind Anonymous. Wir sind vereinigt wie 1, geteilt durch 0. Wir sind für wahre Liebe, Barmherzigkeit und Frieden, ohne Religion, ohne Nationalität. Wir sind eine Idee. Eine Idee kann nicht eingesperrt werden, nicht (politisch) verfolgt werden. Eine Idee ist kugelsicher. Niemand kann für uns sprechen, wir besitzen keine zentralisierte Infrastruktur, wir haben keine Führer...

Diese Aussagen weisen auf ein gewisses Verständnis

von Mu hin, was die Nicht-Organisation Anonymous nicht anonym, sondern eher namenslos macht, ihnen also trotz Maske ein Gesicht gibt. Die Idee in der Aussage: „Wir sind eine Idee" muss tatsächlich lauten: Die Idee ist der Gedanke, der keiner ist, der gedankenlose Gedanke, religiös ausgedrückt, der Gottesgedanke. Dieser Gedanke ist kugelsicher, denn er ist ohne Ich, kann also nicht getroffen, eingesperrt, verfolgt werden und lebt, solange es den Menschen gibt.

Gut ausgedrückt finde ich die Aussage „vereinigt wie 1, geteilt durch 0", also einig in dem Wunsch nach Freiheit und von niemandem auseinanderdividiert.

So ist Mu...

... wie oben bereits erwähnt, dezentral, wie auch strukturlos und damit ohne Hierarchie, d.h. oben ist unten wie unten oben ist, sodass es keine Führungsebene gibt, die man mal eben verhaften könnte, um eine Organisation zum Einsturz zu bringen.

Wer (als Organisation) Mu wirklich versteht und dessen Nicht-Eigenschaften annehmen kann, ist die größte Gefahr für die, die die Freiheit des Menschen unterdrücken.

Zen bewahrt die Gesellschaft, was aber bringt sie in Gefahr?

Gefährlich ist jede Art von Ideologie.

Ist Mu keine Ideologie?

Nein, Mu ist das, was ist.

Gefährlich ist aber auch jede Art von Doktrin, die einen Anspruch auf Allgemeingültigkeit erhebt, während nur das, was ist, also Mu, tatsächlich allgemeingültig ist.

Nur Mu ist absolut, nur Gott ist Gott.

Durch all das...

... was nicht Mu ist, besteht die Gefahr, dass die Duale wechseln, also das Ich des Menschen umgekehrt wird. Das Ja nicht mehr Ja ist und das Nein nicht mehr Nein, ihm also ein X für ein U vorgemacht wird. Oder wie Ronnie James Dio im o.g. Lied singt: „Sie erzählen dir, dass schwarz in Wirklichkeit weiß sei." Dann entsteht eine Scheinwelt, eine Illusion, in der der Name (Begriff) nicht mehr das angibt, was das Fundament dieses Namens ist und so vertraute Institutionen ihr Wesen verändern, also etwa UNO draufsteht, aber UNO nicht drin ist, oder etwa CDU draufsteht, aber C, das Christliche, nicht drin ist, Austerität draufsteht und Ausbeutung drin ist etc. Dann sind Freiheit, Demokratie und Gerechtigkeit nur noch schöne Wörter und eine Verfassung besteht nur noch auf dem Papier.

Dann weiß auch niemand mehr, wer Terrorist und wer Freiheitskämpfer ist, und der verwirrte Mensch dringt durch die Verschleierung der Begriffe nicht mehr zur Wahrheit durch. Er kann keinem Wort mehr Glauben schenken, sodass das Misstrauen herrscht. Kurzum, der Mensch wechselt mehr und mehr von der Namenslosigkeit zur Anonymität. Ihm wird das Wort im Mund herumgedreht.

Das ist gefährlich und zeigt die enorme Bedeutung der Namenslosigkeit Gottes, denn wo Gott draufsteht, ist auch Gott drin. Es gibt, wie schon oben beschrieben, in ihm keine Trennung zwischen Namen und Fundament, d.h. Gottes Name ist Gott. Gott kann also nicht umgekehrt (pervertiert) werden, weil die Umkehr von Gott Gott ist. Es ist wie ein Kompass, der immer in Richtung Gott zeigt, egal wie herum der Kompass gehalten wird.

Wenn...

... solch Verschleierung ein bestimmtes Maß erreicht hat, mag es dazu kommen, dass ein existentielles gemeingesellschaftliches Erlebnis, etwa ein Krieg, die Dinge wieder gerade rückt, also Begriff und Fundament in Einklang bringt. Doch zu welchem Preis? Geradezu paradox, ein Trauma, um das gesellschaftliche Träumen, das das Gegenteil des Erwachens von Buddha ist, zu beenden und sich wieder zu besinnen. Wer sind heute die Schlafwandler, um mit dem bekannten Buch von Christopher Clark zum Ersten Weltkrieg zu sprechen?

Der Wechsel...

... von der Namenslosigkeit zur Anonymität erleichtert das Töten, ein anonymes Töten. Ein Töten, bei dem der Andere nicht als Mensch erkannt wird.

Dieser Wechsel führt aber auch dazu, dass die Dinge sich nicht mehr von selbst erklären, sondern zu etwas erklärt werden, also kein Beweis benötigt wird, um den Menschen mit einem Begriff zu belegen, etwa dem des Terroristen.

Oder anders ausgedrückt...

In dem Wechsel vom Namenlosen zum Anonymen wird das systemlose System, das der Mensch ist, zu einem aufgeblasenen System, das sich entladen muss, um zu bestehen, etwa durch einen Krieg, d.h. Krieg liegt in dem System. Er wird in diesem System als notwendig erachtet, er ist Teil des Systems.

Aufgeblasen heißt, in dem anonymen System herrscht Inflation und Deflation, während in dem systemlosen System der Wert eines Dinges immer eins ist, sich also nichts aufblasen kann und so auch kein Druck entsteht, der sich, etwa durch einen Krieg, der das anonyme System auf Reset stellt und von vorne beginnen lässt, entladen müsste.

Weil der Wert eines Dinges immer eins ist, sind die Märkte in dem systemlosen System nicht von der Wirklichkeit abgekoppelt. Die Kurse, also die Zahlenbegriffe, sind fundamental begründet, so wie oben beschrieben die Wortbegriffe ihrem Wesensfundament entsprechen. Die Märkte sind weder unter- noch überbewertet. Es entstehen keine Blasen (Bubbles) und damit auch keine Crashs.

Teil dieses anonymen Systems...

... ist also die Gewalt, das ist sein Scheitern.

Gewalt meint nicht aber nur den Krieg, sondern auch die Schuld für das Scheitern dieses egoistischen Systems dem zuzuschieben, der mit dem Scheitern am wenigsten zu tun hat, also die wahren Gründe für das Scheitern, die in der ungerechten Verteilung der Dinge durch den Egoismus liegen, zu verdecken bzw. das Scheitern durch einen Krieg zu verschleiern.

Zu...

... dem Krieg, der im System liegt, also in diesem System unvermeidlich ist, Sri Nisargadatta Maharaj:

Sie suchen nach einem Heilmittel, während ich mich

um die Verhinderung kümmere. Solange es Ursachen gibt, muss es auch Auswirkungen geben. Solange die Menschen auf Trennung und Teilung aus sind, solange sie selbstsüchtig und aggressiv sind, werden solche Dinge geschehen. Wenn Sie Frieden und Harmonie in der Welt wollen, müssen Sie Frieden und Harmonie in Ihrem Herzen und Ihrem Verstand haben. Solch ein Wandel kann nicht erzwungen werden, er muss von innen kommen. **Wer den Krieg verabscheut, muss den Krieg aus seinem System entfernen.** *Ohne friedvolle Menschen kann es keinen Frieden in der Welt geben. Solange die Menschen sind, wie sie sind, muss die Welt so sein, wie sie ist.*

Darf die Freiheit einer Gesellschaft aus Gründen der Sicherheit eingeschränkt werden?

Nein, die Freiheit ist absolut, d.h. sie ist uneingeschränkt, sie ist grenzenlos. Wird sie wegen etwas eingeschränkt, so wird das Wegen relativ, d.h. die Freiheit wird relativiert und damit die Sicherheit eingeschränkt, kurzum, die Welt ist dann am sichersten, wenn die Menschen frei sind.

Benjamin Franklin (1706 - 1790), einer der Gründerväter der Vereinigten Staaten, Mitunterzeichner der Unabhängigkeitserklärung:

Jede Gesellschaft, die ein wenig Freiheit aufgibt, um ein wenig Sicherheit zu erhalten, wird weder das Eine noch das Andere bekommen und beides verlieren.

Verlieren indem...

... etwa im Namen einer angeblichen Sicherheit oder aber um die Schuldzuweisung für das Scheitern des Systems zu erleichtern, also der Gerechtigkeit keine Stimme zu geben, dem Menschen schleichend, fast unmerklich, die Menschenrechte (Bürgerrechte) zu nehmen, diese beispielsweise als Privilegien zu bezeichnen, Privilegien, die gegeben und genommen werden können, während die Menschenrechte tatsächlich unveräußerlich sind, also nicht genommen werden können, weil sie nie gegeben wurden, sondern gottgegeben waren.

Das Aufrechterhalten der Sorge um die Sicherheit bedarf dem ständigen Schaffen einer vermeintlichen Bedrohung, eines Feindbildes, etwa dem des Terrorismus, während die Freiheit kein Feindbild kennt, also versteht, dass alle Menschen frei sind.

Seit Edward Snowden wissen wir um die Abhör-Methoden der NSA (National Security Agency). Darf eine Gesellschaft abgehört werden?

Die Gläsernheit des Menschen darf nur die Transzendenz sein. Sie ist das gewaltlose Durchleuchten (Durchschauen). Dies ist religiös ausgedrückt der Spruch: „Gott sieht alles". Sein Sehen ist erlaubt, denn es ist eine Nicht-Beobachtung, also ein Beobachten, das absichtslos ist, das bedingungslos ist, ein Beobachten, das nichts will und sich damit beispielsweise auch nicht zur Erpressung eignet.

Der Mensch möchte, dass das Absolute sein beobachtender Begleiter ist, denn es führt ihn zu sich. Tatsächlich ist er selbst der Beobachter.

Meister Eckhart (1260 – 1328), Theologe, Philosoph, Dominikaner:

Soll mein Auge die Farbe sehen, so muss es ledig sein aller Farbe. Sehe ich blaue oder weiße Farbe, so ist das Sehen meines Auges, das die Farbe sieht - ist eben das, was da sieht, dasselbe wie das, was da gesehen wird mit dem Auge. Das Auge, in dem ich Gott sehe, das ist dasselbe Auge, darin mich Gott sieht; mein Auge und Gottes Auge, das ist ein Auge und ein Sehen und ein Erkennen und ein Lieben.

Ist das Durchleuchten aber nicht die Transzendenz, so ist es Gewalt und steht dem Kampf gegen Gewalt (Terror) selbst im Wege, wird also selbst zum Terror.

Neben den Texten sind auf Ihrer Website auch Reden des schwarzen Bürgerrechtlers Malcolm X zu lesen, was hat er mit Zen zu tun?

Es gibt auf der Website eine Rubrik „Aussagen Anderer", unter der ich erwähnenswerte Aussagen anderer Menschen einordne. Zu diesen gehört Malcolm X. Ich war völlig überrascht, dass ich keine seiner Reden, auch nicht seine bedeutendsten, im Internet auf

Deutsch fand, sodass ich drei davon selbst vom Englischen ins Deutsche übersetzte.

Was soll das mit dem X?

Mit dem X, seinem „Nachnamen", wollte Malcolm X darauf hinweisen, dass der schwarze Mensch in den USA durch die Versklavung seinen Namen verloren hatte, seine Identität, sein Ich, und seit Generationen einen Sklavennamen trage, den es abzulehnen gelte. Das X steht also für die Anonymität, das sich selbst fremd sein, was das Gegenteil der Selbsterkenntnis ist, die ja das Ziel von Zen ist. Ich erinnere mich, wie sehr ich als Kind enttäuscht war, als Cassius Clay sich plötzlich Muhammad Ali nannte. Enttäuscht, weil ich, groß geworden mit amerikanischen Serien wie Bonanza etc. und ihren cool klingenden Namen, den Namen Cassius Clay viel schöner fand und gar nicht verstehen konnte, wieso jemand diesen ablegte, um dann Muhammad Ali zu heißen.

Malcolm X...

... versuchte dem schwarzen Menschen das Selbstbewusstsein zurückzugeben und das X wieder mit einem Namen zu füllen: Von der Anonymität zur Namenslosigkeit, von dem Befremden zum Erkennen, von der Verlorenheit sich wieder zu finden. Etwa indem er daran erinnerte, welch enormen (wirtschaftlichen) Beitrag der schwarze Mensch zu dem nordamerikanischen Land, den späteren USA, geleistet hatte, während er dort nun in seinem täglichen Leben wert- und respektlos, wie ein Bürger zweiter Klasse, behandelt wurde:

Wir investierten 310 Jahre Sklavenarbeit. 310 Jahre, jeden Tag, an dem deine und meine Mutter und dein und mein Vater für nichts arbeiteten. Nicht etwa acht Stunden am Tag - es gab zu dieser Zeit keine Gewerkschaft. Sie arbeiteten von Sonnenaufgang bis Sonnenuntergang - von der Dunkelheit am Morgen bis zur Dunkelheit in der Nacht. Sie hatten niemals einen freien Tag. Und am Sonntag wurde ihnen erlaubt sich zusammen zu setzen und über den Tag zu singen, an dem sie sterben und dann keine Sklaven mehr sein würden - wenn sie sterben würden, würden sie keine Sklaven mehr sein. Sie würden in den Himmel hochsteigen und jeder Tag wäre Sonntag. Das ist eine Schande.

Es sind diese...

... dummen ignoranten Menschen, die sagen: „Du hast doch nichts, du bist doch nichts, du läufst nur in alten Kleidern herum, lebst in Baracken, kommst auf keinen grünen Zweig etc.", aber nicht begreifen, dass sie diese Armut durch ihre Ausbeutung erst erschaffen haben, um dann jetzt den Ausgebeuteten vorzuwerfen, dass sie unfähig seien, vernünftig zu wirtschaften und sich etwas aufzubauen, wo doch die Ausbeuter ihren Reichtum erst durch die Ausbeutung erreicht hatten, also ohne Ausbeutung selbst nichts zustande bringen würden.

Wie sehr...

... der schwarze Mensch an dem durch die Sklaverei ausgelösten Verlust der Identität zu knabbern hatte, beschreibt Malcolm X so:

Und wir hassten uns selbst. Unsere Farbe wurde für uns eine Kette. Wir fühlten, dass sie uns zurückhielt. Unsere Farbe wurde für uns wie ein Gefängnis, das uns eingesperrt hielt, uns nicht diesen oder jenen Weg gehen ließ. Wir fühlten, dass alle diese Einschränkungen einzig auf unserer Farbe basierten. Und die psychologische Reaktion dazu würde sein müssen, dass solange wir uns durch schwarze Haut, schwarze Charakterzüge und schwarzes Blut eingesperrt oder angekettet oder gefangen fühlten, diese Haut und diese Charakterzüge und dieses Blut, das uns automatisch zurückhielt, für uns hassenswert werden musste. Und es wurde hassenswert für uns. Es ließ uns minderwertig fühlen, es ließ uns unzureichend fühlen, es ließ uns hilflos fühlen.

Und als wir diesem Gefühl der Unzulänglichkeit oder Minderwertigkeit oder Hilflosigkeit zum Opfer fielen, wandten wir uns an jemand anderen, um uns den Weg zu zeigen. Wir hatten kein Vertrauen in einen schwarzen Menschen, uns den Weg zu zeigen. In diesen Tagen, hatten wir das nicht. Wir dachten nicht, dass ein schwarzer Mensch etwas anderes tun könnte, als ein Horn zu spielen, ihr wisst, einige Klänge und dich mit irgendwelchen Liedern glücklich machen, Dinge dieser Art. Aber in den ernsten Dingen, in denen unsere Nahrung, Kleider und Obdach betroffen war und unsere Bildung betroffen war, wendeten wir uns an den Weißen. Wir dachten nie in Begriffen diese Dinge für uns selbst ins Leben zu rufen, wir dachten nie in Begriffen Dinge für uns selbst zu tun. Weil wir uns hilflos fühlten. Was uns hilflos fühlen ließ, war unser Hass für uns selbst. Und unser Hass für uns selbst, stammte von unserem Hass auf afrikanische Dinge.

Malcolm X spricht oft von Hausneger und Feldneger, was meint er?

Malcolm X prangert mit diesen Begriffen sehr redegewandt und mit dem Humor, den dieses ernste Thema noch verträgt, die relative Abhängigkeit an, den Hausneger, diesen Onkel Tom, der ohne den Sklavenmeister nicht sein kann. Der in seiner Abhängigkeit so eng mit dem Meister verbunden ist, dass er, wenn dieser krank ist, sagt: „Was ist los, Boss? Sind wir krank?" Die absolute Abhängigkeit hingegen ist die Selbständigkeit, das Stehen aus sich heraus, die Unabhängigkeit, die Freiheit. Der Feldneger möchte nichts sehnlicher als sie. Er sagt: „Ich komm mit, egal was, jeder Platz ist besser als der hier", und verleiht damit seiner Bedingungslosigkeit Ausdruck.

Sehr klar erkannte Malcolm X auch, wie sich der Hausneger von dem Weißen gegen den Feldneger instrumentalisieren ließ, was etwa auch in Quentin Tarantino`s Film „Django Unchained" zu sehen ist.

Wie Zen, verstand auch Malcolm X, dass...

... nichts ohne das Absolute geht. Vor allem wohl in seinen letzten Jahren war Gott (Allah) sein Maßstab, um das menschliche Miteinander zu regeln. So sagte er in seiner Rede „By any Means necessary", 1965, die er nur einen Tag, nachdem er ein Bombenattentat auf sich unverletzt überlebte hatte, hielt:

Bevor ich mich mit heutigen Dingen befasse, muss ich meinen eigenen Standpunkt klarstellen, der eindeutig ist. Ich bin kein Rassist in keiner wie auch immer gearteten Form. Ich glaube an keine Form von Rassismus. Ich glaube an keine Form von Diskriminierung oder (Rassen)Trennung. Ich glaube an den Islam. Ich bin ein Moslem. Und es ist nichts falsch daran, ein Moslem zu sein, nichts falsch mit der Religion des Islam. Sie lehrt uns einfach an Allah als Gott zu glauben. Diejenigen von euch, die Christen sind, glauben wahrscheinlich an denselben Gott, denn ich denke, ihr glaubt an den Gott, der das Universum erschuf. **Das ist der Eine, an den wir glauben, den Einen, der das Universum erschuf,** *der einzige Unterschied, ihr nennt ihn Gott und ich - wir nennen ihn Allah. Die Juden nennen ihn Jehova. Wenn ihr hebräisch verstehen könntet, würdet ihr ihn wahrscheinlich ebenfalls Jeho-*

va nennen. Wenn ihr arabisch verstehen könntet, würdet ihr ihn wahrscheinlich Allah nennen.

Aber seit der Weiße, euer „Freund", euch während der Sklaverei eure Sprache wegnahm, ist die einzige Sprache, die ihr kennt, seine Sprache. Ihr wisst, die Sprache eures „Freundes". So ruft ihr nach demselben Gott, nach dem er ruft. Wenn er euch ein Seil um den Hals legt, ruft ihr nach Gott, und er ruft nach Gott. Und ihr wundert euch, warum der Eine, den ihr anruft, euch niemals antwortet.

Sodass sobald ihr einmal erkennt, **dass ich an das Höchste Wesen, das das Universum erschuf, glaube, und an ihn glaube, eins zu sein** *- wurde ich im Islam auch gelehrt, dass ein Gott einzig eine Religion hat, und diese Religion wird Islam genannt, und alle Propheten, die rauskamen, lehrten diese Religion - Abraham, Moses, Jesus, Mohammed, alle von ihnen. Und indem an ein Gott und eine Religion und alle Propheten, geglaubt wird, schafft es Einigkeit. Es gibt keinen Raum für Streit, keinen Bedarf für uns miteinander zu streiten.*

Diese Religion wird Islam genannt?

Diese Aussage von Malcolm X könnte missverständlich sein und gerade deshalb Streit hervorrufen, sie muss lauten: „... dass ein Gott einzig eine Religion hat, und diese Religion wird Gott oder Allah genannt...", d.h. alle Namen (Gott, Allah etc.) des

Höchsten Wesens (Sein) sind namenlos (begrifflos), dies gilt entsprechend für die Religion, die Bindung zu dem Höchsten Wesen, und damit auch für die Propheten.

Interessant, dass auch Malcolm X von Beurteilungsmaßstab oder Ur-Maß spricht...

... und versteht, dass dieser fehlerlos ist. So sagt er weiter:

*Und auch in dieser Religion, der wahren Religion des Islam... Als ich in der Black Muslim Bewegung war, war ich nicht... - sie hatten nicht die wahre Religion des Islam in dieser Bewegung. Sie war etwas anderes. Und die wahre Religion des Islam lehrt keinen ein anderes menschliches Wesen nach der Hautfarbe zu beurteilen. Der **Beurteilungsmaßstab**, der von den Moslem verwendet wird, um einen anderen Menschen zu vermessen, ist nicht die Farbe des Menschen, sondern des Menschen Taten, des Menschen bedächtiges Verhalten, des Menschen Absichten. **Und wenn ihr dies als Ur-Maß oder Urteil verwendet, werdet ihr niemals falsch liegen.***

Was Zen die Absichtslosigkeit nennen würde...

... klingt bei Malcolm X so:

Als ich also drüben ankam und nach Mekka ging und

*diese Menschen sah, die blond waren und blauäugig und bleichhäutig und all diese Dinge, sagte ich: „Nun!" Aber ich beobachtete sie genau. Und ich bemerkte, dass obwohl sie weiß waren, und sie würden sich selbst weiß nennen, es einen Unterschied gab zwischen ihnen und dem Weißen hier. Und der grundlegende Unterschied war dieser: In Asien oder der arabischen Welt oder in Afrika, wo die Moslem sind. Wenn man einen findet, der sagt, dass er weiß ist, ist alles, was er tut ein Adjektiv zu verwenden, um etwas zu beschreiben, **was beiläufig über ihn ist, eines seiner beiläufigen Charakteristika; es gibt dazu also nichts weiteres, er ist einfach weiß.***

Aber wenn man den Weißen hier in Amerika nimmt, und er sagt, er ist weiß, so meint er etwas anderes. Man kann den Klang in seiner Stimme hören - wenn er sagt, dass er weiß ist, so meint er, er ist der Chef. Das ist richtig. Das ist, was „weiß" in dieser Sprache bedeutet. Ihr kennt den Ausdruck: „Frei, weiß und 21". Er machte sich das so zurecht. Er lässt dich wissen, dass all diese dasselbe bedeuten. „Weiß" bedeutet frei, Chef. Er ist da oben. Sodass, wenn er sagt, er ist weiß, er einen kleinen unterschiedlichen Klang in seiner Stimme hat. Ich weiß, ihr wisst, worüber ich rede.

*Dies war, wie ich sah, was in der Welt der Moslem fehlte. **Wenn sie sagten, sie waren weiß, war es beiläufig (absichtslos). Weiß, schwarz, braun, rot, gelb, machte keinen Unterschied, welche Farbe du bist.** Dies war also die Religion, die ich akzeptiert hatte* *und war dorthin gegangen, um ein besseres Verständnis von ihr zu erhalten...*

Malcolm X wollte nicht...

... dass der schwarze Mensch unter dem Weißen steht. Auch nicht, dass er über dem Weißen steht. Malcolm X wollte, dass es kein über und unter gibt, also der Gegensatz überwunden ist.

Malcolm X 1965:

Ich bin für die Brüderlichkeit von allen, aber ich glaube nicht daran Brüderlichkeit Menschen aufzuzwingen, die sie nicht wollen. Solange wir Brüderlichkeit untereinander ausüben, und dann andere die Brüderlichkeit mit uns ausüben möchten, üben wir sie mit ihnen auch aus, dafür sind wir. Aber ich denke nicht, dass wir herumlaufen sollten, um zu versuchen jemanden zu lieben, der uns nicht liebt.

So ist Malcolm X durchaus Zen und...

... darf auf die Website, auch wenn er mit Zen nichts am Hut hatte. Jeder, der für den Menschen ist, ist Zen. Es ist eine Schande, dass er ermordet wurde, die USA, und wir alle, hätten ihn noch dringend gebraucht.

Eine anderer Mensch der Historie sagte: *„Keinem et-*

was zuleide tun, und von keinem ein Leid erdulden."

Von welchem Zen-Meister ist denn das?

Von Adolf Hitler.

Hoppla!

Ja, man erschrickt, wenn man hört, wer das sagte.

Keinesfalls...

... möchte ich Adolf Hitler in die Nähe eines Zen-Meisters rücken, lediglich folgend darauf hinweisen, wie sehr die Strukturen, die Zen ist, und die tatsächlich strukturlos sind, auch in der Geschichte zu finden sind, was nicht sehr verwunderlich ist, schließlich ist Zen ja die Frage „Wer ist der Mensch?" Ich möchte mit den folgenden Anmerkungen auch keine Fürsprache für Adolf Hitler halten, sondern für Mu und in einer engen Abgrenzung dazu beitragen, dass Mu besser verstanden wird, was die beste Prävention gegen das (Neo-)Nazitum ist.

Ausdruck findet Zen in...

... der Überwindung des Gegensatzes (Dualismus), der Teile, etwa des Ja und Nein im Kôan Mu, indem schließlich erkannt wird, dass das Ja das Nein ist, also der Teil das Ganze ist.

Hitler spricht in seinen Reden oft von diesen Teilen, den zwei Welten, wenn Bürgertum und Proletariat, Nationalismus und Sozialismus, das auf die Nation Begrenzte und das Internationale, das Rechte und das Linke etc. nicht in der Lage sind, ihre Teilung zu überbrücken. So sagt Hitler 1941:

Zum ersten Mal eine Bewegung, die von vornherein darauf verzichtete von einem bestimmten Teil der Nation in Beschlag genommen werden zu können: Keine Vertretung bürgerlicher, keine Vertretung proletarischer Interessen, keine Vertretung von Land und keine Vertretung von Stadt, ... keine Klassenpartei, insoferne sie nicht der rechten oder der linken Seite, die damals die Nation zu trennen versuchte, sich verschrie, sondern auch hier von Anfang an auch nur ein Ziel im Auge hatte, das Deutsche Volk in seiner Gesamtheit.

Keine Klassenpartei, d.h. es gibt für die nationalsozialistische Bewegung nur die eine Klasse des Deutschen, Hitler dann weiter:

Jedes Plakat (der unzähligen Parteien) war eine Kampfansage nicht nur gegen die gegnerische Welt, sondern auch gegen die eigenen Mitgänger, gegen die eigene Welt. Von diesen beiden Richtungen konnte keine mehr rechnen, endgültiger Sieger zu werden. Damit aber trat etwas ein, was zum Verderben der

Deutschen Nation führen musste, nämlich eine allmähliche Aufspaltung des deutschen Volkskörpers in zwei Welten, selbst nicht einig in sich, aber doch zwei Welten, die behaupteten miteinander niemals mehr eine innere Verbindung oder Beziehung aufnehmen zu können.

Er benennt dann das, was...

... er einzig zur Überwindung der Teilung (Aufspaltung) für geeignet hält: Deutschland. So sagt er:

Was ist das Deutsche Volk? Wir mussten damals zu einer sehr harten Definition greifen, um diese Frage zu lösen, nämlich wir mussten damals die These aufstellen: Zum Deutschen Volk ist nur der zu rechnen, der sich auch primär zum Deutschen Volk bekennt, d.h. wer primär sagt ich bin Bürger oder ich bin Proletarier oder ich bin Bayer oder ich bin Preuße oder ich bin Katholik oder ich bin Protestant oder ich bin Radfahrer oder irgendwas anderes, der ist eben kein Deutscher, solange er das nicht begreift.

Hitler fasst also alle Teile unter Deutschland zusammen, so auch die zwei Welten von Bürger und Proletarier, was dann in dem Namen Nationalsozialismus seinen Ausdruck findet, ein auf die Nation begrenzter Sozialismus, kein internationaler. Dazu Hitler:

Im wesentlichen zwei große Begriffe, die miteinander zu streiten schienen. Bürgertum auf der einen Seite,

Proletariat auf der anderen, Nationalismus hier, Sozialismus dort, zwischen diesen beiden eine Kluft, von der man behauptete, dass sie nie würde überbrückt werden können.

Diese Zusammenfassung erfolgt damit ohne, dass ein Teil sich unter den anderen Teil unterwirft, also etwa der Bürger unter den Proletarier, der Bayer unter den Preußen etc., sondern alle verpflichten sich einer neuen Idee, dem neuen, dem nationalsozialistischen Deutschland. Weil sich keiner unter den anderen unterwirft, sondern sich alle der neuen Idee unterordnen, hat jeder über den anderen gewonnen und verloren, was es jedem Teil erlaubt leichter seine Teil-Existenz aufzugeben, sich also nicht mehr primär als Bürger oder Proletarier zu bezeichnen, sondern als Deutscher, der eben Bürger oder Proletarier ist.

Auch das Kôan Mu vereint, indem...

... es alle Teile, das Ja und das Nein, wohlgemerkt nicht relativ, unter Mu ordnet, Mu also darüber steht, indem es Ja und Nein ist, jedoch ist Mu aufgrund seiner Formlosigkeit keine Definition, und auch keine These, sondern das, was ist. Hier liegt ein eklatanter Unterschied zu Hitler, denn nur wenn das Absolute gefunden wird, also Mu, dann sind auch die Teile ganz (eins). Für Hitler ist Deutschland das Absolute, doch das Absolute darf nicht nur das Objekt, sondern muss auch das Subjekt überwinden, d.h. nicht nur für Hitler (und die Deutschen) müsste Deutschland das

Absolute sein, sondern für alle Menschen, was es aber nicht ist. Warum sollte etwa für einen Kanadier Deutschland das Absolute sein? Deutschland kann nicht das Absolute sein, sondern besitzt, wie alle Nationen, eine tiefere Basis, nämlich Mu. Es kann so nicht heißen: Deutschland über alles, sondern, religiös ausgedrückt, nur: Gott über alles.

Hitler hat das Absolute damit nicht in der zu wünschenden Tiefe verstanden. Er hätte über Deutschland hinausgehen müssen, sodass nicht nur Deutschland sein Ich ist (Rudolf Heß: *„Hitler aber ist Deutschland, wie Deutschland Hitler ist"*), sondern die gesamte Schöpfung, nur dann kann Deutschland Deutschland sein und seine Interessen wahrgenommen werden, indem das höhere Erkennen Deutschland und der ganzen Welt zugute kommt. Das ist die Nicht-Herrschaft der Welt und das tatsächliche „Deutschland den Deutschen", wie auch die Ablehnung ein Vasallenstaat zu sein, der von außerhalb Deutschlands regiert wird, kurzum, die höchste Souveränität eines Staates.

Wohl aber hat Hitler verstanden, dass...

... es etwas Höheres geben muss, um Teile zu vereinen. Er hat ebenso verstanden, dass nur so die Vielgestaltigkeit, also die edle Vielfalt, erhalten wird. So sagt Hitler 1938:

Wir wollen gar kein einheitliches Bild in dem Sinn ha-

ben, dass etwa nun alle deutschen Landschaften nun plötzlich gleichförmig uniformiert werden. Das wollen wir ja gar nicht. Im Gegenteil, wir lieben gerade die Vielgestaltigkeit unserer großen deutschen Heimat. Die lieben wir. Wir lieben es, dass in diesen verschiedenen Landschaften dieser Reichtum an eigenartigem Leben besteht, das lieben wir. Wir wollen aber, dass dieser Reichtum an Eigenart nicht entwertet wird durch eine national-politische und weltanschauliche Zersplitterung. Sondern im Gegenteil, wir wünschen, dass durch die Form unserer Volksgemeinschaft dieser Reichtum die Voraussetzung zu seinem Blühen erst bekommt. Dass die Vielgestaltigkeit dadurch überhaupt erst ermöglicht wird, das wünschen wir. Daher haben wir ja auch niemals daran gedacht etwa einen Einheitsstaat aufzubauen etwa vom Typ Frankreich, sondern im Gegenteil wir wollen dieses reiche Leben in all unseren deutschen Reichsgauen und -ländern haben.

Je mehr das Absolute erkannt wird, also das Absolute die Heimat des Menschen ist, religiös ausgedrückt der Mensch in Gott wohnt, umso vielfältiger ist diese Heimat. Dies ist das Gegenteil der Gleichmacherei und des Zentralismus.

Des weiteren hat Adolf Hitler verstanden, dass...

... die Teile, die nicht unter dem Höheren vereint sind, sich gegenseitig blockieren (bedingen) und jeder dieser Teile mit dem Status Quo der Bedingtheit (Relativität) zufrieden ist, weil sie darin ihre eigene Existenz begründen. Sie stehen so der Bedingungslosigkeit, also dem Absoluten, im Weg. Die Teile leben von der Spaltung eines Landes, eine parasitäre, egoistische Existenz.

Dazu Hitler 1941:

Und es war nun eines klar, die Methode konnte nun nicht die sein, dass wir Besuche machten, einen Besuch bei der Deutschnationalen Partei, einen Besuch bei der Deutschen Volkspartei, einen Besuch beim Reichszentrum, einen anderen Besuch bei der Bayerischen Volkspartei, und dann einen Besuch bei der Mehrheits-Sozialdemokratie, und einen anderen Besuch bei der USPD, und dann bei der KPD, bei der Kommunistischen Arbeiterpartei, bei den Syndikalisten, um diesen Leuten vorzutragen: „Hört ihr, seid doch vernünftig, ihr müsst euch zusammenschließen. Wir haben das eingesehen, das ist notwendig, es muss eine große Gemeinschaft gebildet werden. Nur unter der Voraussetzung kann Deutschland wieder frei werden, wenn wir alle Kräfte vereinen", die hätten gesagt: „Schauen Sie, dass Sie hinauskommen. Sind Sie wahnsinnig geworden? Wir leben ja doch von der Zersplitterung, Herr, das ist doch unsere Existenz. Wir haben 46 Parteien, das gibt 46 Parteisekretäre, Herr, wovon sollen die leben? Das gibt zahllose weitere Funktionäre, wie soll unsere Presse denn existieren, wenn sie nicht gegeneinander schreibt? Davon leben wir. Das ist die Existenzgrundlage unseres Daseins. Wenn wir keine Syndikate mehr besitzen und auf der anderen Seite keine Gewerkschaften, wo kommt dann unser Kampf hin? Da hört sich alles auf, da können wir zupacken dann. Dann werden die ohne uns fertig.

Wenn Teile (einer Gesellschaft) also berechtigt sein sollen, dann müssen die Teile, d.h. die Bedingungen, bedingungslos sein, dann ist der Grund ihrer Existenz nicht die Bedingung (Relativität), sondern die Bedingungslosigkeit (Absolutheit). Oder anders und religiös ausgedrückt: Gott hat kein Problem damit für Gott zurückzutreten, er hängt (haftet) nicht an sich.

Interessant ist im Kontext zu Zen auch...

... Hitlers Ablehnung des Intellekts, so sagt er ebenfalls 1941:

... Im Gegenteil, wir haben damals geradezu die Notwendigkeiten vertreten, einen großen Teil besonders unserer intellektuellen Schichten bewusst abzustoßen, um mit ihnen nicht belastet zu werden. Denn vor uns stand letzten Endes die Aufgabe das Volk zu gewinnen, nur mit dem Volk war letzten Endes diese Bewegung wirklich aufzubauen. Das Volk allein brachte das Gemüt mit, und das Herz mit, das gläubige innere Empfinden, das damals wichtiger war als der sogenannte glühende Verstand, der ewig herumirrt, von einer Erkenntnis zur anderen hin schwebt, so wie ein Schmetterling von einer Blume zur anderen. Was wir brauchten, das waren Menschen, die wenn sie einmal

sich entschieden hatten, dann auch blieben, und diese Menschen haben wir mehr gefunden in der breiten unverdorbenen Masse unseres Volkes, als in den über-intellektualisierten Schichten, dort wo der weitreichende Verstand das Entscheidende zu sein schien.

Auch Zen sieht nicht in dem Intellekt, sondern in dem Herz das Entscheidende. Zen versteht aber, dass dieses Herz sehend ist und nicht blind folgt.

Einen letzten Punkt, den ich zu diesem Thema aus den Augen von Zen betrachten möchte...

... ist, wie Hitler es nennt, die Auslese (Auslöse) aus dem Kampf. Es geht um die Frage, wie eine Entscheidung unter Menschen herbeigeführt werden soll. Angenommen 10 Menschen unterschiedlicher Meinung sprechen miteinander zu einem Thema. Soll die Entscheidung durch Abstimmung erzielt werden? Meist ist dies in unserer heutigen Welt so, dass etwa gesagt wird, wenn mehr dafür sind als dagegen, so ist die Entscheidung getroffen. Doch darin liegt ein Problem.

Das Problem heißt Mu, religiös ausgedrückt Gott, ein gewaltiges Problem.

Warum? Weil über Mu nicht abgestimmt werden kann, Mu also nicht zur Wahl steht. Es steht nicht zur Wahl, weil es absolut ist, also nur das Eine ist, d.h. einzig Mu ist tatsächlich alternativlos, weil auch das Andere das Eine ist. Es gibt, religiös ausgedrückt, keine Alternative zu Gott.

Würden die 10 Menschen also über Gott abstimmen, so ist diese Abstimmung hinfällig, egal welche Mehr- oder Minderheit, ob 8 zu 2 oder 4 zu 6, für oder gegen Gott stimmt. Er kann auch nicht abgewählt werden, weil die Abwahl Gott ist.

Nur weil also 8 von 10, und damit eine Mehrheit, in einer Abstimmung sagen, dass etwa die Frau in die Küche an den Herd gehört, muss dies noch lange nicht so sein, d.h. die Abstimmung hat nicht die Wahrheit (Mu, Gott) gefunden, doch nur sie kann Auslese sein.

Vielleicht sagt hier jemand...

... „Na, das mit der Frau und der Küche, das ist ja klar." Nein, dies gilt, auch wenn es schwirig zu erkennen sein mag, für alle Themen, weil Mu (Gott) alle Dinge ist. In dem Beispiel mit der Frau würde durch die Abstimmung eine falsche Auslese stattfinden.

Hitler hat diese Problematik erkannt und setzt der Abstimmung die Auslese aus dem Kampf als „wirklich gestaltenden Faktor" entgegen, also nur das, was durch den Kampf übrig bleibt, hat bewiesen, dass es die Auslese ist, eben weil es stark genug war, übrig zu bleiben. So Hitler 1938:

An die Stelle aller dieser Gedankengänge marxisti-

scher oder bürgerlicher Welt, die in den Mittelpunkt ihrer Betrachtungen immer bestimmte Theorien oder Dogmen stellten, da stellten wir anstelle dessen in den Mittelpunkt all unserer Betrachtung hinein das Wesen eines Volkes vorweg, seine blutbedingte Bestimmung, seine Herkunft, und seine ihm wahrscheinlich vom Schöpfer zugewiesene Mission. Wir stellten hinein die ewige Bedeutung des Bodens, des Lebensraums, wir stellten dann weiter hinein die Bedeutung des Ausleseprozesses durch den Kampf als den wirklich gestaltenden Faktor, und endlich wir stellten hinein an die Stelle aller dieser Auffassungen von demokratischen Majoritäts-Entscheidungen usw. die Bedeutung des ewig Persönlichen, der Verantwortung, der Verantwortungsfreudigkeit, überhaupt die Auslöse der Person aus dem Kampf.

Doch auch hier dringt Hitler nicht weit genug durch. In den Mittelpunkt aller Betrachtung muss Mu, weil Mu der Mittelpunkt ist, d.h. der Kampf muss das Ringen um Mu sein, religiös ausgedrückt der Kampf mit Gott. Weil in Gott aber kein Gegen besteht, findet dieser Kampf nicht statt. Der Kampf mit Gott ist also ein Nicht-Kampf.

Nur dieser Nicht-Kampf ist die tatsächliche Auslese aus dem Kampf, eine gewaltlose Aussortierung, eine gewaltlose Entscheidung, eine gewaltlose Lösung. Nur dieser Nicht-Kampf, und damit Gott, ist der gestaltende Faktor, der dem Formlosen eine Form gibt.

Weil...

... auch nur dieser Nicht-Kampf zur Weisheit führt, religiös ausgedrückt zu Gott, ist der Weise führend, d.h. der Abstand zu Gott, tatsächlich ein Nicht-Abstand, bestimmt die Führung, nicht die Abstimmung. Es wird in der weisen Führung also das getan, was zu tun ist, und nicht das, was eine Mehr- oder Minderheit als notwendig erachtet, was oft zu einem die Wahrheit beeinträchtigenden Kompromiss führt, wo tatsächlich doch nur die Wahrheit (Ganzheit) der Kompromiss sein darf, was Hitler wiederum verstand:

Mit anderen Worten, es war ja überhaupt unmöglich irgendeine Auffassung durchzusetzen, nur auf dem Kompromissweg konnte immer irgendein Kompromiss ausgehandelt werden, d.h. aber von vornherein niemals eine lösende oder rettende Tat, sondern immer konnte nur wieder eben eine Halbheit geboren werden.

Diese in Mu liegende Problematik der Wahl-Unmöglichkeit hat enorme Auswirkung auf jede Staatsform, die auf Wahlen basiert: Dass Teile auf dem Kompromissweg, also basierend nur auf der Halbheit zueinander finden müssen oder dass die Teile derart gleich sind, dass man gar keine Wahl hat, weil kein Unterschied der zu Wählenden erkennbar ist. Beides steht den erforderlichen Entscheidungen einer Gesellschaft entgegen. Wie aber muss dann eine echte Staatsform aussehen? Etwa wie eine Diktatur? Oder eine absolutistische Monarchie? Dazu weiter unten.

Abschließend: Was ich nicht verstehen kann…

… ist, dass wenn ein Mensch durch seinen Lebensweg Erkenntnisse erhält, nicht in der Lage ist, diese als Prinzip auf alle Bereiche des Lebens zu übertragen. Wenn Adolf Hitler also verstand, dass in der Vereinigung der Gegensätze, etwa von Bürgertum und Proletariat, die Lösung liegt, und in diesem Verstehen sicherlich auch sein politischer Aufstieg, warum war er dann nicht in der Lage zu verstehen, dass diese Vereinigung dann für alle Menschen gilt, also auch für den jüdischen Menschen? Was es also zu vernichten galt, war nicht der Jude, sondern der Egoismus. Diesen, so scheint es mir, hat Hitler tragischst mit den Juden verwechselt, denn es ist ja sein ständig wiederholter Vorwurf an sie, einzig an der Spaltung einer Gesellschaft interessiert zu sein, also die Gegensätze weiter voneinander zu entfernen, was nichts anderes ist als das Ich zu erhöhen, weil der Abstand der Gegensätze das Ich ist.

Vielleicht konnten diese Aussagen zum besseren Verständnis von Mu beitragen und auch aufzeigen, wie wichtig die Tiefe ist, Dinge zu betrachten, so wie Zen-Meister Bassui Tokusho es unmittelbar vor seinem Tod gegenüber seinen Anhängern aussprach: *„Lasst euch nicht irreführen! Schaut genau her! Was ist das?"* Das tiefe Bemühen um Mu ist das beste Mittel, um Radikalität (Extremismus) von links und von rechts zu verhindern, also den Menschen in seiner Mitte (Balance) zu halten.

Sie schreiben, dass auch Zen radikal ist...

Ja, Zen ist radikal, d.h. Mu basiert auf Mu, religiös ausgedrückt: Gott basiert auf Gott, Gott ist so seine eigene Basis, seine eigene Wurzel.

Gott entstammt also aus sich. Vielleicht wird dies deutlicher, wenn man die Frage stellt, wer sollte Gott zu Gott machen? Ein Minister, ein Präsident, ein Parlament, ein König, ein Volk, eine Wahl etc.? Nein, nur Gott kann Gott zu Gott machen, etwas was er, wie aus dem Satz zu sehen ist, eh schon ist. Gott war also da, bevor er da war. Vor der Zeit und nach der Zeit und damit ewig.

Gott erhebt sich also aus sich und wird nicht von außerhalb seiner erhoben. Gott ist damit der Souverän, (lateinisch) der über allem Stehende. Weil er aber seine eigene Basis ist, ist dieses Über nicht relativ, sondern absolut, d.h. Gott steht über Gott, oder anders ausgedrückt: Über und unter sind eins. Dies ist auch die soziale Komponente Gottes.

Die Radikalität in Zen...

... ist die Radikalität in der genannten Basis, die unbedingte Suche nach der Ursache. Mit anderen Worten: Zen ist die Radikalität in der Ichlosigkeit, sprich die Radikalität in der Liebe (Toleranz). Diese Radikalität befreit den Menschen.

Die politische Führung, die...

... den Extremismus bekämpfen möchte, muss sich also um den Menschen kümmern, d.h. sich um Mu bemühen und dem Menschen damit das geben, was ihm ist. Sie darf ihm nicht gleichgültig gegenüber stehen.

Um darauf zurückzukommen, wie sieht denn nun die echte Staatsform aus?

Die echte Staatsform ist formlos, d.h. sie nimmt die Eigenschaftslosigkeit von Mu an. Sie baut damit ein Ich auf, das ichlos ist. Diese Ichlosigkeit führt, d.h. diese Staatsform ist führerlos, also eine Anarchie, die keine ist, eine Nicht-Anarchie. In ihr ist jeder Mensch selbstbestimmt, d.h. frei.

Weil sie führerlos ist, gibt es keine Führung, die zu wählen wäre, d.h. ein für allemal wurde die Freiheit gewählt.

In dieser Staatsform...

... ist der Staat überwunden, d.h. jeder einzelne Mensch ist der Staat. „L'État, c'est moi!" (Übers. „Der Staat bin ich!") eines (wenn auch fälschlicherweise zugeschriebenen) Ludwig XIV. gilt hier also nicht nur für den Herrschenden, sondern für jeden, d.h. jeder Mensch herrscht. Das ist die unmittelbare Herrschaft des Volkes, die höchste Demokratie. Der Anteil eines jeden Menschen ist das Ganze. Der Eine besitzt alles, also sich, den Staat, und ist damit wahrhaft besitzlos. Mit diesem Staat identifiziert er sich, weil er der Staat ist. Eigenverantwortung und Staatsverantwortung sind eins.

Die höchste Demokratie ist also die Nicht-Anarchie.

Interessanterweise muss man dann sagen, dass der Absolutismus das Gegenteil des Absoluten ist.

Ist diese Staatsform kapitalistisch oder kommunistisch?

Sie ist menschlich, d.h. in ihrem Mittelpunkt steht nicht etwa das Kapital, sondern Mu, also das, was in die Mitte gehört, weil es die Mitte ist. Im Mittelpunkt steht also der Mensch, religiös ausgedrückt: Gott. Die Staatsform ist damit, wohlgemerkt nur in diesem Kontext, ein Gottesstaat. Ein freier, menschlicher Gottesstaat. In ihm ist Gott überwunden, und die Überwindung ist Gott.

Alle Dinge werden in dieser echten Staatsform also unter dem Gesichtspunkt Mu betrachtet, der überwundenen Sicht, der perspektivlosen, ichlosen Sicht, der Sicht der Menschlichkeit, der Sicht des Herzens.

Diese echte Staatsform versteht...

... dass der Antrieb des Menschen, das was ihn bewegt, seine Motivation, das Ich ist, das keines ist, also das Nicht-Ich ist, die Ichlosigkeit. Sie ist sein willenloser Wille, d.h. sie ist das, was er aus sich heraus will.

Die echte Staatsform ist damit das Gegenteil des Staatsapparates, den der österreichisch-US-amerikanische Wirtschaftswissenschaftler (Österreichische Schule) Ludwig Edler von Mises (1881 - 1973) beschreibt:

Der Staatsapparat ist ein Zwangs- und Unterdrückungsapparat. Das Wesen der Staatstätigkeit ist, Menschen durch Gewaltanwendung oder Gewaltandrohung zu zwingen, sich anders zu verhalten, als sie sich aus freiem Antriebe verhalten würden.

Mehr Mensch zu sein...

... ist diese Ichlosigkeit. Eine Steigerung, die in sich bleibt. Eine Steigerung, in der das Mehr also menschlich ist. Dieses Mehr ist nicht das egoistische Höher, Schneller, Weiter, das im Kapitalismus vorherrscht und nur Ausdruck des Relativen ist, indem die Menschen (global) in feindliche Konkurrenz zueinander gesetzt werden, statt dass ihnen ermöglicht wird, vereint dem Willen der Menschlichkeit zu folgen.

Was ist die Ordnung dieser Staatsform?

Die Menschlichkeit ist die Ordnung, es gibt keine größere. Religiös ausgedrückt ist Gott die Ordnung.

Oder anders ausgedrückt: Die Ordnung ist eine absolute Unordnung, ein Chaos, das keines ist.

In dieser Staatsform ist also jeder Mensch in Ordnung, weil jeder Mensch der Staat ist. Diese Ordnung ist keine in Reih und Glied stehende anonyme graue Masse, sondern der namenlose, farbenfrohe Mensch.

Ist diese Staatsform, diese höchste Demokratie, nicht auch eine Diktatur?

Ja, doch weil die Menschlichkeit das Diktat ist, nein, d.h. diese Staatsform ist eine Nicht-Diktatur.

Oder...

... anders ausgedrückt: Diese Staatsform ist eine autoritäre, in der aber die Menschlichkeit die Autorität ist, also die Ichlosigkeit das Selbst („Auto-", Antrieb) ist.

Man könnte...

... auch sagen: Diese Staatsform ist totalitär. Das Totale ist das Absolute, d.h. diese Staatsform ist vollkommen (ganz, vollendet), und damit radikal menschlich, d.h. die Dinge beginnen und enden in der Menschlichkeit.

Georg Danzer...

... der große österreichische Liedermacher, beschreibt diese Staatsform in seinem bekannten Lied „Frieden":

Am Himmel steht die Sonn
die Kinder spiel'n im Park
und es is Frieden.

I sitz auf ana Bank
die Blumen blühn im Gras
und es is Frieden.

I hab die Menschen gern
I steh auf meine Freund
und es is Frieden.

Ka Hunger und ka Haß
ka Habgier und ka Neid
und es is Frieden.

Ka Führer und ka Staat
ka Ideologie
und es is Frieden.

Ka Missgunst und ka Angst
und Gott statt Religion

und dann is Frieden.

Ka Macht für niemand mehr
und niemand an die Macht
und es is Frieden.

Ka oben und ka unt
dann is die Welt erst rund
und es is Frieden.

Gebt's uns endlich Frieden
gebt's uns endlich Frieden

Kein oben und kein unten, das ist das Niemand, das dann an der Macht ist.

Aber diese Staatsform ist doch sicherlich nur ein Modell?

Nein, sie ist kein Modell. Sie ist auch kein Ideal, kein Wunschtraum, keine Spinnerei und keine Utopie. Sie ist Mu. Sie ist da, ohne dass sich der Mensch ihrem Dasein bewusst ist, genauso wie er mit dem Kôan Mu nach Mu sucht und dann das findet, was ohnehin schon da war, ihm dies zuvor aber nicht bewusst war, d.h. das Bewusstwerden (Erwachen) verwirklicht diese Staatsform.

Aus: Erleuchtungserlebnis, Herr P. K., Amerikaner, ehemaliger Geschäftsmann, Alter 46

Es (gemeint ist Mu) stand die ganze Zeit vor mir, aber ich brauchte fünf Jahre, um es zu sehen.

Ihr Dasein ist auch ihr Ort, ein Nicht-Ort, was die tatsächliche Bedeutung von Utopie ist. Religiös ausgedrückt ist dies der Ort, an dem Gott zuhause ist.

Glauben Sie, dass die Menschen sich jemals bewusst werden und dadurch diese Staatsform verwirklichen?

Mit dem Zusammenbrechen der Sowjetunion brach der Kommunismus zusammen, der Kapitalismus, so scheint es mir, steht vor dem Zusammenbrechen. Es wird sich dann die Frage ergeben, nach welchem Maßstab die Menschen nun leben möchten, nachdem der Maßstab des Geldes gezeigt hat, dass er kein geeigneter Maßstab für das Zusammenleben ist. Vielleicht wird man sich aus dieser Erfahrung heraus dann besinnen und in die Richtung dieser freien, gerechten, menschlichen Staatsform gehen. Gelingt dies, so ist das Ich jedes einzelnen Menschen die ganze Welt, also die Welt der Staat, sodass die Aussage „L'État, c'est moi!" noch immer gilt. Diese Ordnung, diese absolute Unordnung, in der also die Menschlichkeit, die Freiheit, die Gerechtigkeit, die Ordnung ist, ist das Gegenteil der auf Ideologie und Doktrinen basierenden sogenannten Neuen Weltordnung eines George Bush jun. oder eines Zbigniew Brzezinski. Diese Staatsform ist tatsächlich die freie Welt. Eine unipolare Welt, d.h. religiös ausgedrückt, Gott, der Eine, ist der Pol, und im selben Moment ist sie multipolar, weil Gott alle ist, zentral und dezentral sind eins. Oder anders ausgedrückt: Auf dieser Welt ist kein Platz für Egoismus (Ungerechtigkeit), sodass in ihr nicht nur wenige (vermeintlich) frei sind, sondern alle Menschen frei sind. Diese freie Welt unterliegt also nicht der relativen Macht, sondern der absoluten Macht, eine bedingungslose Macht, in der die einzige Bedingung ist, Mensch (als Mensch) zu sein und nicht etwa Geld zu besitzen, um Mensch zu sein.

Mensch (als Mensch) zu sein...

... ist also nicht verhandelbar, ist ausgeschlossen, ist exzeptionalistisch, nicht das, was die genannten Vertreter der Neuen Weltordnung in ihrer Arroganz, ihrer Hybris, mit Exzeptionalismus meinen, dass ein Land über allen anderen Ländern stehe.

Oder religiös ausgedrückt: Gott ist ohne Ausnahme, d.h. jedes Land ist Ausnahme, jedes Land ist Gottes eigenes Land und damit frei (souverän, selbstbestimmt).

Martin Luther King:

... und dass niemand denken sollte, dass Gott Amerika als seine göttliche, messianische Kraft auserwählt hat, um eine Art Polizist für die gesamte Welt zu sein. Gott besitzt die Möglichkeit den Nationen mit einem Urteil zu begegnen, und es scheint mir, als könne ich

*Gott zu Amerika sagen hören: „Du bist zu arrogant! Und wenn du deine Wege nicht änderst, werde ich mich erheben und das Rückgrat deiner Macht brechen und es in die Hände einer Nation legen, die nicht einmal meinen Namen kennt. Sei ruhig und erkenne, dass **Ich** Gott bin."*

In dieser Verwirklichung...

... dem Bewusstwerden, dem Wachwerden, liegt die höchste Kreativität und damit das Potential die schönsten Dinge zu erschaffen. Sie entsprechen dem Menschen, d.h. er verwirklicht sich in den Dingen, er erkennt sich in dem Geschaffenen (Transzendenz). Das ist die höchste Nähe zu dem Ding und das Gegenteil der Entfremdung.

Mensch zu sein, ist...

... damit die Arbeit, die Produktivität, die Leistung, sodass kein Mensch arbeitslos ist, weil in dieser Staatsform jeder Mensch Mensch ist. Die Arbeitslosigkeit ist damit überwunden, d.h. die Ichlosigkeit arbeitet. Diese Arbeit ist mühelos, auch wenn sie noch so anstrengend ist. Ihre Früchte kommen menschlich zustande, nicht durch Zwang, sie entstehen aus sich und werden nicht verordnet. Die einzige Vorgabe ist es Mensch zu sein, die aber bereits erfüllt ist.

Weil...

... Mensch zu sein die Arbeit ist, ist die Richtung der Arbeit der Mensch. Die Arbeit zielt also auf sich. Sich ist der eine und alle, d.h. der Einzelne, der der Staat ist. Alle Arbeit ist so gemeinnützig, sie nützt dir und mir, der Eigennutz ist der Gemeinnutz. Oder anders ausgedrückt: Jeder arbeitet für sich selbst, und doch ist dies kein Egoismus, weil das Selbst der Staat ist. In dieser Staatsform gilt also tatsächlich der Spruch von „Wenn jeder an sich denkt, ist an alle gedacht".

Das ist der Nutzen, den Lassalle anmahnt.

Ferdinand Lassalle (1825 - 1864), ein Gründervater der SPD:

Arbeiter sind wir alle, insofern wir nur eben den Willen haben, uns in irgendeiner Weise der Gesellschaft nützlich zu machen. Dieser vierte Stand, in dessen Herzfalten kein Keim einer neuen Bevorrechtung mehr enthalten ist, ist eben deshalb gleichbedeutend mit dem ganzen Menschengeschlecht. Seine Sache ist in Wahrheit die Sache der gesamten Menschheit. Seine Freiheit ist die Freiheit der Menschheit selbst. Seine Herrschaft ist die Herrschaft aller.

Der Mensch ist in dieser Staatsform also nutzlos, d.h. er nützt, indem er Mensch ist. Er wird nicht außerhalb dessen, was der Mensch ist, missbraucht.

Warum ist die Richtung der Arbeit denn wichtig?

Was nützt es denn, das Falsche zu unterstützen? Was bringt es denn, wenn etwa eine Arzthelferin sich täglich abrackert, Überstunden macht, während der Arzt, für den sie arbeitet, nicht am Wohl seiner Patienten interessiert ist, sondern nur am Geld und deshalb jede noch so unnötige Therapie verschreibt? Das Abrackern der Arzthelferin kann dann nicht Arbeit genannt werden, obwohl es noch so anstrengend für sie ist, weil ihr Tun dem Falschen dient. Sie unterstützt das Falsche. Sie arbeitet überhaupt nicht, sie arbeitet gegen die Arbeit, also gegen sich. Das ist die innere Kündigung, die psychische Belastung, die Demotivation.

All das...

... was nicht Mu ist, ist das Falsche.

Wofür stirbt denn der Soldat, wenn er für die falsche Sache kämpft? Wofür denn all die Anstrengungen etwa in Stalingrad, die Gewaltmärsche, die Entbehrungen, die Opfer, wenn die Sache, um die es ging, nur der Versklavung anderer Völker diente? All diese unfassbaren Anstrengungen waren keine Arbeit. Sie würden nur dann zur Arbeit, wenn durch sie ein Besinnen auf die einzuschlagende Richtung, die Mu ist, erfolgen würde, also der Mensch aus dieser harten Erfahrung gelernt hätte, sprich mehr Mensch geworden wäre, doch ein Lernen zu welchem Preis?

Demnach: All das, was nicht Mu ist, ist relativ sinnlos; all das, was Mu ist, ist absolut sinnlos.

Der Mensch...

... findet in dem, was das Falsche unterstützt, keinen Frieden. Er wird nie fertig, es laugt ihn aus, während die Arbeit, die er selbst ist, ständig regeneriert und deshalb mühelos ist.

Gibt es in der echten Staatsform ein soziales Netz?

Ein soziales Netz ist nicht notwendig, da kein Mensch fallen kann, weil es in der echten Staatsform kein oben und unten gibt, also oben wie unten Mensch ist, d.h. der Mensch wird bezahlt für die Arbeit, die er leistet, um Mensch zu sein. Das soziale Netz würde also dem Absoluten entsprechen, der Bedingungslosigkeit, und ist damit ein starker Hinweis auf ein bedingungsloses Grundeinkommen. Diese Zahlung ist, weil sie dem Bedingungslosen dient, eine Nicht-Zahlung, also das am besten investierte Geld. Das Geld für den höchsten Zweck.

Wie sieht das Geldsystem in der echten Staatsform aus?

Das Geld ist in ihr an die Menschlichkeit gekoppelt, nicht an die Schuld, nicht an das Gold, nicht an den

Dollar, nicht an den Euro, nicht an das Öl, nicht an das Militär (Krieg) etc., damit gekoppelt an den gerechten Maßstab, der Mu ist. Das Geld ist damit gedeckt durch das wertvollste Material überhaupt, genaugenommen ein Nicht-Material, ein Nicht-Objekt, ein dingloses Ding, das niemand anhäufen (ansammeln, sparen) kann, weil es schon im Besitz eines jeden Menschen ist.

Dieses Nicht-Material ist das seltenste und doch überall zu findenste, seltenst, weil es es nur einmal gibt, und doch dieses Eine alles ist. Weil es alles ist, ist es vollkommen wertlos.

Das Geldsystem...

... der echten, der freien Staatsform ist damit auch systemlos, ein Nicht-System, ein System, das keines ist. Dieses System kann nicht zusammenbrechen, weil der Zusammenbruch das System ist.

Oder anders ausgedrückt: Der Währungsstandard der echten Staatsform ist ein Nicht-Standard, d.h. die Menschlichkeit ist Standard, nicht etwa eine Ausnahme.

In diesem Nicht-System...

... sind Schuldner und Gläubiger überwunden, immer eins, immer Mu, nicht das, was der o.g. Wirtschafts-Professor in seinen Vorträgen fälschlicherweise als Null bezeichnet, sondern das Nichts, das alles ist. Das Geld entspricht in ihm immer der Menschlichkeit, entsteht also nur aus ihr und kommt nur ihr zugute, dient so nur dem Mensch, ist ein Mittel zum Zweck und nicht etwa eine Konkurrenz zu Gott.

Alle Menschen...

... sind damit schuldlos. Es gibt keine Schuldner und keine Gläubiger, und damit keine Abhängigkeit durch Schuld. Es gibt nur die Abhängigkeit von Mu, die aber die Unabhängigkeit, sprich die Freiheit, ist. Den Menschen in seinen Besitz zu bringen, ihn zu erobern, ihn also durch Schulden (Schuld) von sich abhängig zu machen oder auf diese Weise gar ganze Länder zu erobern, wie derzeit für den, der Augen hat zum Sehen, ersichtlich ist, ist hier nicht möglich, weil Mu schuldlos ist. Es gibt keinen Hebel (Leverage) mehr. Alle Dinge sind eins zu eins, d.h. eins zu unendlich.

Unter Berücksichtigung...

... des o.g. Hinweises, möchte ich zu dem Geldsystem noch einmal Adolf Hitler aus dem Jahr 1940 zitieren:

Wir haben eine ganz andere Wirtschaftsauffassung. Unserer Überzeugung nach ist das Gold überhaupt gar kein Wertfaktor, sondern nur ein Faktor zur Unterdrückung, d.h. besser zur Beherrschung der Völker.

*Ich habe, als ich zur Macht kam, nur eine einzige Hoffnung besessen, auf die baute ich, das waren die Tüchtigkeit, die Fähigkeit des Deutschen Volkes, des deutschen Arbeiters und die Intelligenz unserer Erfinder, unserer Ingenieure, unserer Techniker, unserer Chemiker usw., auf die Geschicklichkeit unzähliger Organisatoren unserer Wirtschaft, damit hab ich gerechnet. Ich stand vor einer einfachen Frage: Sollen wir denn kaputtgehen, zugrunde gehen, weil wir kein Gold haben? Soll ich mich an einen Wahnsinn hängen lassen, der uns vernichtet? Ich habe die andere Auffassung vertreten, **wenn wir schon kein Gold haben, dann haben wir Arbeitskraft, und die deutsche Arbeitskraft, das ist unser Gold, das ist unser Kapital,** und mit dem Gold schlag ich jede andere Macht der Welt.*

In der echten Staatsform ist, wie bereits erwähnt, der Mensch die Arbeit, der Standard, die Währung, das Gold, das Kapital, bis dahin ist Hitler also zuzustimmen.

Der Unterschied...

... zu ihm liegt aber darin, dass in der echten Staatsform der Mensch Mensch als Mensch ist, also bedingungslos ist, d.h. in ihr wird der Mensch nicht verwechselt mit seiner Arbeits- oder Wehrkraft, die aber für Hitler das Entscheidende war, sondern es wird verstanden, dass der Mensch unendlich mehr als das ist. Er ist weder Arbeitstier noch Kanonenfutter.

Wenn das Geld an die Menschlichkeit gebunden ist und die Menschlichkeit Mu ist, dann wird in der echten Staatsform das Geld also aus dem Nichts geschaffen?

Ja, wohlgemerkt aus dem absoluten Nichts, nicht dem relativen Nichts, wie dies etwa in den USA durch die Notenpresse der Fall ist. Das absolute Nichts ist Mu, d.h. das Geld ist durch den freien, den kreativen, den produktiven Menschen gedeckt. Die Schaffung des Geldes aus dem relativen Nichts hingegen entwertet den Menschen, lässt ihn unfrei sein, macht ihn zum Sklaven des Geldes.

Das Geldsystem...

... der echten Staatsform ist damit gerecht, denn das absolute Nichts bezieht alle Dinge in die Deckung mit ein, es berücksichtigt alle Dinge und teilt die Welt damit so, dass die Welt die Welt ist, also keine Teilung erfolgt. Das relative Nichts hingegen berücksichtigt nur den Egoismus, also nur die spaltende Freiheit des Geldes.

Gibt es in dieser Staatsform Zins?

Nein, es gibt in ihr nur die Arbeit, die der Mensch ist. Es gibt nicht die Arbeit des Geldes, d.h. nur Gott arbeitet und alle Arbeit ist für Gott, oder nicht religiös ausgedrückt jeder Mensch arbeitet, um Mensch zu sein. Es gibt damit weder den armen noch den reichen Arbeitslosen.

Oder...

... anders ausgedrückt: Nur Gott erhebt sich aus Gott.

Geld darf sich also nicht aus Geld erheben, was der Grund ist, warum in vielen Religionen der Zins verboten ist. Geld würde sich also zu Gott aufschwingen, was aber nur Gott zusteht. Geld würde mit Gott konkurrieren, und es ist ja auch zu erkennen, dass viele Menschen statt an das Absolute nur an Geld glauben.

Gibt es Spekulation?

Nein, weil es in dieser Staatsform, die nichts anderes ist, als die Verwirklichung von Gott, keinen Unterschied gibt, d.h. der Unterschied zu Gott ist Gott. Weniger als Gott ist Gott, mehr als Gott ist Gott, d.h. Gott ist mehr und weniger.

Vielleicht wird dies verständlicher, wenn wie folgt ausgedrückt:

Ich gehe bei Gott in den Markt rein und gehe bei Gott aus dem Markt wieder raus. Welchen Unterschied, welche Gewinn- oder Verlustspanne, welchen Spread könnte es geben? Kauf und Verkauf sind eins, also Gott.

Weil die (Zukunfts-)Aussicht immer Gott ist, sie sich also von dem Jetzt nicht unterscheidet, gilt dies auch für die sogenannten Termingeschäfte (Futures, Optionen).

Was ist mit Eigentum? Gibt es in der echten Staatsform Eigentum?

In der echten Staatsform gehören alle Dinge dem Staat, der aber jeder einzelne Mensch ist, d.h. alle Dinge gehören dem einzelnen Menschen, religiös ausgedrückt gehören alle Dinge Gott.

Morihei Ueshiba (1883 - 1969), Begründer des Aikido:

Seit dieser Zeit (Erleuchtung) wuchs mein Verstehen, dass die gesamte Erde mein zuhause ist und die Sonne, Mond und die Sterne alle meine eigenen Dinge sind. Ich wurde frei von allen Wünschen, nicht nur nach Rang, Ruhm oder Besitz, sondern auch von dem Wunsch stark zu sein.

In der echten Staatsform gibt es nur Besitz. Der Besitz ist besitzlos, d.h. er ist die Transzendenz, die gewaltlose Entnahme der Dinge.

In einem Buch von Erich Fromm ist...

... dieses Beispiel genannt, das den Unterschied zwischen gewalttätiger und gewaltloser Entnahme gut erläutert: Der westliche Mensch, der eine schöne Blume sieht, schneidet sie ab, weil er sie haben will, wodurch er die Blume zerstört, der östliche Mensch, der eine schöne Blume sieht, transzendiert sie, ist eins mit ihr, er muss sie nicht haben, um sich an ihr zu erfreuen. Er belässt sie unberührt. Er nimmt sie mit ohne sie mitzunehmen. Er ist eins mit der Natur.

Je näher...

... der Mensch an Mu kommt, ist die Transzendenz, also das Durchdringen aller Dinge, eine derart tiefe, dass etwa das Ansetzen einer Säge an einem Baum wahrgenommen wird, als würde die Säge am eigenen Bein angesetzt, die Schöpfung wird als Ich begriffen, als eigener Körper. „Der Tisch, der auf dem Boden steht, steht auf mir" oder „Was den Dingen angetan wird, wird mir angetan" ist etwa Ausdruck dieser Tiefe.

Der weise Mensch dieser Staatsform ist so von den Dingen berührt, ohne von ihnen berührt zu sein. Er ist sensibel und doch lässt ihn diese Sensibilität nicht leiden, d.h. diese Staatsform ist ohne Leid. Nur die Ichlosigkeit leidet.

Was ist das Problem des Eigentums?

Das Problem des Eigentums ist die zeitliche und örtliche Unterbrechung im Gegensatz zur unmittelbaren und damit ununterbrochenen Transzendenz, etwa ein Haus, das leer steht, also unbenutzt ist, während andere ein Haus benötigen oder wenn ganze Landstriche, Strände etc. zu Eigentum erklärt werden und so der Gesellschaft entzogen sind.

Das Eigentum...

... kann nur durch Erklärung, etwa ein Gesetz, (künstlich) ins Leben gerufen werden, die aber Eigentum und Erklärung trennt, während in der Transzendenz, also dem unmittelbaren Besitz, das wahrgenommene Ding die Erklärung selbst beinhaltet, also keiner Erklärung bedarf, ebensowenig Gott durch Erklärung ins Leben gerufen wird, also auch ohne Erklärung Gott ist.

Oder anders ausgedrückt: Der Anspruch auf ein Ding liegt bei dem Eigentum nicht in dem Ding selbst, sondern ist von dem Ding getrennt. Der Anspruch liegt außerhalb des Dinges.

Es kann...

... durch den Anspruch, der nicht in dem Ding selbst liegt, also zu der Situation kommen, dass ein hungriger Mensch vor den weitreichenden Auslagen von Lebensmitteln eines Geschäfts steht, doch weil er kein Geld hat, nicht zugreifen darf. Wie viel mehr können Qualen sein? Diese Diskrepanz zwischen Hunger und der Möglichkeit den Hunger nicht zu stillen, obwohl alles greifbar vor einem liegt, diese Verzweiflung, so nah und doch so fern zu sein, ist Folge dieser Trennung. Statt dass also Gott diese Trennung überbrückt (überwindet), ist hierzu Geld benötigt. Doch damit spielt Geld eine Rolle, die ihm nicht zusteht. Hier steht das Geld über dem Menschen, statt ihm zu dienen.

Angelus Silesius (1624 - 1677), deutscher Lyriker, Theologe und Arzt:

Nichts ander's stürzet dich in Höllenschlund hinein
Als das verhaßte Wort - merk's wohl! - das Mein und Dein

Gott muss das Mein und Dein sein.

Aber ohne Eigentum? Dann achtet doch keiner mehr auf sein Zeug...

Nicht wenn der Mensch Mensch ist, und nur dann gibt es ja diese echte Staatsform, d.h. der verwirklichte Mensch versteht sich als der Staat, sodass er an der Bewahrung aller Dinge des Staates interessiert ist, weil er selbst alle Dinge ist. Dieser Mensch achtet auf sich, besitzt also Selbstachtung, die übrigens in dieser Staatsform der gesunde Nationalstolz ist.

Zu der Problematik...

... von Besitz und Eigentum, wie auch zur Bewahrung aller Dinge, auch der kleinsten, ein Ausschnitt aus der Rede des Häuptlings der Duwamish, Seattle, im Jahre 1855, auf das „Super-Angebot" des 14. Präsidenten der Vereinigten Staaten, dem Demokrat Franklin Pierce, ihr Land zu verkaufen und selbst in ein Reservat zu ziehen:

Der große Häuptling in Washington sendet Nachricht, dass er unser Land zu kaufen wünscht.

Der große Häuptling sendet uns auch Worte der Freundschaft und des guten Willens. Das ist freundlich von ihm, denn wir wissen, er bedarf unserer Freundschaft nicht. Aber wir werden sein Angebot bedenken, denn wir wissen - wenn wir nicht verkaufen - kommt der weiße Mann mit Gewehren und nimmt sich unser Land. **Wie kann man den Himmel kaufen oder verkaufen - oder die Wärme dieser Erde? Diese Vorstellung ist uns fremd.**

Wenn wir die Frische der Luft und das Glitzern des Wassers nicht besitzen - wie könnt ihr sie von uns kaufen? *Wir werden unsere Entscheidung treffen. Was Häuptling Seattle sagt, darauf kann sich der große Häuptling in Washington verlassen, so sicher wie sich unser weißer Bruder auf die Wiederkehr der Jahreszeiten verlassen kann. Meine Worte sind wie Sterne, sie gehen nicht unter. Jeder Teil dieser Erde ist meinem Volk heilig, jede glitzernde Tannennadel, jeder sandige Strand, jeder Nebel in den dunklen Wäldern, jede Lichtung,* **jedes summende Insekt ist hei-**

lig, in den Gedanken und Erfahrungen meines Volkes.

Unsere Toten vergessen diese wunderbare Erde nie, denn sie ist des roten Mannes Mutter. Wir sind ein Teil der Erde, und sie ist ein Teil von uns. Die duftenden Blumen sind unsere Schwestern, die Rehe, das Pferd, der große Adler - sind unsere Brüder. Die felsigen Höhen, die saftigen Wiesen, die Körperwärme des Ponys - und des Menschen - sie alle gehören zur gleichen Familie.

Der dumme weiße Mann...

... wieder einmal jenseits aller Weisheit.

Der Redeauszug zeigt, dass die Duwamish-Indianer dieser echten Staatsform sehr nahe waren, sie vielleicht sogar tatsächlich verwirklicht hatten, was den Weißen aber nicht davon abhält, diese höchste Zivilisation eben mal zu zerstören. Man kann nur hoffen, auch im Hinblick auf die Schilderungen eines Malcolm X bzgl. der Sklaverei, die nicht davor zurückschreckte auch den Menschen zum Eigentum zu erklären, dass wenn die Zeit des weißen Mannes mal vorübergeht, und dies, so scheint es mir, findet derzeit langsam aber sicher statt, andere Völker mit uns nicht so umgehen, wie wir mit ihnen umgegangen sind. ´

Wie sehen Sie die echte Staatsform zur jetzigen in Deutschland?

Deutschland geht den neoliberalen Weg, bewegt sich also mehr und mehr weg von der echten, der tatsächlich freien Staatsform. Deutschland stellt damit nicht die Freiheit des Menschen in den Mittelpunkt der Betrachtung, sondern die Freiheit des Geldes, d.h. das Geld wird über den Menschen gestellt.

Oder anders ausgedrückt: Deutschland ist eine marktkonforme Demokratie, damit aber keine echte Demokratie, weil die Konformität nicht mit dem Formlosen, das der Mensch ist, übereinstimmt, also nicht menschenkonform ist.

Dieser Irrweg führt zur Ungerechtigkeit, zur Spaltung der Gesellschaft, etwa von arm und reich, wodurch Deutschland seine Mitte, seine Balance, seine Identität verliert. Damit aber wird es dem Menschen erschwert, sich mit diesem Deutschland zu identifizieren und führt so auch zur Spaltung von Volk und Herrscher des Volkes, d.h. das Volk muss den Eindruck gewinnen, dass die Herrscher nicht mehr dem Volk entstammen, also keine von ihnen sind, dass sie das Volk nicht mehr vertreten. Es ist, als würden sie von außerhalb des Volkes eingesetzt, d.h. das Volk wird nicht als der Souverän verstanden und ihm damit die ihm zustehende Rolle verweigert.

Hierzu...

... Prof. Dr. Heinz-Josef Bontrup, deutscher Wirtschaftswissenschaftler:

... Wir haben, und das ist die zweite, ja, Botschaft weiß ich nicht, aber sagen wir mal die zweite Erkenntnis. Wenn nur menschliche Arbeitskraft, das muss man ja auch immer im Kontext sehen, in einer arbeitsteiligen Gesellschaft, wenn ich das mal so flapsig sagen darf, da hat man ja manchmal den Eindruck, da meinen einige Individuen in unserer Gesellschaft, nur sie seien wertschöpfend, gilt übrigens weitgehend immer für die Managerkaste. Ich meine, ich darf das sagen, weil ich selbst mal fünf Jahre Vorstandsmitglied war, bei einem großen Unternehmen als Personalvorstand. Das ist nicht so. Vorstand ohne eine Belegschaft ist ein Nichts in einem Unternehmen. Ein Nichts. Er ist drauf angewiesen auf diese Belegschaft. Weil nur diese Belegschaft natürlich arbeitsteilig auch in der Lage ist neue Werte zu generieren, und man könnte weitergehen und könnte sagen ein Unternehmen ohne Menschen, also nur mit toter Arbeit, in Form von Kapital, naja, wie könnten wir das nennen, sollten wir sagen ein Museum oder eine Ausstellung, mehr ist es nicht. Und diese einfachen ökonomischen Zusammenhänge, die sind völlig verlorengegangen. Die müssten aber politisch wieder ins Bewusstsein der Menschen gerückt werden. **Der Mensch ist das Wichtigste, der Mensch gehört in den Mittelpunkt.** *In Sonntagsreden hören wir das. Die Realität, die ökonomische als auch die politische, sieht leider völlig anders aus.* **Der Mensch, aber auch die Natur, werden demnach wesentlich weniger geschützt als das Kapital, obwohl nur der Mensch und die Natur die Wertschöpfung generieren...**

Weil das Falsche im Mittelpunkt steht...

... entstehen Klassen, wie etwa die der Arbeitslosen oder des Prekariats. Klassen, die die Angst derer oberhalb der Genannten schüren, in sie hinabzurutschen, weshalb diese zu allem Ja sagen, was ihnen am Arbeitsplatz widerfährt, es deshalb Jahr für Jahr zu mehr inneren Kündigungen kommt und die Zahl der arbeitsbedingt psychisch Erkrankten ansteigt.

Durch...

... das Erschaffen der Klassen erhebt sich das Problem ihrer Durchlässigkeit, d.h. die Frage wie der Mensch nach oben kommen kann. Er kann hier in Deutschland nicht nach oben kommen, es sei denn durch Egoismus, also einem falschen Anreiz, sodass die Falschen nach oben kommen, während diejenigen, die oben sind, durch das an den Haaren herbeigezogene Gefasel von „Too big to fail", das aufgrund seiner Unfehlbarkeit nicht einmal Gott ist, davor bewahrt werden in untere Klassen abzurutschen und so ihr Versagen nicht offenbart wird, kurzum, das Falsche nicht entlarvt wird. Damit aber ist keine Durchlässigkeit gegeben, weder nach oben, noch nach unten, und damit keine Chancen-Gerechtigkeit. Es besteht eine Einbahnstraße, in der, die oben sind, oben bleiben und die, die unten sind, unten.

Den Menschen wurde...

... gesagt, wer nur wirklich will, der kann auch, der kann alles erreichen. Doch wie viel guter Wille bleibt dem Menschen, der von einer Vertragsverlängerung zur nächsten stolpert, der nie einmal weiß, wo er dran ist, der nie einmal an den nächsten Tag denken kann, für den es kein Morgen gibt, der sich wie ein Tagelöhner von Tag zu Tag durchs Leben kämpft? Wie viel Wille bleibt dem Menschen, der bereits fünf oder mehr Jahre als Leiharbeiter arbeitet und zusehen muss wie er für die gleiche Arbeit des Stammarbeiters nur einen Bruchteil des Lohnes bekommt? Der einsehen muss, dass es nie darum ging, ihn in die Stammbelegschaft zu überführen oder dynamische Spitzen eines Unternehmens abzufedern, sondern es System ist, den Arbeitnehmer zweiter Klasse zu erschaffen? Wie viel Wille bleibt dem jungen Praktikanten, dem es langsam dämmert, dass es nie um ein Praktikum ging, sondern nur darum, ihn als billige, wenn überhaupt bezahlte Arbeitskraft einzusetzen? Welchen ersten Eindruck muss er von der Arbeitswelt erhalten?

Durch all dies wird der gute Wille zerstört. Der Mensch erkennt, es ist zwecklos sich um etwas zu bemühen.

Da ist dann weiterhin...

... die Frage der Kinderarmut, wie auch die des bezahlbaren Wohnraums. Da ist das Problem der von der Herkunft abhängigen Bildung. Da sind „Die Tafeln", eine zynische Barmherzigkeit, indem die Menschen erst zu Bittstellern gemacht werden, indem etwa trotz Vollzeit-Arbeit der Lohn nicht ausreicht, also eine eklatante Disbalance von Geben und Nehmen vorliegt, um diesen dann weinerlich zu sagen: „Seht ihr, ihr könnt uns, der Tafel, ruhig mal dankbar sein, dafür, dass wir euch nicht verhungern lassen, aber wir wollen ja gar keinen Dank." Diejenigen, die ihre Tätigkeit für die Tafel für Barmherzigkeit halten und nicht verstehen, dass nur die Herstellung gleicher gottgegebener Rechte, wie Laktanz oben anmahnt, wirkliche Barmherzigkeit ist, indem sie den Menschen von dem Bedürfnis nach Hilfe befreit, die Tafel aber gerade das revolutionäre Element, das im Hunger liegt, stört und damit diese Herstellung verhindert. Da ist in dieser Gesellschaft das mehr und mehr vertraute Bild des Pfandflaschensammlers, Menschen, die in Mülleimern herumwühlen, die im Abfall suchen, statt ihnen die Gelegenheit zu geben in sich zu suchen, nicht im Abfall, sondern im Wertvollsten.

Das alles ist zu wenig für eine Gesellschaft. Und das sind nur einige Stichworte. Es ist ein reines Armutszeugnis, was dieses reiche Land darstellt und es damit zu einem armen Land macht.

Warum wird das Deutschland, das Sie beschreiben, von den politischen Führungen anders gesehen?

Die einen wollen es so nicht sehen, weil sie dann selbst in Frage stünden, die anderen sehen es wirklich nicht, weil sie vom Volk zu weit weg sind.

Ich glaube...

... dass die politischen Führungen des sogenannten Westens, gerade weil sie das Volk nicht mehr verstehen oder verstehen wollen, zunehmend, sowohl in Deutschland als auch in Europa, vor allem aber in den USA, dem Volk gegenüber feindlich gesinnt sind, ja, das Volk ihnen regelrecht im Wege steht. Sie reden zwar von Demokratie, aber eigentlich hätten sie am liebsten diktatorische Macht, ohne Verfassung, ohne lästige Wahl und würden allzu gerne die, die in ihrem Sinne sind, durch Erklärung (Deklaration) einsetzen, wie dies in vielen Fällen in Europa ja bereits der Fall ist, also die Legitimierung durch das Volk umgehen, es gar nicht befragen. Selbst das Parlament scheint zu stören.

Warum wurden diese politischen Führungen bisher immer wieder gewählt?

Da ist zum einen ein deutsches Volk, das für ein bestimmtes Maß an Konsum allzu leicht ein kritisches Hinterfragen unterlässt und solange dieses sichergestellt ist, nicht den Willen in sich findet, etwas zu ändern, sich also zu einem geringen Preis kaufen lässt.

Da sind aber auch die sogenannten Leitmedien, die ihre Aufgabe nicht darin sehen, die Wahrheit zu berichten, also bemüht sind, das, was ist, in Worte zu fassen, sondern sich als Teil dieser politischen Klasse verstehen. Eine unheilvolle Symbiose, ein Paradebeispiel relativer Abhängigkeit, die verstärkt wird durch die Angst des aufrechten Redakteurs seinen Job zu verlieren, vielleicht sogar in der verhassten Hartz-Klasse zu landen und dann mit diesem Makel behaftet zu sein.

Wie frei...

... kann ein Mensch sein, der etwas zu verlieren hat?

Kann es sich der Redakteur, der Frau und Kinder zu ernähren hat, erlauben seinen Job aufs Spiel zu setzen, indem er von der ihm vorgegeben Meinung abweicht? So einfach, wie manche denken, ist es hier in Deutschland nicht den Mund aufzumachen, trotz einer grundgesetzlich garantierten Meinungsfreiheit.

In der echten Staatsform hingegen...

... ist die Schwelle das, was ist, auszusprechen gar nicht da, denn der Mensch kann in ihr seine Arbeit nicht verlieren, weil er Mensch ist, und Mensch zu sein die Arbeit ist. Im Gegenteil, er verliert seine Arbeit, wenn er nicht Mensch ist, denn dann verliert er sich. Er verliert also seine Arbeit, wenn er nicht die Wahrheit sagt. Es ist in dieser Staatsform unendlich leichter die Wahrheit auszusprechen, was ihr damit wiederum zugute kommt. Die Wahrheit ist willkommen.

Die durch diese Medien...

... erzeugten Stimmungen, und damit Stimmen, verhindern, dass kritisch berichtet wird, auch einmal eine andere Seite von Deutschland gezeigt wird, eine, die nicht so strahlend ist und einen Wahlausgang verändern würde, verhindern aber auch, dass neue Gedanken, neue Ideen, neue Argumente, näher an der Wahrheit, die auch die Freiheit ist, liegend, in der Gesellschaft diskutiert werden, etwa die Frage des bedingungslosen Grundeinkommens oder die Problematik der Leiharbeit, oder gar, dass Mensch zu sein, die Arbeit ist.

Diese Presse ist also gar keine Vierte Gewalt?

Nein, denn ihre Gewalt ist nicht gewaltlos. Wegen ihrer einseitigen Meinungsmache ist sie nicht durch die Unabhängigkeit mit dem Volk verbunden. Ihre Verbindung ist relativ, absolut aber müsste sie sein, dann wäre ihre Abhängigkeit die Unabhängigkeit, und ihre Meinung die Wahrheit, die allein die Meinungshoheit (Deutungshoheit) über die Dinge ist.

Ich habe in meinem Leben...

.... schon viele Jobs gemacht. Ich möchte sagen Jobs, um nicht das edle Tun, das die Arbeit ist, zu beschmutzen. Jobs, die anspruchsvoll waren und Jobs als Hilfsarbeiter. Wann immer ich den Mund aufgemacht habe und etwas in Frage stellte, und war dies noch so höflich und zurückhaltend artikuliert, wurde dies als Angriff gewertet, nicht aber gefragt, ob an dem, was der Scherer da sagt, etwas dran sein könnte, auch vielleicht etwas, was uns, das gesamte Unternehmen, weiter bringen könnte. Es war immer derselbe Tenor, der klar machte, dass es nur darum ging das Maul zu halten und zu arbeiten, weshalb ich mit den o.g. 48 Gesetzen, die ja den Umgang mit der relativen Macht beschreiben, in der Arbeitswelt gut zurechtkam, ich als Mensch aber mehr und mehr verlor und mir das Kôan Mu, das zur Freiheit führt, dann glücklicherweise einen Strich durch die Rechnung machte, indem es das Ganze herumdrehte und sagte: Du verlierst nicht mehr als Mensch, und der Rest ist egal.

Gott interessiert nicht...

... wenn irgendein Vollidiot von Chef meint, seine Firma sei der Mittelpunkt der Welt und die ach so tollen Ethik-Regeln, die er aufgestellt und schön eingerahmt an die Wand gehängt hat, würden in der gesamten Schöpfung gelten. Gott interessiert nicht dieses ganze beschissene Managementgequatsche von Umstrukturierung, von Optimierung, von „Es gibt keine Krisen, nur Herausforderungen" u.ä.

Gott interessiert einzig, wie sehr der Mensch Mensch ist.

Malcolm X spricht...

... diesen Tenor, dem auch ich ständig ausgesetzt war, an, wobei es jetzt an dieser Stelle nicht um die Frage von weiß oder schwarz geht:

Weil seht, der Weiße ist mit niemandem einig, der nicht für ihn ist. Es interessiert ihn nicht, ob du für richtig oder falsch bist, er will wissen, bist du für ihn. Und wenn du für ihn bist, interessiert er sich nicht für was du sonst bist.

Frei würde...

... bedeuten, es wird gerecht zwischen richtig und falsch unterschieden. Es würde dann um unser aller Sache gehen.

Wenn man sich...

... durch das Hinterfragen dann einige Male die Finger oder besser den Mund verbrannt hat, und sieht, wie andere vor einem befördert werden, wie andere übernommen werden, wie der eigene Vertrag nicht verlängert wird, wie man Arbeiten erledigen muss, die besonders gefährlich oder besonders schmutzig sind, wie man plötzlich auf einem Abstellgleis steht, in nichts mehr einbezogen wird etc., dann wird sich auch der letzte Mensch irgendwann überlegen, ob es sich lohnt noch einmal den Mund aufzumachen und sich konstruktiv zu äußern. Das ist das Klima der deutschen Arbeitswelt. Das ist das gewünschte Klima des Neoliberalismus. Die Angst soll der Antrieb sein, nicht die Freiheit.

Verstärkt wird die Angst dieser ekelerregenden Arbeitswelt...

... durch die noch ekelerregenderen Hartz-Gesetze, die den Menschen endgültig zum Menschen zweiter Klasse machen, also sagen, wer nicht arbeitet, ist kein Mensch. Gehört nicht dazu. Gehört nicht zur Gesellschaft. Er ist nur ein Schmarotzer.

Die Hartz-Gesetze unterstützen das System der Angst, indem sie dem Menschen aufgrund der existenzgefährdenden Sanktionsmöglichkeiten keine Möglichkeit geben nein zu sagen, er also alles mitmachen muss, was das System fordert.

Doch aus Angst kann nichts Gutes entstehen. Es ist die Freiheit, die das Gute, das Kreative, erschafft.

So ist Freiheit in Deutschland...

... eine Illusion. Man hat den Menschen eingeredet,

all dies müsse so sein und es gäbe keine Alternative. Doch wie oben beschrieben, geht es im Zen darum, alle Illusion zu überwinden, um zur Freiheit zu gelangen. In Zen liegt also ein revolutionäres Element, ein Element, das die Dinge hinterfragt.

Mal angenommen Deutschland würde sich besinnen. Was müsste getan werden, um Freiheit in Deutschland tatsächlich zu erschaffen?

Es müsste die echte Staatsform angestrebt werden. Sie ist die höchste Souveränität.

Hierzu müsste Deutschland all das loslassen, was der Mensch nicht ist, was nicht zu ihm gehört, was voraussetzt sich tief um eine Antwort zu bemühen, wer der Mensch ist, was dann auch beantwortet, wer er nicht ist.

Ein guter Beginn wäre die Abschaffung der Hartz-Gesetze, wie auch der Leiharbeit, damit wäre schon viel erreicht. Würde dann noch ein bedingungsloses Grundeinkommen eingeführt, wäre der Mensch ein gutes Stückchen näher in den Mittelpunkt der Betrachtung gerückt, dort wo er hingehört. Dies würde die Demokratie stärken, also Volk und Herrscher etwas zusammenrücken lassen. Die Entfernung (Entfremdung) verkürzen. Der Mensch würde nicht mehr nur über die Arbeit definiert.

Würde bei einem bedingungslosen Grundeinkommen überhaupt noch jemand arbeiten?

Die Entspannung, die sich ergibt aus der Freiheit nein zu dem zu sagen, was nicht zu einem gehört, also die Balance zu dem ja wieder herzustellen, würde dazu führen, wieder mehr die Frage nach dem Mensch zu stellen, also mehr Mensch zu sein, mehr Zeit für sich zu haben, sich fallen zu lassen, zu sich zu finden und damit die Arbeit erhöhen, weil Mensch zu sein ja die Arbeit ist. Es würde dann also mehr gearbeitet als durch den Zwang der Hartz-Gesetze. Diese Arbeit wäre von Wert, nicht die Verbilligung (Degradierung) des Menschen, um jeden noch so miesen, verhassten Job annehmen zu müssen und sich unter Wert, wie dies etwa bei der Leiharbeit System ist, zu verkaufen.

Die Leiharbeit, was ist denn ihre Problematik, warum darf es sie denn nicht geben?

Man könnte jetzt aus der Anonymität heraus argumentieren, die nicht der Namenslosigkeit des Absoluten entspricht, dass etwa der Arbeitnehmer nicht mehr so ganz genau weiß, für wen er arbeitet und der Arbeitgeber nicht mehr so ganz genau weiß, wer für ihn arbeitet, also eine Entfremdung stattfindet zwischen den Dualen Nehmen und Geben, man könnte argumentieren, dass die Bezahlung nicht von dem Ort aus erfolgt, an dem gearbeitet wird, also kein Bezug zwischen Geben und Nehmen herstellbar ist, man könnte argumentieren, dass das Absolute klassenlos ist, es also keinen Arbeitnehmer erster und zweiter Klasse gibt, man könnte argumentieren, dass es in dem Absoluten kein Dazwischen gibt, also religiös ausgedrückt Gott unmittelbar ist, es damit keinen Zwischenhändler gibt, wie etwa der Zuhälter zwischen Prostituierte und Freier, der die Prostituierte unter verlogenen „Argumenten" um einen Teil ihres Lohns betrügt, doch ich möchte nur einen kleinen Satz sagen, mit dem zu dem Thema der Leiharbeit alles gesagt ist, und dieser lautet religiös ausgedrückt:

Es gibt keinen Leihgott. Punkt.

Der Neoliberalismus...

... der u.a. die Leiharbeit als geeignetes Mittel einer Wirtschaft propagiert, widerspricht damit der Freiheit.

Aber führt nicht die Leiharbeit zur Arbeit?

Nein, Gott führt zu Gott.

Wenn es Leiharbeit gäbe, stellte sich die Frage, warum es dann nicht auch einen Leih-Bundeskanzler gäbe, wäre doch sicherlich billiger. Nein, entweder du bist es, also das Echte, oder du bist es nicht. Das ist der Ausdruck des Absoluten, der Ausdruck der Unteilbarkeit. Verleiht sich Gott, so verleiht er Gott, d.h. es gibt keinen Leihgott, nur den Echten.

Aber muss nicht alles getan werden, damit der Mensch in Arbeit gebracht wird?

Nein, es muss alles getan werden, damit der Mensch Mensch ist, dann hat er gearbeitet. Sozial ist also nicht, was Arbeit schafft, sondern sozial ist nur das, was den Menschen erschafft. Oder wie die Piratenpartei auf ihren Plakaten zur letzten Bundestagswahl schrieb: „Sozial ist, was die Würde erschafft."

Ein anderes Thema, Sie zitieren oft den indischen Guru Ramana Maharshi...

Bhagavan Sri Ramana Maharshi (1879 - 1950) war ein Mensch von tiefster Weisheit. So sind seine Antworten, die er den Menschen gibt, soweit es mir mein Bemühen um Mu, das ja die Weisheit ist, erlaubt dies zu beurteilen.

Im Mittelpunkt seiner Aussagen steht die Frage „Wer bin ich?" Sie ist dieselbe Frage „Was ist Mu?" Es geht ihm darum den Ich-Gedanken zu überwinden, der dann das Selbst, sprich Gott, offenbart, worum es auch Zen geht. Seine Aussage „Denken Sie „Ich, ich, ich...", - und halten Sie daran fest, unter Ausschluss aller anderen Gedanken" drückt in einem Satz die Arbeit mit dem Kôan Mu aus. Man kann sagen, dass Ramana Maharshi ein bedeutender Zen-Meister ist, auch wenn er mit Zen nichts zu tun hatte.

In derselben allerhöchsten Liga...

... wie Ramana Maharshi spielt Sri Nisargadatta Maharaj. Er gibt unfassbar gute Antworten auf das, was die Menschen ihn fragen. Ihn vorzustellen überlasse ich ihm selbst. Aus dem Buch „I am that":

Ich bin kein Mensch in eurem Sinne des Wortes, auch wenn ich euch als ein Mensch erscheinen möge. Ich bin dieser unendliche Ozean des Bewusstseins, in dem alles geschieht. Auch bin ich jenseits aller Existenz und Erkenntnis, reine Glückseligkeit des Daseins. Es gibt nichts von dem ich getrennt bin, daher bin ich alles. Kein Ding ist mich, so bin ich nichts. Dieselbe Kraft, die das Feuer brennen lässt und das Wasser fließen, die Samen sprießen und die Bäume wachsen, lässt mich eure Fragen beantworten.

Sein Name bedeutet übrigens: Der, der im natürlichen Zustand jenseits der Erscheinungsform wohnt.

Wenn ich mich...

... mal ganz bescheiden, mit den beiden „vergleichen" wollte, so liegt der Unterschied darin, dass ich nicht nur nicht die Tiefe ihrer Antworten erreiche, sondern sie wirklich das sagen, was sie denken, also ihre Gedankenlosigkeit, ihr Leersein, d.h. ihr Gottsein, bedingungslos ausdrücken, während ich hier und da manchmal noch bedingt bin und das sage, was ich denke, was Menschen hören möchten. Nur in persönlichen Begegnungen, nicht bei diesem Buch, das ist hoffentlich hemmungslos geschrieben. Bedingt zu sein bedeutet aber, dass ich durch Fragen der Menschen noch in die Enge getrieben werden kann, während das bei Sri Ramana Maharshi und Sri Nisargadatta Maharaj nicht vorkommt. Sie sind nie um eine Antwort verlegen, sie haben immer eine Antwort, und zwar die Richtige. Sie sind jenseits von Frage und Antwort. Gott antwortet.

Ramana Maharshi:

Nur der, der das Selbst im Herzen verwirklicht hat, hat die Wahrheit erkannt. Indem er die Dualität transzendiert, ist er nie perplex (verlegen).

In die Enge getrieben, heißt das, in den Verstand verstrickt?

Ja.

Übrigens heißt dies, dass Gott nicht verhört werden kann. Er kann nicht gezwungen werden zu gestehen, dass er Gott ist.

Oder anders ausgedrückt: Gott kann nicht in Widersprüche verwickelt werden, weil er zu nichts im Widerspruch steht.

Er verliert nie die Fassung, weil er keine hat, Gott ist fassungslos. „Guter Cop, böser Cop" kann man mit

Gott nicht spielen, weil er gut und böse überwunden hat.

Ist nicht auch Jesus Christus ein bedeutender Zen-Meister?

Ja, interessant dazu die folgende Anekdote aus dem Buch „Ohne Worte - ohne Schweigen" von Paul Reps:

Nicht fern der Buddhaschaft

Ein Universitätsstudent, der Gasan (Joseki, Soto-Zen-Meister, 1275 - 1366) besuchte, fragte ihn: „Haben Sie jemals die christliche Bibel gelesen?" „Nein, lies sie mir vor", sagte Gasan. Der Student öffnete die Bibel und las aus dem Matthäus-Evangelium: „Und warum sorgt ihr euch um Kleidung? Betrachtet die Lilien auf dem Felde, wie sie wachsen; sie arbeiten nicht und spinnen nicht, und doch sage ich euch: Selbst Salomon in all seiner Pracht war nicht gekleidet wie eine von ihnen … Sorgt euch darum nicht ängstlich um den morgigen Tag, denn der morgige Tag wird für sich selbst sorgen." Gasan sagte: „Wer solche Worte aussprach, ist meiner Meinung nach ein erleuchteter Mensch." Der Student fuhr fort zu lesen: „Bittet, und es wird euch gegeben werden; suchet und ihr werdet finden, klopfet an, und es wird euch aufgetan werden. Denn wer bittet, empfängt; wer suchet, der findet; wer anklopft, dem wird aufgetan werden." Gasan bemerkte: „Das ist ausgezeichnet. Wer das sagte, ist nicht fern der Buddhaschaft."

Jeder Mensch, der sich um die Wahrheit, also das Absolute, bemüht und das Bemühen zur Wahrheit wird, ist Zen-Meister. Man muss es, um dies nochmals zu erwähnen, nicht Zen nennen, weil Zen namenslos ist. Sie sind Meister der Wahrheit. Wer also sagt, Erlösung finde nur durch Jesus Christus statt, darf diesen Namen nur als namenlosen Namen begreifen, sonst verweigert er Jesus Christus die Meisterschaft und degradiert damit gerade den, dem er so eifrig folgen möchte.

Ein solcher Meister der Wahrheit war sicher auch Meister Eckhart...

Ja, interessant ist, dass auch Meister Eckhart (1260 - 1328) in der Lage war, die Arbeit am Kôan Mu, das er sicherlich nicht kannte, mit einem Satz zusammenzufassen:

Wer werden will, was er sein sollte, der muss lassen, was er jetzt ist.

Einen solchen Satz zu formulieren, zeigt sein tiefes Verständnis von Gott, er wusste, worum es ging.

Erwähnenswert ist...

... dass Meister Eckhart die Zehn Gebote im Original gelesen hat, in denen es nicht heißt: „Du sollst nicht töten, du sollst nicht stehlen usw.", sondern: „Du wirst nicht töten, du wirst nicht stehlen...", nur eine kleine Änderung, die aber ein völlig anderes Licht auf die Zehn Gebote wirft, denn wenn der Mensch mit Gott eins ist, also ichlos ist, so ist er nicht mehr so, dass er tötet, dass er stiehlt etc. Das Töten, Stehlen etc. ist nicht mehr in ihm, also muss er nichts befolgen, weil er durch das Einssein schon gefolgt ist. Er hat durch die Ichlosigkeit schon seine Absicht bewiesen sich dem Willen Gottes nicht zu widersetzen und dessen Ich an seine Stelle gesetzt. Ein solcher Mensch stiehlt nicht, auch wenn er stiehlt.

Was für ein Fall könnte das denn sein?

Etwa das Plündern eines Supermarktes nach einer Naturkatastrophe, um der hungernden Bevölkerung zu helfen. Das Stehlen kann dann nicht mehr Stehlen genannt werden, es verliert seinen Begriff. Gott selbst hat den Begriff geändert und ihn durch sich ersetzt. Anders ausgedrückt: Gott war der, der stahl, doch Gottes Stehlen ist Gott.

Es gibt damit keine zehn Gebote, auch nicht neun oder elf, sondern Gott ist das eine Gebot, das alle Dinge umfasst, sodass die Zehn Gebote tatsächlich eine Nicht-Aufzählung ohne Anfang und Ende sind, d.h. Gott Anfang und Ende ist. Der Mensch muss sich also nicht ständig fragen, was er noch falsch getan habe, aber auch nicht meinen, nur weil er sich an die zehn gehalten habe, gäbe es nicht ein elftes, zwölftes etc.

Welcher Fall könnte der des Tötens oder des Ehebrechens sein?

Das Töten, das seinen Begriff verliert und durch Gott ersetzt wird, also Gott tötet, das dann aber Gott ist, könnte etwa ein Mensch sein, der von einem anderen angegriffen wird, dieser zu seinem Schutz den Arm hebt und dabei den Angreifer so unglücklich trifft, dass dieser hinfällt und mit dem Kopf auf einen Stein aufschlägt und dabei stirbt.

Das Einssein mit Gott ist also absichtslos?

Ja, absichtslos, ichlos, ohne Mutwille, ohne Eigenwille. Oder anders ausgedrückt: Gottes Wille ist willenlos.

Der Fall des Ehebrechens...

... könnte eine Ehe sein, die längst eine Lüge ist. Eine Ehe, in der sich die Ehepartnerin oder der Ehepartner anderen Menschen zuwendet, weil sie eh nur noch formal, und damit nicht im Wesen, besteht, also gar keine Ehe mehr ist und damit auch nichts, was gebrochen werden könnte, weil sie schon gebrochen ist. Der Begriff des Ehebruches wird also zum Begriff der durch Gott berechtigten Suche nach der Wahrheit (Gott), um die Lüge (Falschheit) zu überwinden. Oder anders ausgedrückt: Gott ist der Ehebrecher.

In der Ichlosigkeit liegt also alle Schuld bei Gott. Weil aber die Schuld von Gott Gott ist, ist Gott ohne Schuld (Sünde).

Dann eignen sich die Zehn Gebote in der Originalfassung also nicht als ein Mittel zur Unterdrückung des Menschen?

Nein, bist du eins mit Gott, so bist du frei. Du hast alles getan, was zu tun ist. Was könntest du mehr tun als Gott?

Es ist geradezu Ausdruck der relativen Macht, den Menschen, sei es im Kapitalismus oder in der Religion, immer in Schuld(en), und damit in Abhängigkeit, zu halten, wohingegen die absolute Macht, d.h. Gott, den Menschen von der Schuld befreit, die Freiheit also die Abhängigkeit ist. Nur die Freiheit ist tatsächlich Religion.

Die Aussage Lenins „Religion ist Opium für das Volk" gilt also nicht, wenn die Religion Gott ist, und nur diese ist Religion, da der, der Gott erkennt, erwacht ist.

Meister der Wahrheit...

… der heutigen Zeit ist, so meine ich, auch Eckhart Tolle. Mit neunundzwanzig Jahren kam er aus tiefem Unglücklichsein zu der innerlichen Aussage: „Ich halte es mit mir nicht mehr aus". Diese Aussage der Verzweiflung verwunderte ihn, und er fragte sich, wer es mit wem nicht mehr aushalte. Wer war Wer und wer war Wem? War er denn einer oder zwei? Diese Verwunderung ließ ihn die Antwort tief in sich erfahren und wandelte sein Unglücklichsein über Nacht in das Gegenteil.

Auch er gibt den Menschen sehr gute, weise Antworten. Antworten, die sehr eng mit Zen verbunden sind. Im Grunde sind sie Zen. So etwa sein ständiger Hinweis im Jetzt zu sein, in der Gegenwart, denn der Mensch, der in Mu ist, kennt kein Gestern und kein Morgen, das Kein, also Mu, ist der ewige Moment des Jetzt. Das Jetzt, das Jesus oben so ausdrückt: *„Sorgt euch darum nicht ängstlich um den morgigen Tag, denn der morgige Tag wird für sich selbst sorgen."* Ebenso ist es Zen, wenn er von der Stille spricht, der Gedankenstille, denn denkt der Mensch Mu, so ist er gedankenlos, d.h. frei von Gedanken. Oder wenn er von der selektiven Wahrnehmung spricht, die der Mensch hat, der noch nicht ichlos ist, der also noch durch die Augen der Bedingung (Relativität) sieht und sich dann durch die Selektion die Dinge aussucht, die ihn in seinem Vorurteil bestätigen und ihn sagen lassen: „Siehst du, ich habs dir ja gesagt". Sehr gut ist, so finde ich, dass Eckhart Tolle aus dem Westen kommt und damit Beispiel für all diejenigen ist, die glauben, dass es Erleuchtung nur im Osten gäbe und dass dafür ein bestimmter Lebensstil (Kloster, Ashram) notwendig sei. An seinem enormen Erfolg (Bestseller-Autor etc.) ist es interessant zu sehen, wieviele Menschen doch nach Spiritualität suchen.

Eckhart Tolle:

Gott, oder deine wesentliche Natur, ist nicht etwas, ist kein Gehalt (Fassung), ist keine Form. Die beste Beschreibung durch Worte ist es Nicht zu sagen. Was es nicht ist und dann verbleibst du mit dem, was es ist, was nicht benannt werden kann, aber erfahren werden kann, aber nicht begrifflich erfahren werden kann, weil jeder Begriff wiederum ein Name und eine Form ist. Es kann einfach und leicht erfahren werden in dem lautlosen Raum der Stille, die in jedem ist.

Ich frage mich aber, ob...

... all die, die ihm so zahlreich zustimmen und andächtig nicken, wenn er vom (Hier und) Jetzt spricht, wissen, dass das Leben im (Hier und) Jetzt dem Neoliberalismus eine Absage erteilt, aus der sich auch die Wahl anderer Parteien ergeben könnte? Ob all diesen bewusst ist, dass mit dem Leben im (Hier und) Jetzt die o.g. echte Staatsform verwirklicht wird, der führerlose Staat, die Nicht-Anarchie, die ohne Ego ist, in der also die Ichlosigkeit führt (herrscht)? Ob sie das wirklich so wollen?

Ein kurze Anmerkung am Rande...

… Im sprachlich oft gebrauchten Hier und Jetzt zu sein, gelingt nur in der Ichlosigkeit, also nur wenn der Mensch ohne Ego ist, d.h. Mu sein Ich ist. Nur dann ist der eine Moment der All-Moment. Dann aber ist es überflüssig Hier **und** Jetzt zu sagen, denn das Hier ist dann das Jetzt, der Raum ist die Zeit. In diesem bewegungslosen All-Moment ist der Mensch ohne all das, was ist, d.h. nichts haftet an ihm. Er ist jenseits der Zeit, jenseits des Raumes, er ist überall. Er ist das Universum.

Ein weiterer Meister der Wahrheit war sicherlich auch Morihei Ueshiba, der Begründer des Aikido?

Ja, Morihei Ueshiba (1883 - 1969) drückte die Wahrheit durch Aikido aus, so wie Awa Kenzo, der japanische Kyūdō-Meister von Eugen Herrigel, durch das Bogenschießen. Ueshibas Aussage *„Ich bin die Leere selbst"* aus dem Buch „Der Weg des Aikido" von André Nocquet beschreibt geradezu die Ichlosigkeit, die Mu ist. Aus dieser kämpft Ueshiba, sodass nicht er kämpft, sondern es kämpft, oder religiös ausgedrückt Gott kämpft durch ihn, was Ueshibas Aussage ist: *„Wer gegen mich kämpft, muss gegen das Universum kämpfen."*

So berichtet die New Yorkerin Virgina Mayhew, die in den sechziger Jahren zwei Jahre lang Schülerin von Ueshiba war, in dem amerikanischen Kampfsport-Magazin „Black Belt" (April 88):

Kein Schwert konnte ihn berühren, kein Stock ihm nahe kommen. Er demonstrierte dies gewöhnlich mit einem kleinen Eisenfächer, in der Mitte der Matte ste-

hend, als drei oder vier seiner stärksten Lehrer ihn mit hölzernen Stangen attackierten. Und sie konnten ihn einfach nicht finden. Aber auch wenn du genau hinsahst, konntest du nicht wirklich sehen, was er tat, um dies zu vermeiden und keine dieser hochrangigen Schüler waren schmächtige Männer. Sie waren alle stark und hatten ein gutes Auge. Aber irgendwie war er nicht da, um berührt zu werden. Du kannst den Geist nicht berühren. Du kannst nicht etwas verletzen, was nicht da ist.

Der Aikidoka...

... der diese Leere (Mu) aus jeder (Kampf)Situation machen kann, bietet dem Gegner keinen Widerstand. Ohne Widerstand aber wird der Gegner zum Nicht-Gegner. Dem Aikidoka, dem es also gelingt, seinen durch die Ichlosigkeit leeren Geist in Übereinstimmung mit dem Körper zu bringen und damit der Aufforderung Ueshibas folgt, die da lautet: „Eure Schwerthand oder Faust muss in ihrer Bewegung Yin und Yang vereinen.", kann von seinem „Gegner" nicht gefunden werden, sodass dieser mit sich selbst kämpfen muss und durch die eigene Kraft (Ich) fällt. Der ichlose Aikidoka nimmt also keinen Kampf an, auch wenn er kämpft. Sein Kampf ist kampflos. Weil er so nie kämpft, ist er immer Sieger.

Interessant hierzu aus einem Interview die Aussage von Takeda Tokimune, dem Sohn des großen Aikijutsu-Kämpfers Takeda Sokaku (1859 - 1943), dem letzten Samurai und Lehrer von Morihei Ueshiba:

Aiki ist zu ziehen, wenn du gestoßen wirst, und zu stoßen, wenn du gezogen wirst. Es ist der Geist von Langsamkeit und Geschwindigkeit, (der Geist) von der Harmonisierung deiner Bewegung mit dem Ki des Gegners. Sein Gegenteil, Kiai, geht bis zum Äußersten, **wohingegen Aiki niemals Widerstand leistet.**

Ueshiba...

... brachte die Übereinstimmung von Körper und Geist in eine höchste, d.h. absolute Perfektion. Sie ist die Überwindung der Technik. Ein Beobachter schrieb: „Mir fiel auf, dass er die Technik verlassen hatte und nur noch zwei Finger benutzte..." Diese Ichlosigkeit ist aufgrund der Nähe (Einssein) zur Schöpfung und der damit verbundenen Fähigkeit zu deren Bewahrung die naturgegebene Berechtigung zur Führung des Gegners. Sie gibt dem Gegner das, was dieser braucht, um sein egoistisches Anhaften zu überwinden und bewirkt dessen Wesensveränderung hin zur Einsicht (der Zwecklosigkeit eines Kampfes).

Aikido beantwortet also auch die Frage der Berechtigung eines Kampfes?

Das sollte Aikido, indem es den Schüler die Ichlosigkeit „lehrt".

Als ich als junger Mann...

... Kampfkünste betrieb, war ich begeistert von den Techniken, die diese boten, aber ich fragte mich auch immer: „Ab wann kämpfst du denn? Ab wann bist du zum Kampf berechtigt? Und wer gibt dir diese Berechtigung? Kämpfst du schon bei einer Beleidigung, oder einem Anrempeln, oder nur dann, wenn deine Freundin beleidigt wird? Oder erst wenn dir einer die Zähne einschlägt?" Was ist der berechtigte Auslöser?

Die Frage der Berechtigung wird in den Kampfkünsten heutzutage kaum behandelt. Längst sind sie, bis auf sehr wenige Ausnahmen, losgelöst von ihrem religiösen Hintergrund, in den sie jahrhundertelang eingebettet waren und der diese Frage klärte, wie etwa die Samurai in den Zen-Buddhismus. Zu sehr wird auf die Schulung des Körpers und nicht auf die des Geistes Wert gelegt. Doch gerade die Frage des leeren Geistes ist die wichtigste, denn wenn hinter den Techniken nicht die Ichlosigkeit steht, also nicht der absichtslose Geist, und damit die Gewaltlosigkeit, sind alle Techniken nutzlos. Steht hinter ihnen der Egoismus, so werden die Techniken missbraucht. Ich suchte sehr viele Bücher nur nach dieser einen Frage ab, doch fand so gut wie nichts. Manche Bücher kamen mit Gesetzen, etwa dem Strafgesetzbuch und dem Notwehrparagraphen, doch das war nicht das, um was es mir ging.

Auch Ueshiba...

... ging es nicht um das Meistern von Techniken, sondern um das Wesen des Budo, wie seine folgenden Worte zeigen:

Ich richtete mein Augenmerk auf Budo (Weg des Kriegers), als ich ca. fünfzehn Jahre alt war und besuchte Lehrer der Schwertkunst und des Jujitsu in verschiedenen Provinzen. Ich meisterte die Geheimnisse dieser alten Traditionen alle innerhalb weniger Monate. Aber es gab niemanden, der mich das Wesen des Budo lehren konnte - das Einzige, das mein Verlangen befriedigen konnte. So klopfte ich an an den Toren verschiedener Religionen. Aber ich konnte keine konkreten Antworten erhalten.

Dann im Frühling des Jahres 1925, als ich im Garten spazierte, fühlte ich das Universum plötzlich erbeben und ein goldener Geist sich aus der Erde erhebend, verhüllte meinen Körper und verwandelte ihn in einen goldenen. Zur selben Zeit wurde mein Geist und Körper leicht. Ich konnte das Flüstern der Vögel verstehen, und mir wurde das Dasein Gottes, der Erschaffer des Universums, klar bewusst. Zur selben Zeit wurde ich erleuchtet. Die Quelle des Budo ist Gottes Liebe. Der Geist des liebenden Beschützens aller Wesen. Endlose Tränen strömten an meinen Wangen herab.

Seit dieser Zeit wuchs mein Verstehen, dass die gesamte Erde mein zuhause ist und die Sonne, Mond und die Sterne alle meine eigenen Dinge sind. Ich wurde frei von allen Wünschen, nicht nur nach Rang, Ruhm oder Besitz, sondern auch von dem Wunsch stark zu sein. **Ich verstand, dass Budo nicht das Werfen des Gegners durch unsere Kraft ist, auch nicht ein Werkzeug, um die Welt durch Waffen in die Zerstörung zu führen. Das wahre Budo ist den Geist des Universums zu akzeptieren, den Frieden in der Welt zu erhalten,** *alle Dinge der Natur in richtiger Weise zu produzieren, zu schützen und zu kultivieren und aufzunehmen und zu verwerten in unserem eigenen Geist und Körper.*

Sie sagen Aikido sollte die Frage der Berechtigung klären. Sind denn nicht bereits die Techniken dazu geeignet die Ichlosigkeit, dieses Wesen des Budo, zu erzielen?

In der Tat scheinen die Techniken alleine in gewissem Maße dazu geeignet die Ichlosigkeit zu erhalten. Wenn man etwa das Yoga betrachtet, das bewusste Anspannen und Entspannen in einer Formation, das dazu führt, dass der Mensch im Yoga den Unterschied zwischen Anspannung und Entspannung erfährt. Der Unterschied zwischen den Gegensätzen ist der Weg zur Weisheit, sodass also in diesem Sinne alleine die Techniken dafür sorgen mögen, dass der Mensch Weisheit erlangt. Das gilt auch für das Aikido oder etwa das Tai Chi und viele andere, dass die Körpererfahrung auch die Erfahrung des Selbst ist. Aber ich glaube, dass dies dennoch zu wenig ist.

Ich habe...

... in verschiedenen Kampfkünsten sogenannte Meister gekannt, auch hochrangige, die nichts von einer Ichlosigkeit hatten, obwohl sie die Techniken jahre- oder gar jahrzehntelang geübt hatten. Sie waren arrogant, sie stellten die Schüler vor anderen bloß, sie rissen das Maul weit auf, sie hatten etwas Machomässiges und versteckten sich hinter ihrer Graduierung, nur darauf basierte ihre Autorität. Wenn man mit ihnen etwas übte, machten sie daraus einen Kampf, immer wollten sie überlegen dastehen. Sie hatten so gar nichts von Weisheit. In einem echten Kampf würden sie das angemessene Maß, das Mu ist, und damit die Verhältnismäßigkeit, in der genug genug ist, nicht finden.

Ich glaube, dass es ohne den weisen Meister, der diese Techniken durch seine Weisheit beseelt, nicht geht. Oder aber der Schüler ist sich dieser Problematik bewusst und arbeitet selbst an seiner Ichlosigkeit, etwa mit dem Kôan Mu, wodurch er dann auch die Techniken besser verstehen wird, weil Mu die höchste Technik ist, die Techniklosigkeit, die Nicht-Technik.

Warum ist Aikido kein Sport?

Weil das Leben kein Sport ist. Es gibt im Leben keine definierten Umstände (Regeln), das Leben definiert sie.

So antwortet der große Bruce Lee auf die Frage, ob in einem Kampf alle Teile des Körpers zum Einsatz kommen könnten:

Du musst, verstehen Sie, weil das der Ausdruck des menschlichen Körpers ist. Alles, nicht nur die Hand! Wenn man über Kampf spricht. Wenn es ein Sport ist, spricht man von etwas anderem, mit Vorschriften und Regeln, aber wenn man über Kämpfen spricht...

Alle Sportveranstaltungen und -übertragungen etwa über Karate, Taekwondo, Judo etc. sind damit Unsinn. Ein reines Schauspiel. Ein Spektakel. Wenn ich schon sehe, wie der Kampfsportler triumphiert, wenn er einen Punkt dazu gewonnen hat und dann wie ein Irrer die Augen verdreht und beckerfaust-mässig durchdreht; das alles ist westliche Degeneration des eigentlichen Budo. Auch wenn manche argumentieren, dass es nur durch den Sport möglich gewesen sei, manche Kampfkunst zu erhalten. Ich sehe das sehr kritisch. Ich glaube, dass der Sport einen schlechten Einfluss auf Budo hat, weil es im Sport nur ums Gewinnen geht, mit seinen die Relativität ausdrückenden Ranglisten, ihren Ligen, während im Budo immer nur die Ichlosigkeit gewinnt, also auch das Verlieren Gewinnen sein kann.

Ritsue Otaki, Schwertmeister der Katori Shinto-Ryu:

Im modernen Kampfsport geht es oft um Rangordnungen und Wettkämpfe. Dabei ist der Geist der Kampfkünste ein ganz anderer. Natürlich muss man sich Stärke aneignen, aber diese Stärke muss auch eine innerliche sein. Wer seine Kraft nur nach außen kehrt, wird nur Gewalt provozieren. Stärke heißt eben auch Bescheidenheit zu zeigen.

Fumon Tanaka, Großmeister der Hyomon Enshin-Ryu:

Ich denke viele Japaner haben tief in ihrem Herzen noch den Geist der Samurai, aber im täglichen Leben vergessen das die meisten. Wir sind zu amerikanisiert, wir haben begonnen alles mit Geld zu bewerten. Heute ist es nur noch wichtig, ob man ein gutes Haus besitzt oder ein tolles Auto fährt, aber der Geist unserer Vorfahren war ein anderer, die Ehre war wichtig, und dass man jeden Moment sein Bestes gibt. Das ist der Geist des Bushido, den wir nicht vergessen dürfen.

Als Kind hatte ich...

... einige Jahre Judo ausgeübt, bis zum Grüngurt. Da waren welche, die Judo in der Amateurklasse betrieben. Bei ihnen war immer etwas kaputt, das Knie, die Gelenke, immer war etwas mit langen Bandagen verbunden. Dabei geht es doch um die Erhaltung des Körpers, nicht um das Zerstören. Es geht doch um den sensiblen Umgang mit sich und dem Mitschüler, was natürlich nicht ausschließt, dass man auch mal unglücklich fällt und sich dabei verletzt. Aber die Verletzung darf doch nicht im System selbst liegen, zumal Judo von dem Begründer Jigaro Kano nur als Leibeserziehung gedacht war.

Hierzu eine weitere Stelle aus dem Interview mit Takeda Tokimune:

Sie erwähnten, dass Ihr Vater Sokaku Takeda ein Freund von Jigoro Kano war, dem Begründer des Judo. Könnten Sie uns mehr über ihre Verbindung sagen?

Tokimune: Ja, sie trafen sich oft. Herr Kano und Sokaku waren enge Freunde, da sie beide Kampfkünstler gleichen Alters waren. Sie trafen sich oft in Tokio. Herr Kano schuf Judo basierend auf den Kito-ryu und Tenshin Shinyo-ryu jujutsu Schulen. Sokaku hatte auch klassische Kampfkünste ausgeübt. **Kano erschuf sein System als eine Methode der Leibeserziehung.** *Der Unterschied zwischen Daito-ryu Aikijutsu und Judo ist, dass wir im Daito-ryu keine Einer-gegen-Einen-Kämpfe haben.*

Zu der Zeit...

... als ich Judo betrieb, war vor allem Karate angesagt. Viele wechselten rüber zu Karate, weil sie auch wissen wollten, wie man schlägt und sich gegen Schläge verteidigt. Im Judo gibt es ja keine Schläge. Mir hat Karate nie gefallen, ich glaube, dass seine Techniken nicht funktionieren, und wenn, dann nur weil hohe Körperkraft dahintersteht. Vielleicht werden diese Techniken heute aber auch anders gelehrt als im alten Japan. Sehr viel interessanter finde ich da schon das im 19. Jahrhundert, laut Überlieferung, von der buddhistischen Nonne Ng Mui gegründete Wing

Chun. Dieses besitzt atemraubende Techniken, alle basierend auf einem einzigen Prinzip, das einmal mehr das Absolute ist. So wird, wenn beispielsweise der Schlag eines Gegners erfolgt, nicht wie im Karate, erst geblockt und dann geschlagen, also Verteidigung und Angriff als etwas getrenntes angesehen, sondern der Wing Chun Ausübende blockt und schlägt im selben Moment, Angriff und Verteidigung sind eins.

Wing Chun war übrigens die Kampfkunst, die Bruce Lee als erstes erlernte.

Verstand Bruce Lee die oben angesprochene Ichlosigkeit?

Ich denke ja, wobei ich mir nicht sicher bin, ob er sie nur verstandesgemäß verstand, indem er aufgrund seines Philosophie-Studiums an der Universität von Washington um sie wusste oder ob er tatsächlich selbst ichlos war, also die Transzendenz wahrnahm. Tatsächlich ist nur Letzteres das eigentliche Verstehen. Jedenfalls zielen seine Aussagen auf die Ichlosigkeit ab, etwa wenn er sagt, dass in jedem Menschen der Kampfstil verborgen sei und es gelte diesen in sich zu entdecken und freizulegen, der Kampfstil also individueller Selbstausdruck sei. Das passt, denn der höchste Selbstausdruck ist die Ichlosigkeit. Viele seiner Aussagen in seinem Tao des Jeet Kune Do, dem Stil den Lee ins Leben rief, sind pures Zen, etwa die Aussage keinen Weg als Weg zu verwenden, den Namen Jeet Kune Do letzten Endes als ausgelöscht zu betrachten oder formlos zu sein wie Wasser, um sich jeder Situation und jedem Kampfstil des Gegners anzupassen.

So Bruce Lee im Fernseh-Interview mit Pierre Berton von 1971:

Bruce Lee: … Was ich sage, ist tatsächlich eine Kombination von beidem, verstehen Sie. Hier ist der natürliche Instinkt, hier ist die Kontrolle, man soll die zwei in Harmonie miteinander kombinieren. Wenn das Eine ins Extrem geht, wirst du sehr unwissenschaftlich. Wenn das Andere ins Extrem geht, wirst du plötzlich mechanisch, nicht mehr menschlich. So ist es eine gelungene Kombination aus beidem, deshalb ist es nicht pure Natürlichkeit oder Unnatürlichkeit, das Ideal ist unnatürliche Natürlichkeit oder natürliche Unnatürlichkeit.

Pierre Berton: Yin und Yang?

Bruce Lee: Genau das ist es.

Bruce Lee dann weiter...

Sehen Sie, tatsächlich lehre ich nicht Karate, weil ich nicht mehr an Stile glaube. Ich glaube nicht, dass es so etwas wie einen chinesischen Weg des Kämpfens gibt, oder einen japanischen Weg des Kämpfens oder welchen Weg des Kämpfens auch immer. Weil solange ein Mensch nicht drei Arme und vier Beine hat, kann es keine unterschiedliche Form des Kämpfens geben. Grundsätzlich aber haben wir nur zwei Hände und zwei Füße, sodass Stile dazu tendieren den Menschen zu trennen, weil sie ihre eigenen Lehrmeinungen haben und die Lehrmeinung wird zum Evangelium der Wahrheit, die du nicht ändern kannst. Aber wenn du keine Stile hast, wenn du einfach sagst: „Hier bin ich als ein Mensch, wie kann ich mich vollständig und vollkommen ausdrücken?" - nun, auf diese Weise wirst du keinen Stil kreieren, weil ein Stil ein Herauskristallisieren ist. Diese Weise ist ein Prozess andauernden Wachsens.

Jeet Kune Do, also das, was sich herauskristallisiert, wenn der vollkommene Ausdruck gefunden ist, ist damit ein stilloser Stil, ein Nicht-Stil. Er ist das, was nach dem Leerwerden von dem Überflüssigen übrig bleibt.

Lee erläutert...

... dann, was (für ihn) Kampfkunst bedeutet:

Für mich bedeutet Kampfkunst letzten Endes sich ehrlich auszudrücken. Nun, das ist sehr schwierig zu tun. Ich meine, es ist leicht für mich eine Show zu machen und großspurig zu sein, und überschwemmt von dem großspurigen Gefühl, und mich dann ziemlich cool fühlend und all das. Oder ich kann alle Arten von unechten Dingen machen, verstehen Sie, was ich meine? Und davon geblendet sein. Oder ich kann Ihnen einige wirklich schicke Bewegungen zeigen, aber, sich ehr-

lich auszudrücken, sich nicht zu belügen, und sich ehrlich auszudrücken, das, mein Freund, ist sehr schwierig zu tun, und man muss trainieren. Man muss die Reflexe behalten, sodass es da ist, wenn du es willst. Wenn du dich bewegen willst, bewegst du dich und wenn du dich bewegst, bist du entschlossen dich zu bewegen. Nicht einen Zentimeter davon wegnehmen, nicht ein Stück weniger als das! Wenn ich schlagen will, werde ich es tun, Mann, und ich werde es tun! Das ist also das Ding, das du dir selbst gabst, um damit zu trainieren. Eins damit zu werden. Du denkst, und es ist.

Ein Schlag ist damit ein Schlag, keine Abweichung, keine Trennung von dem ein Schlag zu sein. Wenn Bruce Lee schlägt ist er der Schlag. Sein Wille ist Schlag. Sein gesamtes Wesen ist Schlag. Mehr kann ein Schlag nicht sein.

Und schließlich eine Aussage...

... die Bruce Lee in einer Episode der amerikanischen TV-Serie „Longstreet" spricht, in der er eine Nebenrolle spielte:

Leere deinen Geist, sei formlos, gestaltlos, wie Wasser. Tust du Wasser in eine Tasse, wird es die Tasse, tust du Wasser in eine Flasche, wird es die Flasche, tust du es in einen Teekessel, wird es die Teekanne. Nun, Wasser kann fließen, oder es kann zerschmettern. Sei wie Wasser, mein Freund.

Interessant auch...

... Linda Lees Aussage in einem Interview, in dem sie die Bedingungslosigkeit des Jeet Kune Do anspricht, dass es ihrem Ehemann also nicht darum ging, zu sagen, wenn dein Gegner dies tut, dann tust du das, und wenn er das tut, dann tust du jenes, sondern immer nur zu tun, was zu tun ist, unabhängig von dem, was der Gegner tut. Jeet Kune Do geht also immer seinen eigenen Weg und „zwingt" dem Gegner das Eigene auf. Es gibt im Jeet Kune Do sozusagen keinen Relativsatz (Bedingungssatz), es gibt kein „Wenn, dann", was die Absolutheit, die Stillosigkeit, des Jeet Kune Do nocheinmal unterstreicht.

Bruce Lee war ein Mensch...

... der die Kampfkünste akribischst untersuchte, um das, was er für wertvoll hielt, etwa auch das Boxen und Fechten, in sein systemloses System des Jeet Kune Do zu integrieren. Eine Wahnsinnsaufgabe, denn die Teile müssen ja so zusammengesetzt werden, dass der Teil das Ganze ist und nicht nur ein zusammengeschustertes Flickwerk entsteht. Es darf also nur ein Prinzip geben, sonst passen die Teile nicht zusammen und das System ist nicht in sich schlüssig. Zu verstehen ist, dass jeder, der in etwas sehr tief einsteigt, letzten Endes bei der Ichlosigkeit herauskommt, dem Grund aller Dinge, religiös ausgedrückt bei Gott. Oder wie Bruce Lee in dem o.g. Interview auch sagt: *„Alle Arten von Wissen bedeuten letz-*

ten Endes Selbsterkenntnis." Das ist auch die Aussage des Physikers und Nobelpreisträgers Werner Heisenberg (1901 - 1976): *„Der erste Trunk aus dem Becher der Naturwissenschaft macht atheistisch. Aber auf dem Grund des Bechers wartet Gott."* Egal, was es also ist, ob Physik, ob Bogenschießen, ob Gitarre spielen, am Ende findet der Mensch immer die Ichlosigkeit, er findet sich. Ein solcher Mensch spielt wahrhaft Gitarre, er ist die Gitarre, und die Gitarre spielt ihn. Das ist wahre Kunst. Das ist wahrer Selbstausdruck.

Dass Bruce Lee...

... mit nur zweiunddreißig Jahren verstarb, ist tragisch. Was für ein Verlust. Er hätte unsere Welt weiterhin sehr bereichert.

Wie immer wenn solche außergewöhnlichen Menschen sterben, kommen diejenigen heraus, die zu seinen Lebzeiten das Maul nicht aufbekommen haben, wie Chuck Norris, der in einem CNBC-Interview zum Ausdruck bringt, dass Bruce Lee in einem echten Kampf keine Chance gegen ihn gehabt hätte, weil er ja schließlich Profikämpfer im Ring gewesen sei, doch er vergisst, dass Bruce Lee das ganze Leben, 24 Stunden am Tag, 7 Tage die Woche, Profi war und nicht nur auf einen Wettkampf hin trainierte. Für Bruce Lee war das ganze Leben der Ring, das ganze Leben das Training. Er lebte die Kampfkunst. Er war die Kampfkunst.

Von der Kampfkunst zur Mathematik. Wie kamen Sie denn dazu die Mathematik aus den Augen von Zen, der ichlosen Sicht, zu betrachten?

Ich stieß auf die Mathematik, als ich auf den Kreis stieß. Von Zen auf den Kreis zu stoßen, ist nicht verwunderlich, weil der Kreis ohne Anfang und Ende ist, also jeder Punkt des Kreises Anfang und Ende ist, sich also verhält wie Mu bzw. religiös ausgedrückt wie Gott. Oder anders ausgedrückt: Das Ich eines jeden Menschen ist ein Kreis, der hin zur Ichlosigkeit, also hin zu Mu, zur Erleuchtung, immer kleiner und kleiner wird und in der Unendlichkeit als Punkt verschwindet.

Der Mensch, der sich um das Absolute bemüht, verkleinert also seinen Kreis?

Ja, er verkleinert mehr und mehr sein Ich und damit seinen Kreis, bis der in der Unendlichkeit verschwundene Punkt die Ichlosigkeit ist, sein mystischer Tod, sein Erwachen aus dem Traum, die Buddhaschaft, das Erkennen Gottes.

Wenn man sich diesen Kreis wie eine runde Uhr vorstellt mit einem Ziffernblatt, dann ist der Weg von 12 Uhr (Anfang) bis 24 Uhr (Ende), also einmal herum, bei dem nicht ichlosen Menschen, ein längerer, weil sein Kreis ein größerer ist. Bei einem solchen Menschen dauert es also länger bis er wieder bei sich ankommt, der Weg zum Ziel ist ein längerer, wohingegen bei dem ichlosen Menschen der Weg ein kurzer ist, so kurz, dass der Weg bereits das Ziel ist.

Dies ist die abgedroschene, weil von vielen dahin gesagte, doch nach wie vor edle Aussage: Der Weg ist das Ziel. Anfang, Ende und Weg sind eins.

Ist die Aussage „Der Weg ist das Ziel" dann nicht eine „Umschreibung" für Gott?

Ja, und deswegen ist sie edel. Die Aussage sagt: Gott geht weg, doch das Weggehen ist Gott, er war also nie weg, auch wenn er weg war. Oder anders ausgedrückt: Das Nicht ist sein Dasein.

Der Mensch, der nach dieser Aussage lebt, indem er diese Aussage ist, überlässt das Morgen dem Morgen, d.h. zwischen ihm und dem Ziel besteht keine Trennung, sodass er ziellos ist. Er nimmt sich so immer mit, ist immer da, bei sich, wach. Er ist immer angekommen. Das ist das absolute Carpe Diem. Der absolute Nutzen. Mehr kann aus einem Tag nicht herausgeholt werden, weil dieser eine Tag das ganze Leben ist. Dieser Mensch stirbt noch heute, weil es für ihn kein Morgen gibt. Jeder Tag ist sein letzter Tag.

Dann gibt es in dieser Aussage nicht das schmerzliche „Morgen fang ich an..."?

Nein, in ihr ist der Mensch immer schon mittendrin,

d.h. der Anfang ist das Ende. Es gibt kein Verschieben auf Morgen. Der Mensch tut, was zu tun ist. Das ist der bekannte Werbespruch „Just do it".

Wenn der Mensch also bei 12 Uhr weggeht und bei 24 Uhr ankommt, dann kommt er dort raus, wo er schon war?

Genau, und das ist das, was geschieht, wenn der Mensch Mu erkennt, er findet das, was ohnehin schon war. Das ist die Aussage: Es gibt nichts zu erreichen. Es gibt kein Ziel. Du bist schon da, wo du hinwillst, doch erst durch das Erkennen von Mu wird dir dies bewusst.

Die ganze Runde war also umsonst, und doch musste sie stattfinden, damit du erkennst, dass sie umsonst war. Sie war also nicht umsonst, um umsonst zu sein.

Der Kreis ist so, bis zu einem gewissen Maß, geeignet, Zen zu veranschaulichen. Selbstverständlich ist die 12 (24) nur ein Beispiel. Was für die 12 (24) gilt, gilt also für jeden Punkt auf der Kreislinie.

Sie befassten sich dann auch mit der transzendenten Zahl Pi?

Ja, vom Kreis zur Kreiszahl Pi ist es nicht weit.

Ich befasste mich bisher dreimal mit Pi, immer ein

bisschen tiefer als zuvor. Ich bemerkte dabei, dass ich die Mathematik so wie ich sie in der Schule gelernt hatte, zunächst völlig vergessen und sie mir von Grund auf neu erschließen musste, also: Was ist plus, was ist minus, was ist malnehmen, was ist teilen, was ist eine Zahl, warum sollte 1 plus 1 2 ergeben etc. Wie ein Erstklässler rollte ich alles wieder neu auf und fragte nach dem Wesen der Genannten.

Warum sich überhaupt mit Pi herumschlagen, man nimmt einfach die 3,14 und fertig, oder?

Das genügt dem Architekten, der mal einen Kreisumfang bestimmen möchte, aber es geht hier ja um die Unendlichkeit, also die Punkte hinter der 3,14, demnach um die 3,14..., es geht um das Wesen von Pi. Um tiefe Erkenntnis. Um die Frage: Wo beginnen die Punkte, vielleicht schon vor der 3?

Ist das denn so wichtig?

Ja, Pi betrifft alle Dinge. Wer Pi versteht, versteht alles.

Als ich mich...

... zum ersten Mal mit Pi befasste, wusste ich nicht, dass die Mathematik Pi als transzendent bezeichnet. Entweder hatte ich in der Schule nicht aufgepasst oder es vergessen, oder es wurde gar nicht erst erwähnt. Ich jedenfalls kam darauf, als ich dachte, wenn doch der Kreis nach Vollkommenheit strebt, also unendliche Ecken überwindet, dann strebt doch die Kreislinie nach außen und im selben Moment nach innen, und innen und außen vereinen sich. Wenn sich innen und außen aber mehr und mehr vereinen, was wird dann mit der Kreislinie? Sie wird doch dünner und dünner, transparent, transzendent, sodass die Kreislinie in der Vollkommenheit (Unendlichkeit) verschwindet. Pi, das ja das Verhältnis des Umfangs, also die Länge der Kreislinie, zum Durchmesser ist, muss also transzendent sein. Das waren zu diesem Zeitpunkt meine Gedanken, und ich wollte sie in meinem ersten Beitrag zu Pi so aufschreiben, als mich dann aber das Selbstbewusstsein verließ. Ich dachte, nein, das mit der Transzendenz, das kannst du nicht schreiben. Wenn das ein Mathematiker liest, die sind doch völlig auf Logik bedacht, auf knallharte Folgerungen, auf knallharte Beweise. Denen kannst du doch nicht mit einem esoterisch-klingenden Begriff wie dem der Transzendenz kommen. Während ich noch überlegte, was ich jetzt schreiben sollte, surfte ich zu Wikipedia, um zu sehen, was dort über Pi geschrieben stand, und siehe da, einer der ersten Sätze war, Pi ist transzendent, wobei ich aber dazu sagen muss, dass ich nicht wusste, ob sie damit dasselbe meinten wie ich. Jedenfalls aber verwandten sie diesen Begriff. Ich habe mich dann sehr über mich geärgert und mir gesagt, du verleugnest nicht mehr, was du wahrnimmst, ob es jemandem passen könnte oder nicht. Schließlich ist das, was ich schreibe, ja durch mein Bemühen um die Wahrheit (Mu, Gott) abgeklärt, was natürlich nicht heißt, dass eine tiefere Wahrheit das Geschriebene vielleicht auch einmal korrigieren wird, keinesfalls aber schreibe ich leichtfertig.

Wenn die Kreislinie in der Vollkommenheit (Unendlichkeit) verschwindet, also transzendent ist, ist sie dann noch da, gibt es also überhaupt einen Kreis?

Man muss sagen: Ja und nein, d.h. der Kreis ist da, ohne da zu sein, es ist ein Nicht-Kreis.

Sie befassten sich dann auch mit der Wurzel aus 2?

Ja, aber nicht gesondert, sondern im Rahmen meiner Bemühungen um Pi.

Was waren Ihre Beobachtungen?

Die Wurzel ist eine Teilung, doch sie hat im Gegensatz zur normalen Teilung, der Division, etwas Gerechtes, etwas Absolutes. Wenn ich beispielsweise die 9 durch 2 teile, dann erhalte ich 4,5. Die 2 und die 4,5 sind zueinander unausgewogen. Wenn ich aber die Wurzel aus der 9 ziehe, dann erhalte ich die 3, weil 3 mal 3 9 ist, d.h. wir haben hier nicht 2 mal 4,5 (unausgewogen), sondern 3 mal 3 (ausgewogen), die erste 3 ist die zweite 3, also 3 = 3, links vom Gleichheitszeichen ist rechts vom Gleichheitszeichen.

Die Wurzel aus 2 aber geht über diesen absoluten Touch noch hinaus: Wird also die Wurzel aus 2 gezogen, so erhalte ich 1,414... , weil 1,414... mal 1,414... 2 ist. Aber was ist mit der Ausgewogenheit? Ist die erste 1,414... die zweite 1,414... ? Bei der Wurzel aus 2 geschieht etwas anderes als bei der Wurzel aus 9, etwas tieferes. Bei der 3 = 3 stoppt die Endlichkeit, doch bei der 1,414... = 1,414... findet kein Stopp statt, denn die Unendlichkeit sorgt dafür, dass eine tiefere Balance stattfindet, so tief, dass das Gleichheitszeichen mit der linken und der rechten 1,414... verschmilzt. Es findet damit bei der Wurzel aus 2 ein Fluss statt, der über das Gleichheitszeichen verläuft und die 1,414... = 1,414... leben lässt, lebendig hält, während die 3 = 3 vertrocknet ist. Durch das Verschmelzen mit sich, dem Einswerden, wird aus 1,414... = 1,414... dann 1,414... . Damit aber ist die Wurzel aus 2 nicht 1,414..., sondern 2, damit ist die 2 dann 4, d.h. die 1 ist 2 und würde hier zumindest ein Aufhorchen bzgl. der Überwindung des Dualismus provozieren, in der zwei Zustände eins sind.

Was die Wurzel...

... aus 2 also versucht, ist eine viel tiefere Balance (Gerechtigkeit) herzustellen, als etwa die Wurzel aus 9. Diese tiefere Balance sagt: Ich will nicht nur, dass du gleich bist, sondern dass du auch nicht gleich bist, also das Nicht das Gleich ist. Ich will, dass auch diesbezüglich eine Balance entsteht. Etwas woran die 3 = 3 nicht einmal denkt.

Die Wurzel sucht also nach den Wesen, dem Ursprung, dem Entstehungsort, dem Aus-Sich-Kommen. Sie zielt auf ihre Mitte. Die Aussage: „Die Zahl, die mit sich selbst multipliziert eine gegebene (positive) Zahl ergibt, nennt man Quadratwurzel", hat etwas von einer Zen-Aussage.

Die tiefste Balance...

... ist die Transzendenz. Sie ist die Mitte der Mitte der Mitte etc., und ich möchte sagen, dass Pi diese unendliche Mitte ist, also die Wurzel aus 2 in ihrer Balance noch übertrifft.

Die absolute Mitte, und damit die Ur-Mitte, zu sein, das aber macht Pi, so meine ich, zum zahlensprachlichen Ausdruck von Mu. Damit ist Pi vollkommen, d.h. göttlich.

Diese unendliche Mitte, die Pi ist...

... sagt also: Ich bin eingespannt zwischen Anfang und Ende und erreiche weder den Anfang noch das Ende. Weder den Anfang noch das Ende zu erreichen, das ist mein Erreichen von Anfang und Ende.

D.h. zwischen Anfang und Ende liegt Anfang und

Ende. Doch auch zwischen diesem Anfang und Ende liegt Anfang und Ende. Und auch zwischen diesem Anfang und Ende liegt Anfang und Ende etc., sodass sich Verschachtelungen ergeben, die aber keine sind, weil jeder Anfang und Ende dasselbe ist. Du gehst also immer weiter dazwischen, nur um herauszufinden, dass das Dazwischen nicht immer weiter nach innen führt, sondern das Innen außen ist. Die unendliche Mitte, die Pi ist, ist damit eine Nicht-Mitte, d.h. der Mittelpunkt eines Kreises ist selbst der Kreis. Ein kernloser Kreis, ein hüllenloser Mittelpunkt. Dies aber heißt, dass jeder Punkt des Universums die Mitte ist, religiös ausgedrückt die Mitte immer Gott ist und sich damit immer alles um Gott dreht, auch wenn sich die Erde um die Sonne dreht, was den mittelalterlichen Streitfall zwischen Kirche und Galileo Galilei hervorrief. In diesem Sinne hatte die Kirche also recht.

Zu erkennen sind diese Nicht-Verschachtelungen in der schönen Formel des französischen Mathematikers François Viète (1540 – 1603):

$$\frac{\sqrt{2}}{2} \cdot \frac{\sqrt{2+\sqrt{2}}}{2} \cdot \frac{\sqrt{2+\sqrt{2+\sqrt{2}}}}{2} \cdot \ldots = \frac{2}{\pi}$$

Diese Formel besteht, abgesehen von Pi, nur aus 1en und 2en (denn die Wurzel aus 2 ist ja auch als 2 hoch 1 durch 2 darstellbar). Ersetzt man die 1 durch Anfang und die 2 durch Ende, so zeigt diese Formel das soeben Beschriebene, was ich aber nicht näher erläutern vermag.

Noch eine Anmerkung: Weder Anfang noch Ende zu erreichen und damit das Weder Noch als das Erreichen zu verstehen, erzeugt ein Schweben. Anfang und Ende schwebt also zwischen Anfang und Ende. Dieses Schweben sorgt dafür, dass jede Ziffer von Pi unabhängig zustande kommt, also kein Schema zu erkennen ist, sondern die Unendlichkeit (Unabhängigkeit) das Schema ist.

Leider...

... ist es mir bisher nicht gelungen alleine durch das Verständnis von Mu, das das Vergessen aller Dinge ist, selbst eine Formel für Pi zu formulieren. Ich sage „leider", denn dies hätte allen meinen anderen Texten eine größere Ernsthaftigkeit verliehen, hätte mehr dazu beigetragen, sich mit ihnen ernsthaft zu befassen. Hilfreich vor allem für die, die so verstandesgemäß und logisch unterwegs sind und nur das glauben, was sie sehen und nicht verstehen, dass das, was sie sehen, nicht das ist, was ist.

Natürlich hätte es bei einem Gelingen geheißen, weil ich kein Mathematiker bin, sei die Formulierung aus irgendwelchen Gründen unzulässig, auch wenn sie stimme. Da bin ich nicht naiv.

Die Mathematik...

... aus den Augen von Zen zu betrachten, sie also zu betrachten aus der geistigen Offenheit der Ichlosigkeit, dem Fehlen jedes Denkverbots, war jedenfalls eine sehr interessante Sache und machte die Mathematik für mich erst lebendig.

Besonders gut gefiel mir auch die Aussage des Mathematikers Hermann Weyl (1885 - 1955), er sagt: *„Mathematik ist die Wissenschaft vom Unendlichen."*

Eines möchte ich noch erwähnen, die Frage des Beweises...

In dem Näherkommen an den zahlensprachlichen Ausdruck von Mu wird man keinen Beweis finden, exakt das wird der Beweis sein, d.h. das Kein wird der Beweis, der Beweis löst sich auf.

Mu ist damit der Ur-Beweis. Interessant hierzu Francisco de Osuna (1492 - 1541), aus: ABC des Kontemplativen Betens:

Wie wir unseren Verstand zum Schweigen bringen

Als zweites rät uns der Leitsatz dieses Traktats, unseren Verstand zum Schweigen zu bringen. Das bezieht sich auf den spekulativen Verstand, sein diskursives Denken, das in neugierigem Hin- und Herwenden und Untersuchen das Geheimnis der Dinge erkunden möchte. Zur Gotteserkenntnis ist dies ganz ungeeignet, wir müssen es lassen, **um Gott durch die via negativa, von der wir sprachen, zu erkennen.** *Denn, wie Gregor der Große sagt, was auch immer wir in der Kontemplation sehen, ist nicht Gott.* **Etwas richtiges von ihm erkennen wir dagegen, wenn wir uns voll bewusst sind, dass wir nichts von ihm erkennen können**...

Die via negativa von der de Osuna spricht ist Mu, d.h. das Nichts, das alles ist. Oder religiös ausgedrückt: Die via negativa ist Gott, der da ist, ohne da zu sein, d.h. Gott wird nur durch Gott erkannt.

Der Beweis ist kein Beweis, ein enormer Widerspruch. Aber dieser Widerspruch ist in der Mathematik dann dennoch erlaubt?

Ja, weil er ein absoluter Widerspruch ist, also ein Widerspruch, der keiner ist, d.h. ja ist nein, eins ist zwei, oben ist unten etc. Die Aussage, in der Mathematik dürfe es keinen Widerspruch geben, gilt also nur für den relativen Widerspruch, er gilt nicht in der Transzendenz, denn diese ist ein Nicht-Widerspruch, in der kein Gegen besteht, weil alles eins ist, auch das andere, das zweite.

Ergänzend hierzu...

... ein kleiner Textabschnitt aus dem Roman „Shantaram" von Gregory David Roberts:

*... und hatte sie schätzen gelernt. „Ja, Liebeslieder sind es schon, aber die besten und wahrsten, die es gibt. Es sind Liebeslieder an Gott. Diese Männer singen über die Liebe zu Gott." Ich nickte wortlos, doch mein Schweigen ermunterte ihn weiterzusprechen. „Sind Sie Christ?", fragte er. „Nein, ich glaube nicht an Gott." „An Gott glauben geht auch gar nicht", verkündete er und lächelte mich wieder an. „Entweder wir kennen Gott, oder wir kennen ihn nicht." „Also, ich habe Gott noch nicht kennen gelernt", erwiderte ich lachend, „und, ehrlich gesagt, halte ich es nicht für möglich, an Gott zu glauben. Zumindest nicht an eine der Vorstellungen von Gott, denen ich bislang begegnet bin." **„Oh, ja natürlich, Gott ist unmöglich. Das ist der schlagende Beweis dafür, dass es ihn gibt."** Er sah mich aufmerksam an. Seine warme Hand ruhte noch immer auf meinem Arm. Sei auf der Hut, dachte ich. Du rutschst gerade in einen philosophischen Disput mit jemandem, der sich mit so was auskennt. Er prüft dich. Das ist eine Prüfung, und das Wasser ist tief. **„Moment mal – Sie behaupten, dass etwas genau deshalb existiert, weil es unmöglich ist?"** Ich ließ das Kanu meines Denkens in die unerforschten Gewässer seiner Ideen gleiten. „So ist es." **„Bedeutet das im Umkehrschluss nicht, dass alles, was möglich ist, nicht existiert?" „Genau!",** bestätigte er ...*

Man könnte auch sagen: Das Dasein ist, weil es nicht ist.

Zur Physik, vor allem die Quantenphysik scheint dem, was ist, und damit Zen, nah zu sein...

Ja, wie die folgenden Aussagen aus der Doku: „Heisenberg und die Frage nach der Wirklichkeit" zeigen:

*... Heisenbergs Entdeckungen sorgen für allerlei Gesprächsstoff. Bei Albert Einstein hat die Aufregung unter den Physikern anscheinend Assoziationen mit einem aufgescheuchten Hühnerhaufen hervorgerufen. „Heisenberg hat ein großes Quanten-Ei gelegt", schreibt er. In langen Diskussionen mit Heisenbergs Lehrer Niels Bohr versucht Einstein Fehler in Heisenbergs Physik zu finden. Dazu Prof. Dr. Dr. h.c. Anton Zeilinger, Experimentalphysiker: **„Zuerst einmal muss man den Einstein verteidigen. Es wird oft so dargestellt, als ob er die Quantenmechanik nicht verstanden hätte. Mein Eindruck ist, er hat sie sehr wohl verstanden, er hat sie sehr genau verstanden, konnte aber die philosophische Konsequenzen nicht akzeptieren. Genau dieser Punkt mit der Realität, die sich auflöst, das wollte er nicht.** Und er wollte, lieber eine viel, viel radikalere Physik, die irgendwie die Realität rettet. So gesehen hat Einstein sehr genau durchschaut, wo es hingeht.*

***„Existiert der Mond auch dann, wenn wir nicht hinsehen?", fragt Einstein** polemisch. Schließlich sollen laut Heisenberg auch Elektronenbahnen erst durch Beobachtung entstehen...*

Heisenberg: „Sie wissen ja, dass durch die Atomphysik

und durch das, was man in ihr gelernt hat, sehr allgemeine Probleme anders aussehen als früher, etwa das Verhältnis von Naturwissenschaft zur Religion, allgemeiner zur Weltanschauung. **Das sieht jetzt anders aus, seit wir wissen, dass selbst in der Atomphysik die Beziehung zwischen Subjekt und Objekt nicht mehr so einfach aussieht wie in der klassischen Physik."** *Wie die Quantenphysik zeigt, existiert die Welt nicht unabhängig von uns, sondern wir sind Mitschöpfer unserer Wirklichkeit. Die Elementarteilchen der Materie erscheinen* **je nach Betrachtung** *einmal als begrenztes Teilchen und einmal als sich ausdehnende Welle..."*

Hier würde mich interessieren, was geschieht, wenn die Elementarteilchen ichlos betrachtet würden.

Prof. Dr. Dr. h.c. Hans-Peter Dürr, Quantenphysiker, Mitarbeiter Heisenbergs: „Wenn wir sagen, wir sind lokalisiert, ich sitze hier, Sie sitzen da usf.. Das ist eigentlich nicht wahr. Das, was im Hintergrund ist, ist unendlich ausgedehnt. Es hat nichts mit einer Wechselwirkung zu tun, **aber zu sagen ich bin nur hier und nirgends sonst in der Welt, das ist eine Approximation.** *Da kommt jetzt diese Überlagerung rein. Und das ist doch ein großer Unterschied, dass ich also nicht durch Wechselwirkung mit dem anderen in Verbindung bin,* **sondern ich und du ist eigentlich dasselbe. Und es ist nur, wo ich sozusagen das Gewicht lege, das ich einmal vom anderen spreche als einem anderen als mir selbst."**

Werner Heisenberg hat die winzigsten Teile der Materie erforscht. Auf dem Weg zu seiner Quantenmechanik hat er auch gelernt das Ganze in den Blick zu bekommen, das uns alle zu einer Einheit verbindet.
„Der Teil und das Ganze" *ist auch der Titel seiner Autobiographie. Sie endet mit einer Erinnerung an Beethovens Serenade in D-Dur. Heisenberg „In ihr verdichtete sich für mich beim Zuhören die Gewißheit, dass es in menschlichen Zeitmaßen gemessen immer weiter gehen wird, das Leben, die Musik, die Wissenschaft, auch wenn wir selbst nur für kurze Zeit mitwirken können.* **Nach Niels Bohrs Worten immer zugleich Zuschauer und Mitspieler** *im großen Drama des Lebens"."*

Interessant auch...

... die Worte des großen Ramana Maharshi, der dies alles längst begriff, auch ohne die Physik, indem er fragt:

Kann die Welt existieren, ohne jemanden, der sie wahrnimmt?

Kann man sagen, dass ein Mensch, der sich um Mu bemüht, auch die Mathematik und Physik besser versteht?

Wer sich um Mu bemüht, etwa durch das Kôan Mu, versteht alle Dinge besser, so auch die Mathematik und Physik, weil Mu aufgrund seiner Absolutheit alle Dinge ist. Oder religiös ausgedrückt: Versteh Gott, dann ist alles verstanden. Es ist ein universelles Verstehen.

Ist dann das Vermitteln von Mu die Vermittlung von Werten in der Bildung?

Ja, der einzig zu vermittelnde Wert ist Mu, religiös ausgedrückt Gott, der absolute Wert, der Nicht-Wert. Mehr ist nicht zu vermitteln, weil mehr als Gott nicht geht.

Wie, nur dieser eine Wert? Soll in der Schule dann keine Mathematik, Deutsch, Musik etc. mehr unterrichtet werden?

Darum geht es nicht. Es geht darum, dass alle Schulfächer durch das Verstehen von Mu besser verstanden werden. Die verschiedenen Schulfächer sind ja nur die Vielfältigkeit, durch die sich Mu ausdrückt, aber jedes Schulfach, sei es die Mathematik, Deutsch, Musik, die Fremdsprachen etc., basiert auf Mu. Versteh also die Basis, das Prinzip, das allen Dingen inne ist. Das ist das Gegenteil des mechanischen Auswendiglernens, übrigens ein Grund, warum das mechanische Wiederholen von Mu in der Arbeit mit dem Kôan Mu nicht zu Mu, der Lösung des Kôan Mu, führt. Der Mensch ist ja keine Maschine.

Wenn...

... man etwa das Schulfach Musik nimmt. Da gibt es in dem Film „Amadeus" diese schöne Stelle, in dem sein Gegenspieler Salieri einen Blick auf Mozarts Kompositionen wirft und völlig ergriffen ist und dann sagt:

... Und Musik, so vollendet, wie niemals eine Musik vollendet war. Ersetze nur eine Note und es wäre Herabsetzung. Ersetze einen Satz, und die Struktur würde zusammenbrechen. Es war mir klar. Der Klang, den ich im Palast des Erzbischofs gehört hatte, war kein Zufall gewesen. Hier war wieder die höchste Stimme Gottes! Ich starrte durch den Käfig dieser sorgfältigen Tintenstriche auf eine absolute, einzigartige Schönheit.

Wer Mu versteht, versteht, dass Vollendung (Vollkommenheit) bedeutet, dass jeder Ton der Satz ist und jeder Satz das ganze Stück, dass also in jedem einzelnen Ton das gesamte Stück liegt, also der kleinste Teil das Ganze beinhaltet. Das ist die verbindende Struktur des Göttlichen. Die ganze Komposition wird zu einem einzigen Ton. Doch nicht nur das Strukturelle wird besser verstanden, sondern, wie auch schon bzgl. der Kampfkunst erwähnt, der Selbstausdruck wird verbessert, also die Fähigkeit erworben sich durch die Musik auszudrücken. In der Vollkommenheit, also dem Selbstausdruck der Ichlosigkeit, komponiert Gott durch diesen Menschen, das, was Salieri von Mozart behauptet.

Oder man betrachte...

... das Fach Deutsch, etwa Goethes „Faust". Wer Mu versteht, versteht den Geist, der stets verneint. Wer Mu versteht, versteht, was die Welt im Innersten zusammenhält. Durch das Verstehen von Mu wird „Faust" besser verstanden.

Der Geist, der stets verneint, Mu ist doch das Nichts, ist Mu dann dieser Geist?

Nein, Mu ist das Gegenteil, Mu bejaht den Menschen, indem es das Ja und Nein überwindet. Ich habe in meinem Leben den stets verneinenden Geist oft kennenlernen müssen, wenn es etwa hieß: Deine Freundin wäre echt der Hammer, wenn sie nicht deine Freundin wäre, die Zwei in der Physikklausur wäre echt ne Leistung, wenn nicht du die Klausur geschrieben hättest, dein neues Auto wäre ne Wucht, wenn es nicht dein neues Auto wäre, was du eben gesagt hast, wäre echt mal ne geile Aussage, wenn sie nicht von dir wäre etc. Mein Ich wurde sehr oft verneint, sodass ich in meiner Jugend und als junger Mann mich oft dümmer stellte, um nicht diese ausgrenzende Verneinung zu erfahren, was aber nichts anderes heißt, nicht so sein zu können, wie man ist. Zen half mir sehr damit besser zurecht zu kommen, also mich erfahren zu lassen, dass mein Ich nicht verneint werden kann, weil es, wie das Ich jedes Menschen, religiös ausgedrückt Gott ist. Und vielleicht geht es anderen Menschen ähnlich, die sich auch immer wundern, dass wenn sie etwas machen, es immer falsch ist und ihnen damit das Menschsein abgesprochen wird, während andere, die dasselbe tun, immer bestätigt werden. Natürlich ist es bei den Anderen immer etwas ganz, ganz anderes, jaja.

Es gibt dazu...

... bei „Black Adder", einer englischen Comedyserie des BBC mit Rowan Atkinson („Mr. Bean"), diese herrliche Szene: Black Adders älterer Bruder, geachtet und respektiert, hält im alten England eine Ratssitzung ab, er entrollt sein Redemanuskript und liest die ersten Sätze vor, und alle Anwesenden am Ratstisch jubeln begeistert und stimmen ihm zu. Doch dann kommt ein Diener des Königs, der ihn zu sich ruft. Als nächster in der Hierarchie nimmt also Black Adder, verachtet und gehaßt, das liegengebliebene Manuskript seines Bruders und liest dieselben einleitenden Sätze noch einmal vor, doch dieses Mal buhen ihn alle aus und beschimpfen ihn. So ähnlich kenne ich es auch aus vielen Kneipen, wenn das Alphatier kommt, ändern sich am Stammtisch sämtliche Meinungen.

Kurzum: Zen verhilft zu mehr Selbstbewusstsein, zu mehr Selbstvertrauen. Nicht verwunderlich, Mu ist ja die Selbsterkenntnis. Ein Wissen ohne Arroganz.

Moment, Mu ist das Gegenteil des stets verneinen-

den Geistes? Wie kann Mu denn das Gegenteil von etwas sein?

Genau, d.h. das Nein wird dennoch gebraucht, um Ja zu sein, also um Ja und Nein zu überwinden und zu sich zu finden.

Dann ist auch der Teufel Gott?

Ja, wenn man das begrifflich so ausdrücken wollte. Das Böse wird also gebraucht, um das Gute zu erkennen und letzten Endes beides zu überwinden, also die Frage nach gut oder böse nicht mehr zu stellen.

Interessant ist, um in diesem begrifflichen Kontext zu bleiben, der Teufelskreis, oder wie er im Englischen heißt, der vicious circle, der böse Kreis. Wenn man sich, wie oben bereits beschrieben, wiederum einen Kreis vorstellt, wie eine runde Uhr mit Ziffernblatt, dann ist dieser Kreis umso mehr ein Teufelskreis, je grösser er ist, also je länger der Weg ist, den der Mensch zurückzulegen muss, um von 12 Uhr loszugehen und bei 24 Uhr wieder anzukommen. Je kleiner der Kreis ist, umso mehr ist er ein Gotteskreis. In dem großen Kreis, dem Teufelskreis, fesseln sich die Bedingungen gegenseitig, also das geht nicht wegen dem, und das nicht wegen diesem, und wenn ich das mache, dann geht das auch nicht, weil dann dieses nicht geht etc. Es ist wie bei einem Schachspiel, in dem man nicht mehr weiß, wohin man mit den Figuren rücken soll. Rückt man dorthin, steht man im

Schach, rückt man dahin, verliert man den Läufer, da den Springer etc. Der kleine Kreis hin zum verschwindenden Punkt hingegen wird mehr und mehr bedingungslos, bis schließlich die Unendlichkeit die Bedingungslosigkeit ist, also das Absolute erreicht ist und der Mensch sich frei bewegen kann. Wenn er sich dann bewegt, ist das ohne Auswirkungen, umsonst, er stößt nichts an. Die Dinge bleiben unverursacht. Befindet sich ein Mensch also in einem Teufelskreis, so kann er diesen durchbrechen, indem er sein Ich verringert, etwa durch die Arbeit mit dem Kôan Mu, und den Kreis damit kleiner und kleiner macht. Die Verringerung des Ichs bis hin zur Ichlosigkeit, ist auch der Ausstieg aus dem Kreislauf von Geburt und Tod.

Zurück zur Bildung und der Vermittlung von Werten, es geht also nicht darum den Zen-Buddhismus an der Schule zu unterrichten?

Nicht in dem Sinne. Jede Schule, die Menschlichkeit unterrichtet, lehrt ja den Zen-Buddhismus, auch wenn sie die Begriffe Zen und Buddha niemals verwendet. Es geht darum dem jungen Menschen zu zeigen, wie der Mensch zum Menschen wird, ihm also zur Menschlichkeit zu verhelfen. Das ist die gewaltlose Erziehung, eine autoritäre Erziehung, die aber, weil die Autorität Mu ist, nicht autoritär ist. Oder anders ausgedrückt: Die Menschlichkeit (Weisheit) erzieht. Das ist das Vermitteln von Werten.

Aus: Erleuchtungserlebnis, Frau D. K., kanadische

Hausfrau, Alter 35

*...Mehrere Jahre nach meinem Schulabschluss ließ ich mich an der Universität einschreiben und begann zu jener Zeit, ernsthaft religiöse Literatur zu studieren und versuchte mich sogar in manch einfacher Meditation. Die **Universitätsjahre** lehrten mich Freude und Anregungen intellektueller Entdeckungen kennen, sie waren aber gleichzeitig von wachsender Ruhelosigkeit erfüllt. Schließlich machte ich mein **Abschlussexamen** und begann mit den **Studien für Fortgeschrittene**. ... Intuitive Erkenntnis, Reife, Weisheit - all das mangelte mir bitterlich.*

Das ist der gebildete Unweise. Das Bildungsziel, das einzig die Weisheit ist, wurde verfehlt.

Warum wird dann dieser absolute Wert, der die Weisheit ist, nicht gelehrt?

Zum einen wird dieser absolute Wert in der Gesellschaft nicht (mehr) gekannt, sodass er auch nicht vermittelt werden kann, was schon zeigt, wie sehr der Mensch unserer Gesellschaft von dem Absoluten entfernt ist, und damit auch von sich. Zum anderen glaube ich, wie oben bereits erwähnt, dass seitens der politischen Führungen kein Interesse an der Vermittlung dieses Wertes besteht, denn dieser Wert befreit ja den Menschen. Die Politik ist aber einzig daran interessiert, den Menschen zu erschaffen, der zu allem Ja sagt und bloß nicht selbständig denkt, er soll also nicht dahin kommen, dass die Ichlosigkeit denkt. Er soll arbeiten, zu jedem Lohn, zu jeder Bedingung, nichts in Frage stellen und am besten das Maul halten. Er soll wirtschaftsfreundlich sein. Er soll einfach zu manipulieren sein.

Hierzu aus einem Interview des Bildungskritikers Bernhard Heinzlmaier: „Wir fördern gut ausgebildete Ungebildete":

... Ich störe mich nicht an der Jugend. Ich habe keine hohe Meinung von den Eltern, den Erwachsenen - und vor allem von der Politik. Junge Menschen sind ja nur ein Produkt ihrer Erziehung und Sozialisation. Wir haben heute Familien, in denen die falschen Werte vermittelt werden, und Bildungsinstitutionen, die gut ausgebildete Ungebildete hervorbringen. **Junge Leute können am Ende ihres Ausbildungsweges ökonomisch handeln, aber nicht moralisch. Ihnen fehlt es an Einfühlungsvermögen, der Fähigkeit zur Selbstreflexion und Demokratiebewusstsein...**

Die Hauptverantwortung für die Bildungsmisere liegt in einem neoliberalen Gesellschaftssystem, in dem der Markt und der Erfolg am Markt über alles gestellt werden. *In den vergangenen Jahrzehnten hat eine Umwertung aller Werte stattgefunden: Moralische Werte sind nur noch relevant, wenn sie sich in materiellen Werten auszahlen...*

Ich glaube, dass Pisa einen nicht wiedergutzumachenden Schaden angerichtet hat. Pisa ist ja kein Projekt, das aus der Bildungsforschung kommt - die Studie wird von einer Wirtschaftsorganisation, der OECD, durchgeführt. **Durch Pisa ist das gesamte Bildungssystem den Ansprüchen und Interessen der Wirtschaft untergeordnet worden...**

Der technisch-naturwissenschaftliche Bereich wird ausgebaut, humanwissenschaftliche und humanistische Fächer werden zurückgebaut. **Eine Beschäftigung mit Literatur, mit Kunst, mit der eigenen Kultur und Geschichte, mit Philosophie - all das findet an den Schulen immer weniger statt...**

Wir brauchen in der Bildung **nicht mehr Gleichheit, sondern individuelle Förderung**. *Was uns fehlt, sind* **humanistische Eliten,** *die in der Lage sind, solche Bücher zu schreiben, wie es Herr Precht (Richard David Precht, Philosoph) tut...*

Viel wichtiger wäre, gängige Unterrichtsmethoden infrage zu stellen: Wollen wir unsere Kinder mit Frontalunterricht quälen, wo ihnen fertige Lösungen vorgesetzt werden, die sie in Multiple-Choice-Klausuren wieder ausspucken müssen? **Oder wollen wir Unterricht lieber im Sinne des sokratischen Gesprächs gestalten, den jungen Leuten dabei helfen, sich selbst Wissen anzueignen?**

Dann bräuchte man aber richtig gute Lehrer?

Ja, erleuchtete Lehrer, das wäre die humanistische

Elite, von der Heinzlmaier spricht. Doch wie viel Wert die Politik auf gute Lehrer legt, kann man etwa an den befristeten Verträgen ablesen, die man ihnen gibt, die sie zwingen in den Sommerferien Arbeitslosengeld zu beantragen.

aus der FAZ:

Sicher ist jedoch: Die Endlosschleife hat Methode. Jedes Jahr zum Ende des Schuljahres verlieren in ganz Deutschland Tausende Lehrer ihren Arbeitsplatz, weil die Befristung ausläuft. Dann melden sie sich arbeitslos und kassieren Arbeitslosengeld. Pünktlich zum neuen Schuljahr bekommen sie meist einen neuen befristeten Arbeitsvertrag, aber die sechs Wochen Schulferien dazwischen erleben viele als dramatische Belastung, berichtet Kathrin Kummer, Justitiarin der GEW. Was vor Jahren wohl als clevere Entlastung für die Staatskasse konstruiert wurde, stößt inzwischen auf immer größeren Widerstand. Auch die Bundesagentur für Arbeit läuft jedes Jahr aufs neue Sturm, weil sie mit dem Geld aus ihren Kassen diese umstrittene Personalpolitik auch noch fördern muss.

Das sokratische Gespräch von dem Heinzlmaier spricht, wie würden Sie dies erläutern?

Das sokratische Gespräch soll das erreichen, was ich oben beschrieb, dass ich durch das Kôan Mu ein Wissen erhielt, ohne dass mich jemand lehrte, sondern das Wissen aus mir heraus kam, ich also selbst Einsichten in die Schöpfung erhielt. Zen ist damit das höchste sokratische Gespräch, die tiefste Philosophie, was nicht verwunderlich ist, findet doch durch das Kôan Mu religiös ausgedrückt ein Gespräch mit Gott statt. Hierbei wird so oft die Perspektive geändert, das Ding also von allen möglichen Seiten betrachtet, bis die Perspektive als solche überwunden ist, also das Ding in seiner Ganzheit, und damit aus den Augen Gottes, betrachtet wird. Es gibt dann keine subjektive (relative) Sicht mehr, weil die Ichlosigkeit sieht, universell. Weil das Ding dann so gesehen wird, wie es zu sehen ist, ist die Sicht allgemeingültig, d.h. absolut, kurzum, die Wahrheit.

Oder anders ausgedrückt: Das tiefe Streben...

... in der Arbeit mit dem Kôan Mu eine Antwort auf die Frage „Was ist Mu?" zu finden, vereint Frage und Antwort, sodass schließlich beide miteinander übereinstimmen, also der Gegensatz (Widerspruch) überwunden ist. Die Übereinstimmung ist die Transzendenz, d.h. Frage und Antwort nehmen denselben Platz ein. Hier wird nun erkannt, ob Dinge wahr sind, also mit sich selbst übereinstimmen. Dieses Gespräch, das der Übende in dem Kôan Mu „alleine" mit sich (Gott) führt, wird in dem sokratischen Gespräch unter mehreren Menschen ausgeübt, d.h. der Lehrer versucht durch Frage und Antwort den Schüler dahin zu bringen, dass dieser selbst zu Einsichten kommt, ihm selbst ein Licht aufgeht. Der Schüler soll selbst Widersprüche feststellen und dabei erkennen, ob er mit sich übereinstimmt, ob er also selbst wahr ist, woraus er dann auch erkennt, ob die Dinge wahr sind. Der Lehrer gibt dem Schüler also kein Wissen, er erzeugt nur eine Situation, die für den Schüler günstig ist, selbst zu wissen. Was nicht gegeben wird, kann auch nicht genommen werden, d.h. dieses Wissen ist bleibend.

Wichtig...

... zu verstehen ist: Jemand sagte mal zu mir: „**Die** Wahrheit gibt es ja sowieso nicht." Doch, es gibt die Wahrheit. Der unbestimmte Artikel, also eine Wahrheit, wie auch das Besitzpronomen, etwa meine, deine, seine Wahrheit, werden selbst zur Wahrheit, d.h. der bestimmte Artikel „die" wird transzendent, d.h. eine ist alle. Das ist die Allgemeingültigkeit der Wahrheit, ihre Absolutheit. Man sollte also nicht sagen, weil es die Wahrheit ja sowieso nicht gibt, bemühe ich mich gar nicht erst um sie.

Hierzu der Dialog von Jesus Christus und Pontius Pilatus aus dem Musical „Jesus Christ Superstar", in dem Pilatus die Frage der Allgemeingültigkeit der Wahrheit aufwirft:

Pontius Pilatus: Dann bist du ein König?

Jesus Christus: Ihr seid es, die sagen, ich sei König. Ich suche nach der Wahrheit und werde dafür verdammt.

Pontius Pilatus: Aber was ist Wahrheit? Ist Wahrheit sich nicht änderndes Gesetz? Wir beide haben Wahrheiten - ***ist meine Wahrheit auch deine?***

Wusste Sokrates um Mu?

Für mich sieht es so aus. Seine (ihm zugeschriebene) berühmte Aussage: „Ich weiß, dass ich nicht weiß, aber ich suche die Wahrheit, doch ihr wißt nicht und bildet euch doch soviel auf euer Wissen ein", deutet darauf hin. Natürlich musste er Mu begrifflich nicht Mu nennen, aber die Aussage: „Ich weiß, dass ich nicht weiß" ist Zen. Sie sagt, dass sein Wissen Nicht-Wissen ist, d.h. unmittelbar ist, es also zwischen ihm und dem Ding keine Trennung gibt, er eins mit ihm ist (Transzendenz), während die weitere Aussage verdeutlicht, dass die anderen sich in ihrem Unwissen durch ein Bild (Einbildung) vom dem tatsächlichen Wissen trennen, diese also nicht das Ding nehmen, sondern nur das Abbild des Dinges, den Schein, nicht das, was ist, siehe auch oben. Was mich stört, ist die Aussage „... aber ich suche die Wahrheit", denn wenn er weiß, dass er nicht weiß, braucht er sie nicht weiter zu suchen, weil er sie schon gefunden hat, er hätte diesen Zusatz meiner Meinung nach weglassen können (müssen). Klar ist, er ist weiter offen für die Wahrheit, ist also leer, während die anderen so voller Einbildung sind, dass kein weiterer Platz mehr für die Wahrheit besteht, sie sich also mit dem Schein, dem Trug, zufrieden geben.

Ist das tatsächliche Wissen, also das Wissen, das nicht weiß, eine Natur-Beobachtung?

Ja, um etwa auf Heisenberg zurückzukommen. In der o.g. Doku über ihn wurde betont, dass Heisenberg sehr viel in der Natur unterwegs war, lange Spaziergänge machte und hieraus Wissen bezog. Das Kôan Mu macht es nicht anders, der Übende beobachtet die Buddha-Natur. Diese Beobachtung aber ist sehr viel tiefer. Wenn also Heisenberg durch einen Wald geht, lässt er den Wald auf sich wirken, was ihm zu Wissen verhilft, doch der Übende am Kôan Mu erkennt, dass er der Wald ist und er durch sich hindurch sieht, also kein Wald da ist. In diesem Nicht-Sehen liegt tiefes Wissen, genaugenommen Nicht-Wissen, der Wald wirkt unendlich mehr.

Hierzu noch einmal aus der Doku: „Heisenberg und die Frage nach der Wirklichkeit":

Lange Diskussionen über philosophische Fragen beschäftigen die Jugendlichen. Sie leben in einer Zeit, in der sich alte Werte und Vorstellungen auflösen. Auf viele Fragen finden sie keine Antworten. Werner Heisenberg entdeckt die Werke Goethes für sich. Hier findet er Bestätigung für sein eigenes Empfinden für eine göttliche Ordnung in der Natur. ***Wie der große Dichter will er nach jenen der Erscheinungen zugrundeliegenden von Gott gesetzten Strukturen forschen, die nicht nur mit dem Verstande konstruiert, sondern unmittelbar geschaut, erlebt, empfunden werden können.*** *Dr. Anna Maria Hirsch, Tochter von*

Heisenberg: „Er hat auf jeden Fall diese Augenblicke der Beglückung immer in der Natur und mit der Natur erlebt, das war in Pappenheim, da gibt es ja so eine Stelle, wo er sagt, unter dem Sternenhimmel, da kann man auf einmal sozusagen die Natur..., **oder das Ganze, das Ganze war auch ein ganz wichtiger Begriff für ihn, das Ganze, dass die Dinge sich zusammenfügen, die Musik und die Natur, und die Menschen und die Natur, wenn das verschmilzt, im Grunde ein mystisches Erlebnis, was er da hatte."**

Ich habe dies auch bemerkt...

... als ich mich mit Pi befasste. Dachte ich mir früher in der Schule nichts dabei, wenn der Lehrer ein Quadrat oder ein Kreis an die Tafel malte, so war dies durch meine Arbeit mit dem Kôan Mu und dem damit verbundenen unmittelbaren Schauen der Buddha-Natur, diesem absoluten Verschmelzen, der Transzendenz, etwas ganz anderes. Ich erkannte nun, dass der Kreis lebt, das Quadrat durch die Ecken aber in dem Leben gestört ist. Je mehr der Schüler also Weisheit gelehrt wird, sie also in sich erfährt, weil der Lehrer die dazu benötigte Atmosphäre erschafft, desto mehr kann er die Eigenschaften etwa dieser genannten Formen erkennen. Sie sind nicht tot, sondern werden lebendig. Er kann die Dinge mit anderen Augen betrachten, Fragen stellen, die zuvor niemand stellte und damit Antworten finden, die zuvor niemand gefunden hat. Sein Denken findet nicht mehr in dem statt, was er denkt zu sein, sondern mehr und mehr in der gesamten Schöpfung, d.h. sein Denken ist befreit, er kann das Unmögliche denken.

Zu dem Thema der Bildung...

... einige interessante Worte von dem großen Ramana Maharshi:

Selbst ein Gelehrter muss sich vor einem Weisen ohne Schulbildung neigen. *Fehlende Bildung ist Nichtwissen, Bildung ist gelehrtes Nichtwissen. Beide kennen ihr wahres Ziel nicht.* ***Der Weise dagegen ist nicht unwissend, weil es für ihn kein Ziel gibt.***

(Hinweis: Ramana Maharshi verwendet hier Nichtwissen relativ, ich oben Nicht-Wissen absolut.)

… alle Kenntnis ist nutzlos, außer der Kenntnis des Selbst. Wenn das Selbst erkannt ist, erkennt man alles andere. ***Daher ist die Verwirklichung des Selbst die erste und einzige Pflicht des Menschen.***

Und...

... noch einmal das bereits o.g. Zitat bzgl. der Kamba Ramayana:

Als Ramana Maharshi gefragt wurde, ob er Kamba Ramayana (tamilische Version des Ramayana-Epos) gelesen habe, antwortete er:

Nein, ich habe nichts gelesen. **Was ich gelernt habe, beschränkt sich auf die Zeit vor meinem vierzehnten Lebensjahr. Seitdem habe ich keinerlei Neigung mehr gehabt, etwas zu lesen oder zu lernen.** *Die Leute wundern sich, wenn ich über die Bhagavad Gita (zentrale Schrift des Hinduismus) und andere Werke spreche. Ich habe weder die Gita noch die dazugehörenden Kommentare gelesen. Wenn ich einen Vers höre, verstehe ich ihn und erkläre ihn dementsprechend. Das ist alles. Ähnlich ist es mit meinen anderen Aussagen; sie fallen mir spontan ein.* **Ich weiß, dass die Wahrheit jenseits von Intellekt und Wort liegt. Weshalb also sollte ich den Geist damit befassen zu lesen und zu lernen? Das tut man nur solange, bis man die Wahrheit erkannt hat. Wenn dieses Ziel erreicht ist, ist es unnötig, sich weiterhin mit Studien zu befassen.**

Übrigens auch der Grund, warum - wie oben beschrieben - meine Buchkäufe, nachdem ich mit dem Kôan Mu begonnen hatte, schlagartig aufhörten.

Sehr interessant...

... auch die Aussage von Zen-Meister Bassui Tokusho:

Einem jeglichen Menschen wohnen die Sûtras inne. Erblickst du dein Selbst-Wesen auch nur einen Nu, kommt es dem Lesen und Verstehen aller Sûtras gleich, **und auch der kleinste Punkt bleibt nicht ungelesen, und ohne dass du dabei auch nur ein Sûtra** *in der Hand hieltest oder ein Schriftzeichen läsest...*

Es ist...

... bedauerlich, geradezu ärgerlich, dass mir all das in der Schule niemals jemand erzählt hat, ich selbst aber auch nicht drauf kam und ich erst ziemlich alt werden musste, um doch noch den Weg der Weisheit einzuschlagen. Wie weit könnte man durch dieses weise Wissen schon sein?

Manche Ihrer Texte bieten Sie auch in englisch und spanisch an, so etwa den Text „Zen und der Mensch in Haft"...

Ja, ich kann kein spanisch, aber ein Bekannter sehr gut. Mit Spanisch und Englisch deckt man sprachlich ja einen großen Teil der Welt ganz gut ab. Ich mache dies bei Texten, die ich für sehr wichtig halte, etwa der Praxis des Kôan Mu oder eben auch bei „Zen und der Mensch in Haft".

Interessant bei anderen Sprachen sind die zahlreichen Übereinstimmungen. So wird bei der spanischen „Praxis des Kôan Mu" das deutsche „unendliche Tragweite" mit „trascendencia infinita" übersetzt, und die Transzendenz ist ja genau die Tragweite, von der ich rede. Man kann wirklich erkennen, dass Mu die universelle Sprache ist, wodurch, um bzgl. der o.g. Vermittlung von Bildung darauf hinzuweisen, auch die

Fremdsprachen besser verstanden werden, umso mehr Mu verstanden wird.

Warum das Thema Haft?

Ich schaute mir im Internet viele Dokus über Gefängnisse an, vor allem denen der USA. Was mir auffiel, war, dass viele Gefangene ein Bedürfnis danach hatten, ein besserer Mensch zu werden, aber einfach nicht wussten, wie das geht. Das Kôan Mu ist das Instrument dazu, darauf wollte ich aufmerksam machen, als ich „Zen und der Mensch in Haft" schrieb.

Wie ich oben bereits schrieb, muss man doch sehen, wie klasse das ist: Das Kôan Mu ist kein langer Text, es besteht aus gerade mal zwei Sätzen. Niemand, kein Wächter, kein anderer Insasse, kann es dir abnehmen, dich danach durchsuchen, weil es eine geistige Arbeit ist. Es ist dein unmittelbarer, unantastbarer Besitz. Du bist das Kôan Mu. Du kannst in der Haft an dir arbeiten, ein besserer Mensch werden, dich selbst psychologisch betreuen, damit du nicht durchdrehst, selbst in der Haft ein freier Mensch werden, die Gitter transzendieren und die höchste Freiheit, die der Erleuchtung, erfahren. Das ist wirkliche Resozialisierung, also die Verbindung zum Absoluten, die verlorenging, wieder aufzubauen, religiös ausgedrückt zu Gott zurückzufinden. Das Wissen um das Kôan Mu, wie es lautet und wie man damit arbeitet, sollte vor allem auch unter den Menschen in Haft bekannt werden. Besser kann der Mensch, sei er vor oder hinter den Gittern, die Zeit nicht nutzen, als sich um das Absolute zu bemühen. Die Zeit ist dann wahrhaft nutzlos, d.h. dem Menschen ist der höchste Sinn gegeben. Das Gegenteil des Stumpfsinns.

Das klingt sehr einfach...

Ich habe nicht gesagt, dass diese Arbeit leicht ist, schon gar nicht unter diesen Bedingungen das Bedingungslose zu finden, aber Buddha, und damit das Kôan Mu, ist kein Narr, Buddha ist nicht naiv. Der Mensch in Haft hat wenigstens das Instrument, um an sich zu arbeiten. Und vielleicht führt gerade diese schwierige Umgebung zu einer ernsthafteren Arbeit als außerhalb des Gefängnisses.

Kann die Verbindung zum Absoluten denn überhaupt verlorengehen?

Nein, sie ist immer da, der Mensch ist sich dessen nur nicht immer bewusst.

Wie kann ein Mensch dann zu Gott zurückfinden, wenn er von Gott doch nie weg war?

Der Weg zu Gott ist ein Nicht-Weg, deshalb.

Oder anders ausgedrückt: Jeder Mensch ist bei Gott, der eine mehr, der andere weniger, das mehr und weniger aber ist Gott.

Was halten Sie davon Menschen einzusperren, um sie zu bestrafen? Ist das im Sinne von Mu?

Ich habe damit so meine Schwierigkeiten. Strafe kann es ja nur dann geben, wenn gegen etwas verstoßen wurde. Doch auch hier wiederum gefragt, was ist denn der Maßstab, der beurteilt, dass etwas ein Verstoß war? Maßstab kann, einmal mehr, nur das Absolute, nur Gott sein, denn nur Gott urteilt gerecht, d.h. er ist urteilsfrei. Doch gegen Gott kann man nicht verstoßen, d.h. für Gott gibt es keine Strafe, er ist die Strafe, die man aber nicht Strafe nennen kann, weil sie Gott ist. Wenn ein Mensch also gegen die Menschlichkeit verstößt, etwa indem er einen Mord begeht, so muss der Mörder Gott begegnen, d.h. den Mörder einfach nur wegsperren und sich nicht weiter um ihn kümmern, ist zu wenig. Alle Kraft ist darauf zu verwenden, dass dieser Mensch zur Einsicht kommt, also Gott sieht (erkennt). Gott ist die Einsicht, die höchste, die absolute. Dass er also selbst erkennt, morden, das kann es nicht sein. Dass er sich, wie dies auch das Wesen des Kôan Mu oder auch des sokratischen Gesprächs ist, selbst überzeugt und nicht von außen überzeugt wird. Dass er selbst schaut, was mit ihm los ist. Aufgabe des Außen ist es, die für die Einsicht günstigen Rahmenbedingungen zu schaffen, d.h. den Weg zur Einsicht nicht auch noch weiter zu stören durch Drogen, durch Gefahr für Leib und Leben, durch Klassen- und Rassenkämpfe, durch Überbelegung, durch ständige Ablenkung, Stress etc., was ich für die meisten Gefängnisse dieser Welt aber stark bezweifle. Das Einsperren kann also nur dem Zweck der Einsicht dienen, ansonsten ist es Gewalt, also selbst ein Verstoß gegen Gott.

Michael Thompson, ehemaliges Führungsmitglied der Aryan Brotherhood, nach eigenen Angaben 22-facher Mörder bei Auseinandersetzungen mit anderen Gangs im Gefängnis:

Ich dachte stets, ich wäre ganz in Ordnung, aber wenn man sich dann wirklich genau anschaut, wird einem klar, dass man überhaupt nicht cool ist. Da gibt es ein paar schwere Fehler, die man sich genau ansehen muss. Wahrscheinlich bin ich aus gutem Grund im Knast.

Einsehen kann der Häftling aber nur Gott, also nur das, was einzusehen ist...

Genau, man kann von ihm keine Einsicht erwarten für etwas, das gerechtfertigt war.

Was ist mit der Buße?

Der Weg zur Einsicht ist die Buße.

Vor seiner Einsicht kann eigentlich doch kein Häft-

ling freigelassen werden...

Es besteht ein zeitliches Problem. Wenn, ganz allgemein, ein Mensch zur Einsicht kommt, also erkennt, wer er ist, religiös ausgedrückt Gott erkennt, so ist er unmittelbar mit dem Erkennen frei. Der Mensch aber, der Häftling ist, und zu dieser Einsicht kommt, ist zwar ebenfalls unmittelbar frei, doch noch immer hinter Gittern. Es kann also geschehen, dass ein Mensch mit 20 Jahren einen Mord begeht, dafür, nehmen wir mal die USA, lebenslänglich bekommt, mit 30 Jahren zur Einsicht kommt, und dann, sollte er 75 werden, als freier Mensch, also als ein Mensch, der die Gewalt nicht mehr in sich findet, noch 45 Jahre hinter Gittern sitzt. Wozu? Er ist doch gar nicht mehr dieser Mensch, der er mit 20 Jahren war. Er ist doch der bessere Mensch geworden, vielleicht sogar der beste. Was will man denn noch von ihm? Mehr von ihm zu wollen, wäre Rache, keine Gerechtigkeit, d.h. nur Gott darf die Rache sein. Sicher, man könnte sagen, der tief Freie lebt jenseits aller Bedingungen, also auch frei im Gefängnis, doch nur in der unendlichen Tiefe des Erkennens hat dies nichts von Zynismus. Das Formelle und das Formlose kollidieren hier. Kollidieren auch, wenn etwa ein Mensch nach 15 Jahren freigelassen wird, weil das formelle Strafmaß eben 15 Jahre war, doch dieser nie zur Einsicht kam, die Gewalt also noch immer in ihm ist, er aber wegen dem Formellen freizulassen ist. In der Zeitverschiebung liegt ein Mangel dieses Strafsystems.

Wer aber könnte die Wesensänderung des Häftlings beurteilen?

Das kann nur ein erleuchteter Mensch, ein weiser Mensch. Das kann man nicht jemandem überlassen, der zwar, wie die o.g. Frau D.K. über Universitätsabschlüsse verfügt, aber keine Weisheit besitzt.

Kann der Erleuchtete die gerechte Unterscheidung garantieren?

Letzten Endes ist nur Gott garantiert, weil Gott auch morgen noch Gott ist, der Erleuchtete aber strebt Gott in höchstem Maße an.

Manche Häftlinge wollen aber gar nicht einsichtig sein...

Es ist eine gesellschaftliche Aufgabe, bei der natürlich erschwert wird, etwas einzusehen, wenn etwa der Staat selbst Betrüger und Verbrecher ist. Warum sollte jemand, der eine Bank überfällt und dafür 10 Jahre erhält, einsichtig sein, wenn der Staat Beträge raubt, die die des Bankräubers um das Millionenfache übersteigen und dafür nicht zur Rechenschaft gezogen wird? Warum sollte jemand, der einen Mord begeht, einsichtig sein, wenn der Staat Kriege führt, in dem Tausende ermordet werden, unter dem Deckmantel der besonderen Staatsinteressen, doch tatsächlich nur die Bodenschätze eines anderen Landes geraubt werden? Oder wenn viele Menschen aufgrund eines sogenannten Sozialsystems um Jahre früher sterben, als die, die nicht in dieses Sozialsystem abrutschen? Warum einsichtig sein, wenn der Staat doch so ein Vorbild abgibt?

So ist das perfekte Verbrechen...

... ein Verstoß gegen Gott, ein Verstoß, der aber für legal erklärt wird, was die Erklärung zwar nichtig macht, aber die, die für legal erklärten, nicht interessiert. Gott hingegen schon.

Charles de Secondat, Baron de Montesquieu, Philosoph und Staatstheoretiker der Aufklärung (1689 - 1755):

Es gibt keine grausamere Tyrannei als die, welche unter dem Deckmantel der Gesetze und mit dem Scheine der Gerechtigkeit ausgeübt wird; denn das heißt sozusagen Unglückliche auf der Planke ertränken, auf die sie sich gerettet haben.

Es besteht also ein Zusammenhang zwischen dem Staat und dem Strafsystem, d.h. ein gerechtes Strafsystem kann es nur in einem gerechten Staat geben. In diesem ist die Strafe das Sozusein.

Sozusein? Was meinen Sie damit?

In dem freien und damit gerechten Staat, also der o.g. echten Staatsform, ist der Mensch in dem Moment, in dem er einen Mord begeht, alleine dadurch bestraft, dass er einen Mord begeht, also so zu sein. Es gibt da diesen Spruch: Der ist schon genug bestraft, so wie er ist.

Wie, einen Mord begehen und keine weitere Strafe als eben Mörder zu sein?

Nicht in dem Sinne. Angenommen ein Mensch schlägt einen anderen zusammen. Was für eine Unglück doch für beide: Der Zusammengeschlagene, Schmerzen, Schock etc., der Täter, Knast, die Eltern sprachlos, Scham etc., also ein Geschehen, das beide bestraft, indem es den Gegensatz von Opfer und Täter überhaupt erhebt. Unendlich wichtiger wäre es, dass dieser Gegensatz überhaupt nicht erst erhoben wird, genauso wie das Kôan Mu auch versucht den Gegensatz als solches aufzulösen. Dies ergäbe ein Strafsystem, das nicht erst wartet bis etwas passiert ist, denn wenn etwas passiert ist, ist es ja bereits zu spät. Das Kind ist in den Brunnen gefallen. Dieses Zuspät-Sein, diese Unpünktlichkeit des Gesetzes, gilt es aufzulösen, um dahin zu kommen, dass Mensch (Gott) zu sein alleine die Strafe ist. Dann ist das Gesetz gesetzlos, also Gott das Gesetz, das immer zur (ge)rechten Zeit kommt.

Aber ich kann doch keinen verhaften, wenn er noch

nichts getan hat…

Eben darum geht es ja. Es liegt doch ein Mangel darin, dass ausgerechnet das Aufdecken, wie jemand drauf ist, also sich jemand als Schläger oder Mörder outet, dass dieser wichtige Hinweis im selben Moment auch schon das Unglück ist. Der Hinweis darf nicht auch schon das Unglück sein. Es müssen andere Hinweise, weit vor dem Hinweis, der im selben Moment das Unglück ist, erkannt werden. Kurzum, alles ist in die gewaltlose Erziehung des Menschen zu legen, also die Erziehung, in der die Ichlosigkeit den Menschen zum Menschen erzieht, also eine Menschwerdung erzielt wird, sodass die daraus folgende Menschlichkeit, oder wie oben ausgedrückt, der Mensch, der Gott ist, die Strafe ist. Kommt also jemand zu diesem Staat, der diese Erziehung verwirklicht hat, und fragt: „Mit welchen Problemen strafrechtlicher Art habt ihr euch denn hier herumzuschlagen?", so ist die Antwort: „Das einzige Problem, das wir hier haben ist die Menschlichkeit, sie ist unsere Strafe, d.h. wir haben eine Strafe, die keine ist, unsere Strafe ist die Menschlichkeit und nicht der Mord." Ein Mensch dieses Staates, und er kann nur die o.g. freie Staatsform sein, mordet nicht aus sich heraus. Es ist nicht in ihm. Er mordet nicht, nicht weil das Morden unter einer Strafe stehen könnte, sondern er würde auch nicht morden, wenn es keine Strafe gäbe. Er mordet nicht wegen sich. Das Sich aber ist der Staat, weil jeder Einzelne, wie oben beschrieben, der Staat ist, d.h. Strafe, Staat und Mensch sind eins. Dieser Staat stört also nicht die Einsicht, indem er etwas verlangt, was er selbst nicht einhält, denn er ist dasselbe ichlose Ich, das lange schon eingesehen hat. Dieser Staat ist damit auch kein System, das etwa den Mörder produziert, dieses System produziert Menschlichkeit, es ist ein systemloses (strafloses) Strafsystem.

Casper Crowell, Mörder, ehemaliges Mitglied der Aryan Brotherhood:

Jeder hier drin: Die Guten, die Bösen und die Hässlichen. Wir wurden alle mal geliebt. Alle unsere Eltern hatten Hoffnungen und Träume. Sie haben uns nie als Mörder gesehen, die an ihren Mitmenschen die abscheulichsten Verbrechen begehen würden. Das alles wurde uns von diesem System da draußen beigebracht.

Jaja, immer ist das System schuld...

Wenn es nicht systemlos ist, wenn also etwa anderes als die Ichlosigkeit das System ist, dann ist dies auch so. Dann stimmt das auch, was Casper Crowell sagt. Dann nämlich produziert das System den Gegensatz, sei es den von arm und reich, alt und jung, oder eben auch den von Opfer und Täter. Es liegt in der Natur der Sache, d.h. nur die Ichlosigkeit ist schuldlos.

Doch wie viel Wert die meisten Staaten auf eine Überwindung von Opfer und Täter legen, kann man daran ablesen, wie sehr sie Vorbild sein wollen, also den Egoismus, etwa das Ansammeln von Geld, in den Mittelpunkt ihrer Betrachtung stellen.

Oft sind Häftlinge ja auch politische Gefangene...

Solange das System nicht systemlos und damit ein Nicht-System ist, ist jeder Häftling politisch Gefangener. Ein solches Nicht-System ist die o.g. echte Staatsform.

Dann gilt in dem Nicht-System nicht die Aussage von König Osric aus dem Film „Conan, der Barbar": „Ja, ihr habt gegen die falschen Götter aufbegehrt, doch was seid ihr, Diebe!"?

Nein, diese gilt nur solange das System relativ ist, das System also eine Bedingung außerhalb der Menschlichkeit sucht. Ist das System absolut, also systemlos, gilt die Aussage König Osrics nicht.

Warum schnauzt König Osric Conan (Arnold Schwarzenegger) und seine beiden Mitstreiter so an?

Conan und seine beiden Mitstreiter sind auf der Suche nach Reichtümern, bestehlen und bekämpfen dabei die, die die Freiheit der Menschen bedrohen, so auch das Königreich von Osric, d.h. König Osric sagt, ja, ihr habt die Richtigen bekämpft, doch was war euer Motiv, doch nicht die Freiheit, sondern die Gier, die Edelsteine. Ihr seid keine Freiheitskämpfer, sondern nur gewöhnliche Diebe. So lässt er selbst eine Unmenge von Edelsteinen kommen und wirft sie Conan verachtend vor die Füße, um klar zu machen, wie wertlos sie im Angesicht der Freiheit sind. Der Freiheit, die auch Osrics Tochter verloren hat, weil sie den Falschen, den Bestohlenen, folgt.

Aber dann hat König Osric doch recht?

Ja.

Aber Sie sagten doch, in dem absoluten System gelte seine Aussage nicht...

Ja, sie gilt **nicht**, weil in dem absoluten System das, was König Osric sagt, längst verstanden und verwirklicht ist, also längst schon gilt. Es ist längst verstanden, dass das Motiv des Stehlens, wie oben beschrieben, nur Gott sein kann. Es kann in der echten Staatsform also nicht zu der Szene kommen, zu der es in Königs Osrics Königreich kam. Niemand bedarf in ihr einer Belehrung, weil jeder schon belehrt wurde. Das Nicht ist hier also absolut zu verstehen, nicht relativ, **d.h. das Nicht ist das Gelten.**

Dann darf ein Kampf nur für die Freiheit stattfinden?

Ja, religiös ausgedrückt nur für Gott, der die Freiheit

ist.

Viele meinen ja, sie würden für die Freiheit kämpfen, aber tun sie das wirklich?

Vieles ist verlogen, etwa wenn es heißt Deutschlands Freiheit werde am Hindukusch verteidigt, während es tatsächlich nur um geopolitischen Einfluss geht, also eine relative Machtausübung, die auch ein Auge auf die zahlreichen Bodenschätze Afghanistans geworfen hat. Horst Köhler, der ehemalige Bundespräsident, hat nur das ausgesprochen, was nicht ausgesprochen werden durfte.

Aber die Soldaten dort helfen doch die zahlreichen Menschenrechtsverstöße, etwa der Taliban, zu verhindern...

In vielen Ländern gibt es Menschenrechtsverstöße, doch die sogenannten westlichen Staaten würden sich für die in Afghanistan keine Sekunde interessieren, wenn es die genannten Interessen dort nicht gäbe. Der Soldat, der in Afghanistan eingesetzt ist und denkt, er sei Freiheitskämpfer, ein Bürger in Uniform, der die Demokratie in andere Länder trage, hat nicht tief genug geschaut. Weil es nicht um die Freiheit geht, ist er nur ein gewöhnlicher Söldner.

Dieser Kampf für die Freiheit, muss er ein körperlich

geführter Kampf sein?

Früher hätte ich dem zugestimmt. Durch Zen bin ich mir da nicht mehr so sicher. Es mag sein, dass der grössere Kampf für die Freiheit ein rein geistiger Kampf ist, vielleicht am ehesten noch verständlich durch Jesus Christus, der den körperlichen Kampf nicht annimmt, sondern durch die tiefe Einsicht alle Sünden auf sich nimmt und damit der Schöpfung Gewalt entzieht, den Kampf damit nur geistig angenommen hat, und die Dinge durch diesen Entzug erneuert, also die ganze Welt als sein Körper begreift.

Es gibt da...

... eine beeindruckende Stelle in dem bekannten Film „Die Passion Christi" von Regisseur Mel Gibson, ein Film, der wegen seiner Gewaltdarstellung umstritten ist. Zu Unrecht, wie ich finde, diente sie doch nicht der Schaulust, sondern war Teil der Botschaft des Films. In dieser Szene sieht man, wie Jesus, nachdem er brutalst von den Römern misshandelt wurde, blutüberströmt und kaum mehr am Leben das schwere Kreuz den Weg zu seiner Kreuzigung entlang trägt, gesäumt links und rechts von zahlreichen Menschen. Dann bricht er zusammen. Seine Mutter Maria sieht entsetzt zu und rennt verzweifelt zu ihm. Auf dem Boden liegend sagt er in schwacher Stimme zu ihr: „Siehe Mutter, ich mache alle Dinge neu." Jeder würde in Anbetracht seines sterbenden Körpers sagen: „Was hast du eben gesagt, Jesus, du willst die Dinge neu machen? Du? Sieh dich doch mal an, du kannst ja keinen Schritt mehr gehen und ausgerechnet du willst die Dinge neu machen? Was maßt du dir an?" Vielleicht mag die bedingungslose Akzeptanz des Bösen, um es in sich selbst zu überwinden, tatsächlich der einzig mögliche Kampf für Gott, der die Freiheit ist, sein.

Ich hatte, als ich mit dem Kôan Mu begann, oft die Gedanken, oder besser die Erkenntnis, dass wenn ich durch eine Stadt gehe, ich diese alleine durch mein Dasein reinige, also die Relativität der Umgebung vermindere. Ich bin davor erschrocken, weil es mir so furchtbar anmaßend vorkam, doch ich denke, die Erkenntnis ist richtig.

Eine weitere Szene...

... aus diesem Film ist erwähnenswert. Eine Szene, die im Kontext etwa des o.g. Sokratischen Gesprächs steht. In ihr wird Jesus Christus von den Römern übelst ausgepeitscht, wieder und immer wieder. Es hört nicht auf. Die Menschen darum versammelt schauen zu, doch dann wenden sich einige erschaudert ab und gehen. Diese Menschen hat Jesus erreicht. Nicht nur stellt sich damit die Frage, ob Jesus, obwohl scheinbar wehrloses Opfer, nicht doch alle Zügel in der Hand hält, also Herr des Geschehens ist und damit sein Vorhaben die Welt zu erneuern bestätigt, es ist auch, dass das Abwenden nicht durch eine Anordnung von außen, etwa einen Befehl der Römer, zustande kam, sondern der Mensch das Abwenden in sich selbst gefunden hat. Wie also auch bei dem Sokratischen Gespräch oder dem Kôan Mu wurde kein Wissen von außen übermittelt, sondern der Mensch erfuhr das Wissen in sich. Das Wissen um den Menschen.

Zurück zur bedingungslosen Akzeptanz des Bösen. Sie sagen, vielleicht mag sie der einzig mögliche Kampf für die Freiheit sein. Also einfach nur dasitzen und sich um Gott bemühen, während beispielsweise im Nachbarland ein Krieg tobt?

Ja, genau so.

Das macht sicherlich viele erst mal sprachlos...

Ja, und einige würden zu dem Sitzenden dann sicherlich sagen wollen: „Los, steh mal auf, du feiger Hund, was sitzt du da faul herum, hilf gefälligst mal mitzukämpfen, lümmelst hier rum, während andere ehrenvoll für die Freiheit kämpfen und dabei ihr Leben riskieren." Doch es wird nicht verstanden, dass dieser sitzende Mensch nicht dasitzt, sondern etwas tut, was jenseits des Tuns liegt, also das höchste Tun ist, und damit am besten geeignet ist, den Gegensatz, also alle Auseinandersetzung, zu überwinden.

Dazu der weise Sri Nisargadatta Maharaj:

Frage: Machen Sie sich keine Gedanken über den Zustand dieser Welt? Sehen Sie sich die Gräueltaten in Ostpakistan (Krieg in Bangla Desh) an. Berühren sie Sie überhaupt nicht?

*Maharaj: Ich lese die Zeitungen, ich weiß, was passiert! Doch meine Reaktion ist anders als Ihre. Sie suchen nach einem Heilmittel, während ich mich um die Verhinderung kümmere. Solange es Ursachen gibt, muss es auch Auswirkungen geben. Solange die Menschen auf Trennung und Teilung aus sind, solange sie selbstsüchtig und aggressiv sind, werden solche Dinge geschehen. Wenn Sie Frieden und Harmonie in der Welt wollen, müssen Sie Frieden und Harmonie in Ihrem Herzen und Ihrem Verstand haben. Solch ein Wandel kann nicht erzwungen werden, er muss von innen kommen. Wer den Krieg verabscheut, muss den Krieg aus seinem System entfernen. Ohne friedvolle Menschen kann es keinen Frieden in der Welt geben. Solange die Menschen sind, wie sie sind, muss die Welt so sein, wie sie ist. Ich tue meinen Teil, indem ich den Menschen helfe zu erkennen, dass sie die einzige Ursache ihrer eigenen Leiden sind. Auf diese Weise bin ich ein nützlicher Mann. **Doch was ich in mir selbst bin, was mein normaler Zustand ist, kann nicht in Begriffen des gesellschaftlichen Bewusstseins und der Nützlichkeit ausgedrückt werden.** Ich mag darüber reden, Metaphern und Parabeln benutzen, doch es kann nur erfahren werden. Es ist die Erfahrung selbst! Doch es kann nicht beschrieben werden mit Begriffen eines Verstandes, der teilen und Gegensätze aufstellen muss, um zu wissen. Die Welt ist* *wie ein Stück Papier, auf das etwas gedruckt ist. Jeder liest und versteht etwas anderes. Doch das Papier ist der gemeinsame Faktor, immer präsent, selten wahrgenommen. Druckt man ohne Druckerschwärze, bleibt nichts auf dem Papier zurück. So ist mein Verstand. Die Eindrücke kommen ohne Unterlass, doch sie hinterlassen keine Spuren.*

Frage: Warum sitzen Sie hier und sprechen zu den Leuten? Was ist Ihr Motiv?

Maharaj: Ich habe kein Motiv. Sie sagen, ich muss ein Motiv haben. **Weder sitze ich hier noch rede ich,** *also gibt es keinen Grund nach einem Motiv zu suchen. Verwechseln Sie mich nicht mit dem Körper. Ich habe keine Arbeiten zu verrichten oder Pflichten zu erfüllen.* **Der Teil von mir, den Sie Gott nennen, wird sich um die Welt kümmern.** *Diese, Ihre Welt, um die man sich so viel kümmern muss, lebt und bewegt sich in Ihrem Verstand. Tauchen Sie in sie ein, denn die Antworten werden Sie nur dort finden können. Wo sonst sollen Sie sie finden, denn was existiert außerhalb Ihres Bewusstseins?*

Darüber hätte ich mich sehr gerne mal mit Malcolm X unterhalten.

Wieso denn das?

Weil dieses Sitzen, dieses bedingungslose Hinnehmen, der Punkt ist, der Malcolm X völlig auf die Palme brachte und den er an vielen Stellen in seinen Reden ansprach:

So führte ich diese verschiedenen Revolutionen an, Brüder und Schwestern, um euch zu zeigen, es gibt für euch keine friedliche Revolution. **Es gibt keine Halte-die-andere-Wange-hin-Revolution.** *Es gibt keine gewaltlose Revolution. Die einzige Revolution, die gewaltlos ist, ist die Revolution der Schwarzen. Die einzige Revolution, die darauf basiert deinen Feind zu lieben, ist die Revolution der Schwarzen* (im Sinne von, nur wir Schwarzen sind so doof auf Gewalt mit Liebe zu reagieren).

Eine Revolution ist blutig. Eine Revolution ist feindlich. Eine Revolution kennt keinen Kompromiss. Eine Revolution stürzt um und zerstört alles, was sich ihr in den Weg stellt. **Und ihr, sitzt hier herum und sagt: „Ich werde diese Menschen lieben, egal wie sehr sie mich hassen."** *Nein, ihr braucht eine Revolution. Wer hat jemals von einer Revolution gehört, bei der sie die Arme verschränken, so wie Reverend Cleage, der dabei so schön sang: „Wir werden obsiegen." Sagt mir einfach. So was tut man doch nicht in einer Revolution.*

Der weiße Mann macht mit dir dasselbe auf der Straße, wenn er dich durcheinander bringen will und dich übervorteilt und keine Angst haben muss, dass du dich wehrst. **Um dich davon abzuhalten dich zu wehren, hat er diese alten religiösen Onkel Toms, um dich und mich zu lehren, genau wie Novocaine,** *friedlich zu leiden. Nicht etwa hör auf zu leiden, sondern leide einfach nur friedlich.* Wie Reverend Cleage darauf hinwies: „Lass dein Blut in die Straßen fließen." Das ist eine Schande. Und ihr wisst, er ist ein christlicher Prediger, wenn es für ihn eine Schande ist, dann wißt ihr, was es für mich ist.

Es macht so keinen Sinn darüber zu sprechen, was ihr als ein Sitzstreikender tun werdet. Sofort schwächt es euch. Sofort deprimiert es euch. Wie passt das zusammen? Wie? Denkt an das Image eines Sitzenden. **Eine alte Frau kann sitzen. Ein alter Mann kann sitzen. Ein Trottel kann sitzen, ein Feigling kann sitzen, irgendwas kann sitzen. Nun, ihr und ich haben lange genug gesessen, und es ist für uns heute an der Zeit aufzustehen und zu kämpfen, um dies zu unterstützen.**

Die Mau Mau spielten eine bedeutende Rolle Kenia die Freiheit zu bringen, und nicht nur für Kenia, auch andere afrikanische Länder. Denn was die Mau Mau taten, ängstigte den Weißen in anderen Ländern derart, dass er sagte: „Nun, ich bringe dieses Ding besser in Ordnung, bevor einige von ihnen hier auftauchen." **Dies ist gut zu studieren, denn du siehst, was ihn reagieren lässt: Nicht Liebevolles lässt ihn reagieren, nicht Versöhnung lässt ihn reagieren. Das einzige Mal, dass er reagiert, ist, wenn er weiß, du kannst ihn verletzen. Und wenn du ihn wissen lässt, dass du ihn verletzen kannst, muss er zwei- oder dreimal nachdenken, bevor er versucht dich zu verletzen.** *Aber wenn du nichts tust, außer hinzugehen und die*

Verletzung mit Liebe zu erwidern - dann „Gute Nacht". Er weiß dann, du bist verrückt.

Es gibt eine Zeit kühl zu sein und eine Zeit heiß zu sein. Seht, ihr wurdet damit verkorkst, dass es nur eine Zeit für alles gibt. Es gibt eine Zeit zu lieben und eine Zeit zu hassen. Sogar Salomon sagte das, und er war ebenso in der Bibel. **Du nimmst einfach nur etwas aus der Bibel, das sich an deine feige Natur anpasst. Und wenn du nicht kämpfen willst, sagst du: „Nun, Jesus sagte, kämpfe nicht."** *Aber ich glaube nicht einmal, dass Jesus das sagte.*

Ich sah in der Zeitung, wo sie - im Fernsehen, wo sie unten in Selma, Alabama, diese schwarze Frau ergriffen und direkt auf den Boden niederschlugen und sie die Straße runterschleiften. Du sahst es, du versuchst so zu tun, als ob du es nicht sahst, denn du wusstest, du hättest etwas dagegen tun müssen und tatst es nicht. Es zeigte den Sheriff und seine Schergen diese schwarze Frau auf den Boden werfen - auf den Boden. **Und schwarze Männer stehen nichtstuend herum und sagen: „Nun, lasst sie uns besiegen mit unserer Fähigkeit zu lieben." Welche Art von Satz ist das? „Sie besiegen mit unserer Fähigkeit zu lieben."** *Und dann blamiert es den Rest von uns, weil in der ganzen Welt mit dem Bild aufgemacht wird, das eine schwarze Frau zeigt, mit weißen Unmenschen, sie mit ihren Knien unten haltend, und ausgewachsene schwarze Männer stehen zuschauend herum. Aber nein, du bist glücklich, dass sie dich auf der Erde bleiben ließen, geschweige denn im Land bleiben.*

Diese zahlreichen Aussagen von Malcolm X kollidieren also mit den Aussagen von Jesus Christus oder Sri Nisargadatta Maharaj?

In gewissem Sinne ja, in gewissem Sinne nein, weshalb ich mich mit Malcolm X ja auch gerne darüber unterhalten hätte.

Im Grunde stellt Malcolm X die Frage nach der Empörung. Er fragt: Wo ist die Stimme, die sich erhebt und sagt: „So geht das nicht. Diese Ungerechtigkeit nehmen wir nicht länger hin." Er stellt die Frage nach dem Zorn, nicht dem Ärger oder der blinden Wut. Dem Zorn eines Jesus Christus, der empört die Geldwechsler aus dem Tempel wirft.

Papst Gregor der Große (~ 540 – 604): *„Die Vernunft kann sich mit größerer Wucht dem Bösen entgegenstellen, wenn der Zorn ihr dienstbar zur Hand geht."*

Ich stimme Malcolm X zu, dass mit dem Sitzen keine Veränderung erreicht wird, sondern aufgestanden werden muss, um zu handeln und damit die Veränderung herbeizuführen. Aber ich nehme auch in mir wahr, dass bei weisen Menschen wie Jesus Christus oder Sri Nisargadatta Maharaj das bedingungslose Hinnehmen oder Sitzen das höchste Handeln und Aufstehen ist.

Ich halte...

… diese beiden Pole, hier der ernsthaft Sitzende, der handelt, indem er nicht handelt, und dort der, der sagt, das Nicht-Handeln muss auch das Erheben sein, für eine der schwierigsten Fragen im menschlichen Miteinander. Vielleicht halte ich sie aber auch nur deshalb für schwierig, weil es mir noch an Weisheit fehlt, ich also hierzu keine Eindeutigkeit in mir erkenne.

Ich meine, dass diese Pole auch der Unterschied sind zwischen Martin Luther King und Malcolm X, und ich erinnere mich an meine Schulzeit, als wir im Englischunterricht von beiden Texte lasen. Der Tenor war stets derselbe, Martin Luther King, der gute Schwarze, der alle Verständigung durch die Liebe erreichen möchte, und Malcolm X, der böse Schwarze, der den Weißen an den Kragen will. Doch damit machte man es sich zu einfach. Vielleicht zog der Weiße Martin Luther King nur deswegen vor, um es leichter gegen die Schwarzen zu haben. Wenn man schon mit einem schwarzen Bürgerrechtler zu tun haben muss, dann doch lieber mit dem Gemäßigten als dem Radikalen. Dem aus der Sicht des Weißen kleineren Übel.

So sagt Malcolm X:

Einer der vorrangigen Bestandteile in dem ganzen Bürgerrechtekampf war die „Black Muslim"-Bewegung. Die „Black Muslim"-Bewegung, auch wenn sie keinen Anteil an politischen Dingen nahm... - sie nahm nicht viel Anteil an irgendwas, außer Menschen vom Trinken, Rauchen usw. abzuhalten. Moralische

Erneuerung hatte sie, aber jenseits dessen, tat sie nichts. Aber sie sprach eine solch starke Sprache, dass sie die anderen Schwarzen-Organisationen in Zugzwang brachte. Bevor die „Black Muslim"-Bewegung hinzukam, wurde die NAACP (Nationale Vereinigung zur Förderung von farbigen Menschen) als radikal angesehen; sie bereiteten sich darauf vor sie zu überprüfen. ***Und dann kam die „(Black) Muslim"-Bewegung hinzu und ängstigte den Weißen so sehr, dass er zu sagen begann: „Dankt Gott für den alten Onkel Roy (Wilkins) und Onkel Whitney (Young) und Onkel A. Philip (Randolph) und Onkel...*** *- ihr habt eine ganze Menge Onkels da drin. Ich kann mich nicht an ihre Namen erinnern, sie alle sind älter als ich, so nenne ich sie „Onkel". Wenn du heutzutage das Wort „Onkel Tom" verwendest, so hörte ich, verklagen sie dich wegen Beleidigung, wisst ihr. So nenne ich keinen mehr von ihnen Onkel Tom. Ich nenne sie Onkel Roy.*

Die Frage wie dem Bösen zu begegnen ist...

... ist von allergrößter Bedeutung und hochaktuell. Wenn es stimmt, dass der (weiße) Mensch, wie Malcolm X oben sagt, nur reagiert, wenn man ihn verletzen kann, ihm wehtun kann, wenn der Preis einer Attacke zu hoch ist, dann kann beispielsweise Russland im Rahmen der derzeitigen Ukraine-Krise froh sein, über Atomwaffen zu verfügen, sonst hätten die Amis es sich, wie den Irak und viele andere Länder, schon längst einverleibt, wie ein Dieb die Bodenschätze geraubt und Marionetten-Regierungen eingesetzt. Alles natürlich nur aus humanitären Gründen, ist ja klar.

Aber was ist das? Es ist ein Gleichgewicht des Schreckens, in dem die Vernichtung des anderen auch die eigene Vernichtung ist, also die Vernichtung so umfassend ist, dass sie das andere nicht kennt. Es ist eine seltsame Balance, eine pervertierte Mitte, eine relative Mitte, in der die Bedingungen sich gegenseitig blockieren.

Die abschreckende Bedingung...

... erschafft hier also die Freiheit, statt dass die Bedingungslosigkeit die Freiheit erschafft. Schlimm, dass damit das Falsche wiederum Bestätigung findet, sich also die Aussage erhebt: „Gut, dass Russland diese schrecklichen Waffen besitzt, um der Gier derer, die sich für die Elite halten und die in hohem Maße verantwortlich sind für einen moralisch, spirituellen und finanziell bankrotten Westen, die Stirn bieten zu können." Schlimm, dass man das Falsche, das auf der Angst Basierende, gutheißen muss und es dem Pazifisten schwer macht, gegen die Waffen zu argumentieren.

Ja, es ist wahr, das KZ Auschwitz wurde vom Militär befreit, doch unendlich besser wäre es, wenn es nie zu Auschwitz gekommen wäre und damit auch kein Militär benötigt worden wäre. Unendlich besser wäre es, wenn Waffen überflüssig wären.

Unendlich besser wäre es, wenn keine Bedingungen geschaffen würden. Dann wäre die Welt eins.

Ich hatte wirklich geglaubt, dass...

… der Mensch schon weiter sei. Nach dem Ersten Weltkrieg hatte es geheißen, dass dieser Erste Weltkrieg der Krieg gewesen sei, um alle Kriege zu beenden. So schrecklich war er, dass sich niemand vorstellen konnte, etwas derartig Schlimmes nocheinmal zu erleben. Doch nur 21 Jahre später erhob sich ein noch schrecklicherer Krieg, der Zweite Weltkrieg. Und heute werden hier im Westen, auf breiter politischer und medialer Ebene, schon wieder kriegerische Töne angeschlagen, die selbst den Einsatz von Atomwaffen nicht für unmöglich halten. Wann will der Mensch dazulernen? Wenn es zu spät ist?

Für alle die...

… die vergessen haben, was Krieg ist, eine kleine ermahnende Erinnerung.

Harry Patch (1898 - 2009), Soldat des Ersten Weltkriegs:

Ich traf auf einen Kerl aus Cornwall, der war von den Schultern bis zu der Hüfte mit Schrapnellsplittern zerfetzt worden. Er lag in einem Bad aus Blut und seinen eigenen Eingeweiden. Als ich mich zu ihm kniete, sag-

te er: „Erschieß mich!" Noch bevor ich ihn erschießen konnte, war er schon tot. Das Letzte, was er noch sagen konnte, war: „Mutter". Dieses „Mutter" hat mich mein Leben lang verfolgt.

Ein anderes Thema: Könnten Sie etwas zu Zen und der Gesundheit des Menschen sagen?

Was ist Gesundheit?

Nur Mu ist Gesundheit, oder religiös ausgedrückt: Nur Gott ist Gesundheit.

Was hat der Mensch davon, wenn er weiß, dass nur Gott die Gesundheit ist?

Er weiß dann, dass nur Gott krank ist.

Woran ist Gott erkrankt?

An Gott. Gott ist an Gott erkrankt.

Gott ist im selben Moment zwei Zustände, ebenso er also hier Gott ist, wie auch dort Gott ist, ist Gott gesund und krank im selben Moment. Seine Krankheit ist seine Gesundheit, vice versa. Dies ist die Möglichkeit des Wandels des kranken Menschen zum Gesunden. Gott ist also der Ansatzpunkt. Der Hebel. In ihm treffen sich die beiden Dinge. In ihm sind beide eins.

Was ist mit der Unheilbarkeit einer Krankheit?

Gott ist unheilbar an Gott erkrankt. Unheilbar, weil er auch morgen und übermorgen etc. Gott ist, ewig Gott ist.

Der Mensch sollte also verstehen, dass unheilbar nur ein Begriff ist. Ein Begriff, der nur gilt, wenn Gott der Begriff ist, d.h. nur weil die Wissenschaft, die Schulmedizin oder sonst wer sagt, was du hast, ist unheilbar, muss das nicht unheilbar sein.

Machen Sie den Menschen damit nicht falsche Hoffnung?

Nein, denn Gott ist die Hoffnung.

Was heißt das konkret für den kranken Menschen?

Wer sich um Gott bemüht, etwa durch das Kôan Mu, bemüht sich um seine Gesundheit, oder anders ausgedrückt, bemüht sich seine Krankheit loszuwerden, loszulassen, von ihr leer zu werden.

Er lässt in dieser Arbeit Gott an sich heran, lässt sein Dasein von Gott durchdringen, durchströmen, das ist heilend. Ich möchte dabei nicht unerwähnt lassen, dass gerade die Stelle zwischen den Augen auf dieses Wirken Gottes hinweist.

In dieser Arbeit liegt auch das Wissen, andere Wege als die herkömmlichen zu gehen, um gesund zu werden. Andere Wege heißt dann Wege zu Gott, die Wege sind Gott, also etwa auch mal einen Heilpraktiker aufzusuchen oder einen Schamanen etc., in seinem Denken nicht in der verstandesgemäß orientierten Schulmedizin festgefahren zu sein. Dieses Wissen unterscheidet auch zwischen gutem und schlechtem Heilpraktiker etc.

Hierzu auch der weise Sri Nisargadatta Maharaj...

Fragender: Kann ich mich durch reine Kenntnisnahme von einer ernsthaften Erkrankung heilen?

Maharaj: Erkennen Sie den gesamten Zusammenhang und nicht nur die äußeren Symptome. **Jede Erkrankung beginnt im Geist.** *Kümmern Sie sich zuerst um den Geist, indem Sie alle falschen Vorstellungen und Emotionen aufspüren und beseitigen. Dann leben und arbeiten Sie, ohne weiter von dieser Krankheit Kenntnis zu nehmen. Wenn Sie die Ursache beseitigen, wird sich der Effekt von allein auflösen. Der Mensch wird, was er glaubt zu sein.* ***Geben Sie alle Vorstellungen über sich auf*** *und Sie werden sich selbst erkennen als der reine Beobachter, jenseits von allem, was dem Körper und dem Geist geschehen kann.*

Was ist mit dem Kranken, der mit Gott nichts am

Hut hat?

Er sollte sich um das Absolute bemühen, indem er die Krankheit weder bejaht noch verneint, oder anders ausgedrückt weder am Leben noch am Tod hängt.

Viele Menschen sind depressiv. Können Sie etwas zur Depression sagen?

Zen, und damit Mu, gibt dem Menschen die Möglichkeit die Depression zu verlassen, indem er Zen praktiziert. Hierbei tritt an die Stelle der in der Depression stattfindenden Lähmung des Willens, also die Lähmung des Ichs, die frei bewegliche Ichlosigkeit und damit höchste Willenskraft.

Man könnte auch sagen, Zen verhindert, dass der Mensch von einer Last niedergedrückt wird, weil Zen nichts mitträgt, indem Zen alles losgelassen hat.

Ist das Ich des Depressiven eingeengt?

Ja, wohingegen bei dem ichlosen Menschen die Transzendenz, die seine Ichlosigkeit ist, dafür sorgt, dass sich die ihn umgebenden Dinge einfach in ihn verschieben, also die gesamte Welt Platz in ihm findet. Er einen unendlichen Raum zur Verfügung stellt. So bleibt er mit der Welt in Berührung, indem er die Welt ist, während der depressive Mensch von der Welt getrennt ist.

Was ist mit Anti-Depressiva?

Da bin ich sehr, sehr skeptisch. Die Depression ist wichtiger Hinweis auf das Selbst, also auf Mu (Gott). Dieser Hinweis sollte durch ein Medikament nicht verdeckt werden.

Sie schrieben auch mal einen Text, den Sie „Der von sich entfernte Soldat" nannten, warum?

Ich wollte darauf hinweisen, dass der Mensch, der Soldat ist und der von Einsätzen traumatisiert zurückkommt, meist Posttraumatische Belastungsstörung (PTBS) genannt, mit dem Kôan Mu das Instrument erhält, das Trauma zu überwinden und zu sich zurückzufinden.

Ich möchte unabhängig davon, ob...

... der Mensch Soldat ist oder nicht, darauf hinweisen, dass der Mensch, der einen schweren Unfall erlitten hat, vielleicht gelähmt ist oder Gliedmaßen verloren hat, durch Zen in der Lage ist, das Unglück seelisch besser zu verkraften. Zen ist die bedingungslose Akzeptanz. Sie sagt nicht zu allem ja, sondern zu allem ja und nein, d.h. Zen nennt Gott Gott, die Dinge beim Namen, und der Name verliert seinen Schrecken.

Ebenso erkennt dieser Mensch, dass er, auch wenn er vielleicht Gliedmaßen verloren hat, er dennoch nicht vermindert ist, weil das Absolute nicht vermindert werden kann, weil es unteilbar ist.

Behinderte Menschen interessieren nicht, oder?

Damit wäre ich vorsichtig, denn auch Gott ist behindert.

Wodurch?

Durch Gott. Gott ist durch Gott absolut behindert.

Wie heilt man den homosexuellen Menschen von seiner Krankheit?

Das würde ich auch gerne wissen.

Was heißt das?

Es gibt nichts, was zu heilen wäre, weil der homosexuelle Mensch schon geheilt ist. Nur das ist krank, was nicht Gott ist.

Dann ist Gott homosexuell?

Gott ist Gott.

Wenn ein kranker Mensch wirklich im Sterben liegt, was sagt man ihm?

Ich möchte die Beantwortung dieser Frage dem großen Zen-Meister Bassui Tokusho überlassen.

aus: Brief an einen Sterbenden

Das Wesen Deines Geistes ward nicht ins Leben gerufen und geht nicht in den Tod. Es ist nicht Sein, es ist nicht Nichts. Es ist nicht Leere Weite, es ist nicht Sinnenhaftigkeit. Es ist auch nichts, was Schmerz und Freude fühlt. Wie sehr Du auch das, was jetzt krank und voller Schmerzen ist, zu erkennen trachtest, so erkennst Du es (mit dem Verstand) doch nicht. Wohlan denn, was ist die Geist-Substanz dessen, der Krankheit und Schmerzen erleidet? Darüber sinne nach, und außer diesem habe nichts im Sinn, auch keinen anderen Wunsch. Wolle auch nichts verstehen, und verlasse Dich auf sonst nichts. Wenn Du also Deine Tage beschließt, gleich wie Wolken am Himmel vergehen, so wird der Gang Deines Karma enden, und Du wirst alsbald erlöst sein.

Was meint Bassui mit „Das Wesen Deines Geistes ward nicht ins Leben gerufen und geht nicht in den Tod"?

Wie oben beschrieben geht Zen in seiner Wahrnehmung sehr, sehr tief. Lässt der Mensch zu Beginn seines Bemühens um Mu etwa eher grobe Urteile, Ansichten, Meinungen etc. los, so wird das Loszulassende feiner und feiner. Er sieht die Farbe grün, vielleicht einen Rasen, und sagt sich, ich lass das los, was mich veranlasst zu sagen, der Rasen sei grün, ich lass das los, was mich veranlasst zu sagen, dieses oder jenes sei rot oder das sei oben, das sei unten. Aber auch darüber geht Zen noch hinaus. Der Mensch erkennt, dass er nicht geboren wurde und auch nicht stirbt. Es wurde ihm zwar so gesagt, und er hielt sich auch für den Zeugen von dem, was ihm gesagt wurde, doch je näher er an Mu kommt, wird er sich seiner Unsterblichkeit bewusst. Das, was wir Menschen mit Geburt und Tod als derart selbstverständlich ansehen, dass wir nicht einmal daran denken, es in Frage zu stellen, wird in Zen in Frage gestellt und mit dem Loslassen beantwortet.

Ramana Maharshi:

Als Ramana Maharshi am 14. April 1950 starb, versicherte er den Zurückbleibenden: „Das, was ich bin, kann nicht sterben, weil es nie geboren wurde."

Aus: Erleuchtungserlebnis, Frau D. K., kanadische Hausfrau, Alter 35

Langsam veränderte sich mein Blickpunkt: „Ich bin tot! Es gibt nichts, was man ich nennen kann! Niemals gab es mich!"

Sri Nisargadatta Maharaj:

Ich wiederhole: Ich war nicht der Körper, bin nicht der Körper und werde nicht der Körper sein. Für mich ist das eine Tatsache. Auch ich unterlag der Illusion geboren worden zu sein, aber mein Guru ließ mich erkennen, dass Geburt und Tod nur bloße Ideen sind - Geburt ist bloß der Gedanke - „Ich besitze einen Körper." Und Tod - „Ich habe meinen Körper verloren."

Welche Auswirkungen hat dieses Loslassen von Geburt und Tod?

Dass das jetzige Leben nicht in Duale eingeengt ist, also nicht in Anfang (Geburt) und Ende (Tod), sondern der Mensch seine Grenzenlosigkeit erfährt, aus der heraus er frei lebt.

Ich erinnere mich, dass ich als Jugendlicher oft dachte: „Warum soll ich mich da reinhängen, warum mich bemühen, wenn doch eh alles mal ein Ende hat? Es lohnt sich doch gar nicht, noch etwas Neues anzufangen. Ist doch eh bald Schluss." Der, ausgehend von einer Lebenserwartung des Mannes von fünfundsiebzig Jahren, weit wegliegende Tod belastete seltsamerweise mein junges Jetzt. Ich denke, es war, weil meine Eltern immer diese Endzeitpunkte setzten, nach dem Motto: „Jetzt machst du erst mal die Schule und dann diesen Abschluss, dann jenen, dann machst du dies, dann das etc." Vor allem mein Vater sprang von frühan von Schulzeugnis zu Schulzeugnis, und wenn es nicht seinen Erwartungen entsprach, war es, als würdest du an diesem Tag sterben und es kein danach, kein weiter geben. Als würde mit dem Zeugnis alles enden und die Welt untergehen. So ein Drama machte er daraus. Es fiel einem so schwer, danach überhaupt mit irgendetwas weiter zu machen, d.h. mein Vater stand dem besseren Zeugnis selbst im Wege und setzte Grenzen, die es gar nicht gab. Um damals besser damit klar zu kommen, hörte ich immer wieder ein Lied, und zwar die Ballade „Transcendence" von der amerikanischen Heavy Metal Band „Crimson Glory", dessen letzte Liedstrophe heißt „It never really ends", es endet niemals wirklich. Sicherlich, so unterstelle ich mal, wussten die Musiker nicht so genau, wovon sie sangen, aber für mich waren solche Aussagen in Heavy-Metal-Liedern dennoch sehr wichtig. Die Aussage dieses Liedes half mir damals kein Ende zu sehen und das weiter zu tun, womit ich beschäftigt war. Natürlich ist dies in der Tiefe nicht vergleichbar mit dem befreienden Loslassen von Anfang und Ende durch Zen.

Dieser Mensch hat dann auch keine Angst mehr vor dem Tod?

Nein, und damit auch nicht vor dem Leben. Er lebt frei und stirbt frei. Er stirbt seelenruhig.

Dieses Sterben ist das Gegenteil der Aussage Heinrich Himmlers zur SS: *„Ich habe Divisionen, die absolut kirchenlos sind und in aller Seelenruhe sterben."* Der freie Mensch stirbt aus der völligen Akzeptanz von Leben und Tod, Himmlers Aussage hingegen ist das

Sterben aus der Verachtung des Lebens.

Zum Sterben des freien Menschen Philip Kapleau, aus Die drei Pfeiler des Zen:

So zu sterben wie Yaeko, mit der Todesahnung eine Woche zuvor, ohne Schmerzen und in völliger Heiterkeit, das ist, wie Harada Rôshi darlegt, ein Ziel aller Buddhisten, wenngleich eines, das nur wenige erreichen. Dass Yaeko das vollbrachte, ist ein Maßstab für die außerordentlich hohe Bewusstseinsstufe, zu der sie aufgestiegen war, für die Reinheit ihres Glaubens, für ihren Mut und die Ausdauer, die solches ermöglichten. Wer kann Harada Rôshis schmerzlichen Bericht über seine letzten Stunden mit ihr lesen, ohne von ihrem unerschrockenen Geiste und ihrer gänzlichen Selbstlosigkeit bewegt zu werden? Der Arzt, der Zeuge ihres Todes war, den er fachwissenschaftlich auf eine Lungenentzündung zurückführte, erinnert sich daran: „Niemals habe ich irgend jemanden so schön sterben sehen."

Wer war Yaeko?

Kapleau weiter:

In der Geschichte des heutigen japanischen Zen-Buddhismus leuchtet kein Name mit größerem Glanz als jener eines fünfundzwanzigjährigen Mädchens, Yaeko Iwasaki. Sie fand nach etwa fünf Jahren Zazen, während derer sie zum großen Teil auf dem Krankenlager übte, Erleuchtung und vertiefte dann in den folgenden fünf Tagen diese geistige Schau in einem Maße, wie es im heutigen Japan selten ist. Eine Woche später, in Erfüllung ihrer eigenen Vorahnung, war sie tot. In Indien würde sie zweifellos feierlich als Heilige erklärt worden sein und von Tausenden verehrt werden. In Japan ist die Geschichte ihres furchtlosen Lebens und seiner krönenden Vollendung kaum außerhalb der Zen-Kreise bekannt.

Sehr lesenswert.

Um hier kurz auf die Erziehung des Menschen einzugehen: Sie schreiben das Setzen der Endzeitpunkte, wie etwa durch Ihren Vater, wenn es Zeugnisse gab, belastete Sie. Wie ist ein Mensch denn zu erziehen?

Der Mensch ist ichlos zu erziehen. Dann wird der Mensch von der Weisheit erzogen und damit selbst weise. Er nimmt in dieser Erziehung die Nicht-Eigenschaften von Mu an, d.h. er erkennt seine Grenzenlosigkeit, das Gegenteil der genannten Endzeitpunkte, die ihn in seinem Dasein begrenzen, ihn also klein halten und ihm die Möglichkeit rauben, sich im Leben durchzusetzen.

Oder wie Bruce Lee es ausdrückte: *„Verwende keine Begrenzung als Begrenzung."* Lass also das Keine, und damit Mu, die Begrenzung sein.

Ist diese Erziehung autoritär?

Ja, doch weil die Ichlosigkeit die Autorität ist, nein. Es ist so eine autoritäre Erziehung, die nicht autoritär ist, also eine nicht-autoritäre Erziehung oder, um es begrifflich einmal auszureizen, eine autoritäre Nicht-Erziehung. Sie ist immer gewaltlos und sorgt dafür, dass der erzogene Mensch von selbst steht, also selbständig ist.

Die Silbe Auto- ist das Selbst, d.h. die Ichlosigkeit ist der Antrieb des Erzogenen. Dies ist die höchste Motivation Mensch zu sein, etwas was mir, wenn mein Vater das Drama um die Zeugnisse machte, völlig verleidet wurde. Ich hatte durch diese anstrengenden Situationen keinerlei Lust mehr Mensch zu sein, meine Motivation lag erst mal brach und schürte bereits die Angst vor dem nächsten Endzeitpunkt, dem nächsten Zeugnis. Alles Handeln, etwa in der Schule, geschah nur noch aus Angst.

D.h. die, die erziehen, meist die Eltern, sollten weise sein?

Ja, je mehr sie sich erkannt haben, umso besser erziehen sie.

Ich glaube nicht, dass...

... die meisten Eltern ihren Kindern etwas Böses

möchten. Die meisten meinen es sicherlich gut, wissen es aber nicht besser. Kümmern sich oft aber auch nicht darum es besser zu wissen, sicherlich auch, weil sie beruflich zu sehr eingespannt sind.

Ich sah mir im Fernsehen eine Folge einer Doku-Serie an, in der ein Personal Trainer (Life Coach) sehr dicken Menschen zum Abnehmen verhilft, so auch einem sechsunddreißigjährigen Mann, der 220 kg wog. Der Vater sah für das extreme Übergewicht seines Sohnes nur zwei Gründe, nämlich: Mein Sohn bewegt sich zu wenig und isst zu viel.

Das allerdings ist nicht das Erkennen des Wesens, d.h. die Einschätzung des Vaters griff viel zu kurz. Er konnte sich nicht vorstellen, dass das Übergewicht seines Sohnes eine viel tiefere Ursache hatte. Er blieb nur an der Oberfläche. Hätte sich der Vater um Weisheit bemüht, so wäre er der wirklichen Ursache näher gekommen und damit auch in der Lage gewesen tiefere Fragen zu stellen. Fragen, die zu besseren Antworten führen und das Problem lösen.

Was waren die tieferen Ursachen?

Sicherlich ein nicht geklärtes Verhältnis zwischen Sohn und Vater, dann eine Mutter, die ihren Sohn nicht loslassen konnte und alles für ihn erledigte, obwohl er bereits sechsunddreißig war, ihn also noch immer wie ein kleines Kind bemutterte. Ihm selbst fehlte es an Einsicht, und dann war da auch seine Einsamkeit, die das hohe Gewicht mit sich brachte etc.

All diese Stichworte, und egal wie weit diese Aufzählung noch ergänzt würde, sind (ist) die Frage „Wer bin ich?" bzw. „Was ist Mu?"

Letzten Endes ist die Ursache aller Dinge Mu.

Wer also meint...

... die Fülle des Körpers liege nur im Essen und in der Bewegung versteht nicht das Wesen, schon verstandesgemäß an dem Menschen erkennbar, der sich jeden Tag, etwa auf dem Arbeitsplatz, ärgert und dann abends Süßigkeiten in sich hineinstopft. Könnte er durch Zen den Ärger verringern, bräuchte er diese körperverändernde Kompensation nicht mehr und würde die Süßigkeiten entweder ganz weglassen oder auf ein angemessenes Maß beschränken. Er könnte die Süßigkeiten frei aufnehmen und frei weglegen.

Es gibt also keine Diät, das Leben ist die Diät.

Wichtig...

... ist es zu verstehen, dass ein Zusammenhang zwischen dem Körperlichen und dem Geistigen besteht, also der Geist, der nicht gesund ist, d.h. nicht Mu ist, den Körper beeinträchtigt. So war in einer anderen Folge dieser TV-Doku-Serie eine sehr übergewichtige

Frau zu sehen, die in ihrer Kindheit sexuell missbraucht wurde und auf ihrem weiteren Lebensweg in dem ständigen Essen ihre Sicherheit, ihren Halt, ihren Trost suchte, statt diese in Mu zu suchen (Hunger), dem einzigen Ort, wo sie zu finden (Sattsein) sind.

Mu ermöglicht das beste Zusammenspiel von Körper und Geist, indem beide eins sind.

Welche Ziele sollte der Mensch im Leben haben?

Keine.

Aber jeder redet doch davon, dass der Mensch im Leben Ziele haben müsse, die Eltern, die Schule, das Management...

Das spielt keine Rolle. Wichtig ist nur, was ist. Es gibt nur ein Ziel und das ist keines, ist also ein Nicht-Ziel, d.h. das Ziel ist immer Mu. Das Keine ist hier als absolut, nicht als relativ zu verstehen.

Das Nicht-Ziel ist der folgende Dialog:

Frage: Was willst du denn mal werden?
Antwort: Das, was ich bin.

Oder anders ausgedrückt...

... Ziele auf das Leben, und die Dinge ergeben sich.

Eugen Herrigel, aus „Zen in der Kunst des Bogenschießens":

„Die rechte Kunst", rief da der Meister (Awa Kenzo) aus, „ist zwecklos, absichtslos! Je hartnäckiger Sie dabei bleiben, das Abschießen des Pfeiles erlernen zu wollen, damit Sie das Ziel sicher treffen, um so weniger wird das eine gelingen, um so ferner das andere rücken. Es steht Ihnen im Wege, dass Sie einen viel zu willigen Willen haben. Was Sie nicht tun, das, meinen Sie, geschehe nicht."

Kann der Mensch etwas planen?

Nein, es gibt keinen Plan, das Leben ist der Plan.

Joker, der Gegenspieler von Batman, drückt dies sehr schön aus.

Aus dem Film „The Dark Knight":

Ich tue die Dinge einfach. Die Mafia hat Pläne. Die Cops haben Pläne. Gordon hat Pläne. Verstehst du, das sind Pläneschmieder. Wollen ihre kleinen Welten unter Kontrolle halten.

Ich bin kein Pläneschmieder.

Ich versuch Pläneschmiedern zu zeigen, wie armselig

ihre Versuche etwas zu kontrollieren in Wahrheit sind.

Muss ja nicht immer ein Zen-Meister sein, der die Wahrheit ausspricht. ;-)

Kann man dem Menschen, ob jung oder alt, etwas mitgeben, um im Leben klar zu kommen?

Drei Aussagen, die alle dasselbe sind, also eine Aussage sind:

Nisargadatta Maharaj:

Um unbekümmert zu leben, müsst ihr euer eigenes wahres Dasein als unbezwingbar, furchtlos und immer siegreich erkennen. Wenn ihr einmal mit absoluter Sicherheit wisst, dass euch nichts als eure eigene Vorstellung bekümmern kann, kommt ihr dahin, dass ihr eure Wünsche und Ängste, Begriffe und Gedanken nicht beachtet und alleine durch die Wahrheit lebt.

Ramana Maharshi:

Die Ursache Ihres Leids liegt nicht im Leben draußen, sondern in Ihnen als Ihr Ego. Sie legen sich selbst Begrenzungen auf und machen dann vergebliche Anstrengungen, sie zu überwinden.

Lao Tsu (Laotse, 6. Jahrhundert v. Chr.), chinesischer Philosoph:

Wer eine Leere machen könnte aus sich selbst, leicht zu durchdringen für die anderen, wäre Meister aller Situationen.

Alle diese sagen: Sei Mu, erkenne dich selbst.

Wird durch die Selbsterkenntnis eine möglicherweise falsche Erziehung korrigiert?

Ja, um es religiös auszudrücken, Gott, der Mutter und Vater ist, erzieht. Dieses Erziehen ist ohne Fehler, weil Gott ohne Fehler ist, und ist die Korrektur.

Damals scheiterte eine Beziehung von Ihnen, kann Zen etwas für die Beziehung zwischen Frau und Mann tun?

Zen weiß: Eine Beziehung ist nur dann eine Beziehung, wenn die Zwei Eins ist, also Partnerin und Partner denselben Platz in der Beziehung einnehmen und sich in dieser höchsten Nähe zu dem Anderen in dem Anderen erkennen.

Es gilt: 1 + 1 = 1, d.h. der jeweilige Anteil ist das Ganze, der jeweils Einzelne ist die gesamte Beziehung.

Diese Beziehung ist absolut, beruht also nicht auf einer relativen Machtstruktur, in der der Mann über der Frau oder die Frau über dem Mann steht. Kurzum, sie beruht nicht auf Egoismus, sondern das Einssein beider ist das ichlose Ich der Beziehung. Diese Ichlosigkeit ist die Liebe, also das, was beide miteinander verbindet. Verbunden sind beide somit durch die Freiheit.

Sri Nisargadatta Maharaj:

Liebe ist nicht nur ein Wort. Sie ist das Wissen um das „Ich bin". Das ist das Wissen, das wir suchen sollten. Was wir anstreben sollten, ist das Verstehen des „Ich bin".

Freiheit, heißt das dann, jeder kann in der Beziehung machen, was er will?

Jeder kann in der Beziehung machen, was die Ichlosigkeit will, denn sie ist die Beziehung. Die Beziehung ist dann willenlos.

Jeder kann also an der Beziehung arbeiten, indem er zur Ichlosigkeit beiträgt?

Ja, jeder kann an seiner Freiheit arbeiten, die dann die Beziehung umso mehr gewaltlos bindet. Arbeiten, indem jeder die Frage „Wer bin ich?" oder „Was ist Mu?" beantwortet, sich also um die Selbsterkenntnis bemüht, etwa mit dem Kôan Mu. Dieses Arbeiten an sich, ist die Arbeit an der Beziehung, weil das Sich die Beziehung ist. Das Kôan Mu ist damit ein Instrument zum Herstellen von Beziehungsfähigkeit.

Liegt in dieser Arbeit auch das Erkennen, dass man vielleicht blind war?

Ja, die Selbsterkenntnis ist das Gegenteil der Blindheit. Sie lässt erkennen, dass man vielleicht nur ein Bild der Liebe liebte, nicht die Liebe selbst. Um zu lieben, muss der Mensch die Liebe lieben.

Die Blindheit tritt auch dann zutage, wenn gesellschaftliche Vorstellungen nicht überwunden sind, diese also noch nicht durch die Nicht-Vorstellung Gottes ersetzt wurden. So verpasste ich einmal die Möglichkeit zu einer vielleicht tollen Beziehung, weil ich dachte, als Dreißigjähriger bist du zu alt für eine Zwanzigjährige. Dieses Denken ließ mich ihr gegenüber blind sein.

Vielleicht waren Sie ja auch zu alt?

Der Geist kennt kein Alter, und wenn ein Mensch volljährig ist, mag das doch ok sein. Ich kenne fünfzigjährige Frauen und Männer, die sind noch genauso dumm, wie sie es schon mit fünfzehn waren, und ich kenne zwanzigjährige Frauen und Männer, die mit zwanzig geistig schon sehr weit sind. Zu Letzteren gehörte auch diese junge Frau, die ich durch meine Blindheit ablehnte. Das Alter ist kein Garant für Weisheit.

Oft wird von der bedingungslosen Liebe gesprochen.

Heißt bedingungslos, du musst mich lieben, egal was ist?

Nein, bedingungslos heißt, Gott ist Gott, egal was ist, d.h. je mehr du Gott erkennst, also die Frage „Was ist Mu?", die auch die Frage „Wer bin ich?" ist, beantwortest, desto mehr weißt du, was du musst und was du nicht musst.

Es gibt in der tatsächlichen Beziehung also kein Erpressen?

Nein, die Ichlosigkeit, die Gott ist, kann nicht erpresst werden, weil es keine Bedingung gibt, die gestellt werden könnte. Würde es eine Bedingung geben, so wäre die Beziehung relativ, d.h. die Beziehung beruhte dann auf Abhängigkeit, nicht auf Freiheit. „Ich brauch dich" heißt also „Ich brauch dich, um dich nicht zu brauchen", d.h. ich brauche das Nicht, das die Freiheit ist. Dieses Brauchen ist weder ein Gebrauchen, noch ein Verbrauchen, sondern ein Nicht-Brauchen.

Auch heißt es oft, ich tue das alles doch nur für dich...

Alle Dinge, die der Mensch tut, sind nur wegen Mu zu tun. Nicht wegen den Kindern, nicht wegen den Eltern, nicht wegen dem Mann, nicht wegen der Frau etc. Dann geschieht das Tun aus dem richtigen Grund, ist also in und an sich begründet. Es wird dann getan, was zu tun ist, und dieses Tun ist dann auch für die Genannten. Ansonsten wäre das Tun relativ, d.h. der Mensch erwartete etwas außerhalb seiner Selbst und würde damit gerade die belasten, die er eigentlich nicht belasten wollte.

Oder anders ausgedrückt: Tue alle Dinge nur wegen dir. Das Dir wird im Bemühen um Mu nicht-egoistisch, also ein selbstloses Tun, ein sich aufopferndes Tun, das aber keine Opfer kennt, weil es für alle ist.

Kann es für eine Beziehung eine Garantie geben?

Je mehr sich die Beziehung an dem Absoluten orientiert, desto mehr kann sie sich bewahren, weil Gott, um bei der religiösen Ausdrucksweise zu bleiben, der einzige Garant ist, indem er auch morgen noch Gott ist, Gott also in der sich bewegenden Zeit ruht.

Ich machte...

... in meinen damaligen Beziehungen immer wieder den Fehler mich nach der Frau zu richten, statt nach dem Absoluten, das Frau und Mann ist. Ich verwendete zur Orientierung also den falschen Maßstab, wodurch mir das passierte, was ich auch von anderen Männern her kenne, nämlich dass du als Mann selbstbewusst in die Beziehung hineingehst und sie wie ein Häufchen Elend wieder verlässt. Du gehst hinein, um mit der Frau die Welt zu erobern und bist, nachdem du einige Zeit mit ihr zusammen bist, so schwach, dass du sie am liebsten, wie ein kleines Kind, fragen möchtest, ob du mal aufs Klo darfst. Alles Selbstbewusstsein des Beginns ist weg, bei allem, was du tust, schaust du nur noch, ob es ihrer Begutachtung standhält. Das kann nicht lange gutgehen.

Eine allmähliche Unterwerfung unter die eigene Partnerin?

Genau, was sie aber selbst so nicht will, denn sie will ja kein Kind, sondern einen Mann.

Wichtig ist zu verstehen, dass je weniger Frau und Mann, jeder für sich, wissen, wer sie sind, beide eine destruktive Dynamik in ihrer Beziehung in Gang setzen, die Relativität erschafft, statt durch das Durchschauen der Struktur des Absoluten die Beziehung im Absoluten zu halten, in dem es kein Über und Unter gibt.

Kann eine Beziehung auch ein Leben lang dauern?

Kann sie. Sie mag vielleicht aber auch nur wenige Wochen dauern. Wichtig ist einzig, dass die Freiheit des Menschen gewahrt ist. Die Freiheit ist auch die Lebendigkeit. Die Freiheit ist Gott.

Also sind auch ständig wechselnde Beziehungen möglich?

Ja, wenn das Ständig Gott ist, also nicht ein Schema erkennbar ist, sondern die Freiheit (Lebendigkeit) das Schema ist. Die Freiheit also der Grund des Wechsels ist.

Und wenn der Grund nicht die Freiheit ist?

Dann ist ein Schema erkennbar, das außerhalb der Freiheit liegt, d.h. der Mensch sucht etwas außerhalb seiner Selbst, er ist relativ abhängig und kommt so nie an.

Sie sagen ständig wechselnde Beziehungen sind durch Gott gerechtfertigt, wenn das Ständig Gott ist, aber ist es denn nicht so, dass weil es nur den einen Gott gibt, es dann auch nur die eine Frau und den einen Mann fürs Leben geben darf?

Nein, zwar stimmt es, dass Gott der Eine ist, aber der Eine ist alle, d.h. ich finde Gott nicht nur in dem einen Ding, sondern in allen Dingen. Wer sich also zwingt in einer Beziehung zu bleiben, um immer bei dem einen Menschen zu bleiben, zwingt Gott, doch Gott ist frei, d.h. wer meint, Gott damit zu gefallen, gefällt Gott nicht. Er verpasst das Leben, das Gott ist.

Das Eine, das gewahrt sein muss, ist Gott, d.h. das

Ständig muss immer die Freiheit sein. Ist der Mensch mit dem einen Menschen ein Leben lang frei, gibt es keinen Grund daran etwas zu ändern, weil nicht der Zwang, sondern die Freiheit Grund der Beziehung ist.

Bleiben oder verlassen ist also die Frage „Wer ist Gott?"

Ja, oder nicht religiös ausgedrückt die Frage „Was ist Mu?" Da das Kôan Mu diese Frage beantwortet, ist es geeignet die Frage von Bleiben oder Verlassen zu klären.

Die Trennschärfe, mit der bei dieser Klärung das Bleiben von dem Verlassen abgegrenzt und damit Eindeutigkeit erzielt wird, ist eine unendlich tiefe. Oder wie es Zen-Meister Bassui Tokusho so schön ausdrückt:

Du siehst ihn von Angesicht zu Angesicht; aber wer ist Er? Was immer Du auch sagen magst, ist falsch. Und wenn Du nichts sagst, so ist es gleichermaßen falsch. Auf der Spitze einer Fahnenstange gebiert eine Kuh ein Kalb.

Kann man eigentlich „das Gott" sagen, wie eine ehemalige Familienministerin mal behauptete, und was hat das mit Beziehung zu tun?

Gott ist im selben Moment weiblich und männlich,

d.h. Gott ist sie und er, Gott ist die und der, Mutter und Vater. Weil Gott damit den Gegensatz überwunden hat, ist er neutral, ein Neutrum, wohlgemerkt ein absolutes Neutrum, kein relatives. Gott ist also nicht etwa 50 Anteile weiblich und 50 Anteile männlich, sondern 100 Anteile weiblich und 100 Anteile männlich und doch ist die Summe seiner Anteile lediglich 100. Der Teil also das Ganze. Dieses Neutrum ist „das Gott", d.h. die ehemalige Familienministerin hat recht, wenn sie damit das **absolute** Neutrum meinte. Ich kann mir eher nicht vorstellen, dass ihr diese Problematik bekannt war. Gut ist dennoch darauf hinzuweisen, dass Gott nicht nur männlich ist, also nicht der Eindruck entsteht, dass das Männliche über dem Weiblichen steht. Der Hinweis ist eine Absage an jedes Patriarchat.

Wird Gott aber fälschlicherweise als das relative Neutrum verstanden, so wird Gott entfraut (entmannt), d.h. die Frau darf nicht Frau sein, der Mann nicht Mann. Dies schadet der Beziehungsfähigkeit.

Gott ist also absolut geschlechtslos (geschlechtsneutral), nicht relativ geschlechtslos. Das Geschlecht von Gott ist Gott.

Oder anders ausgedrückt: Der Artikel von Gott ist Gott.

Oft belastet Eifersucht die Beziehung zwischen Frau und Mann, kann Zen helfen?

Zen (Mu, Gott) ist die Aussage: Kümmere dich um dich, um dich um den Anderen zu kümmern, dann wird das erkannt, dem vertraut werden kann. Der Mensch kümmert sich um sich, indem er die Frage „Wer bin ich?" beantwortet.

Was muss der Mensch in einer Beziehung ertragen? Muss er alles mitmachen?

Er muss nur Mu mitmachen, da hat er keine Wahl, weil Mu ohne Alternative ist, es also kein Zweites gibt, weil auch das Zweite Mu ist. Je mehr der Mensch also weiß, was Mu ist, und damit weiß, wer er ist, desto mehr weiß er, was er ertragen muss und wo die Grenze liegt, die sagt: „Das mach ich nicht mehr mit."

Je weniger er dies weiß, umso mehr wird er in der Beziehung ausgenutzt.

Wie kann eine Frau emanzipiert sein?

Indem sie sich selbst verwirklicht, also die Frage „Wer bin ich?" bzw. „Was ist Mu?" beantwortet. Sie sucht die Fehler damit nicht bei dem Mann, sondern bei Gott. Mit dem Näherkommen zur Antwort wird das Sich allumfassend, Gott ihr Ich. Weil die Antwort also schließlich Gott ist, ist die Antwort im selben Moment weiblich und männlich, d.h. die Emanzipation ist nicht gegen den Mann gerichtet, sodass die selbstverwirklichte Frau im Interesse des Mannes ist, wie auch seine Selbstverwirklichung in ihrem. Kurzum, beide sind frei, d.h. der Mensch ist Frau und Mann.

Die Freiheit der Frau geht also nicht zu Lasten des Mannes?

Nein, Frau und Mann sind frei durch Mu. Es gibt also kein „Ich bin frei wegen dir." Es gibt kein Wegen. Mu ist das Wegen.

Oder anders ausgedrückt: Emanzipation ist einzig Mu, weil Mu Frau und Mann überwunden hat, also den Menschen sieht. Das ist die Freiheit, die Gerechtigkeit, die Gleichberechtigung, die Mu herstellt. Mu gibt beiden denselben Platz, denselben Freiraum, denselben Begriff.

Nur mal so gefragt: Warum wird in dem Satz „Der Mensch ist Frau und Mann", die Frau erstgenannt, gibt es eine Hierarchie?

In der Aussage: „Der Mensch ist Frau und Mann" nehmen Frau und Mann, wie gerade beschrieben, denselben Platz ein. Sie sind transzendiert, d.h. beide werden erstgenannt, was unsere Schrift aber nicht ermöglicht. Es gibt in Gott (Mu) keine Reihenfolge, d.h. erst kommt Gott und dann kommt Gott, Gott ist also Anfang und Ende. Die Hierarchie ist damit eine Nicht-Hierarchie. Das Und ist bindungslos.

Glauben Sie, dass Alice Schwarzer Ihre letzten Antworten versteht?

Nein, ihre Vorstellung der Emanzipation ist gegen den Mann gerichtet und damit gegen die Frau, d.h. sie schadet Frau und Mann und steht damit der tatsächlichen Emanzipation im Weg. Ich glaube aber, dass die Frauen mehr und mehr verstehen, dass sie mit solcher Art von ideologischer Emanzipation nicht weiterkommen. Nur Mu ist die Gleichheit, die Freiheit, die Gerechtigkeit, nur damit kommen Frau und Mann weiter. Nur in Mu (Gott) ist das Gegen des Gegensatzes aufgehoben und die Bindung zwischen Frau und Mann das Einssein.

Das Bemühen um den anderen Menschen...

... so scheint es mir, ist in unserer deutschen Gesellschaft kompliziert geworden. Ich kannte eine Frau, die, wenn sie von einem Mann angesehen wurde, wobei ich mit Ansehen keine anzüglichen, sondern bewundernde Blicke meine, dann war dieser Mann in ihren Augen ein Schwein. Hast du sie als Mann aber nicht angesehen, dann kam von ihr die Aussage: „Der kann ja nur schwul sein". Das erinnert an die oben beschriebene Auswegslosigkeit von Zen, also egal, was du sagst, ob ja oder nein, es ist immer falsch. Diese Frau gibt dem Mann, und damit auch sich, keine Chance. Sie gibt ihm Rätsel auf, so wie das Kôan Mu ein Rätsel ist. Das Kôan Mu tut dies aber, um zur Lösung zu führen, diese Frau hingegen führt zur Verzweiflung, aus der heraus der Mann das Bemühen um sie irgendwann genervt aufgibt.

Anders ausgedrückt: Bei ihr ist das Keine von „keine Chance" relativ, bei dem Kôan Mu ist das Keine die Chance und damit absolut.

Man hätte sie also ansehen müssen, ohne sie anzusehen...

Genau, wodurch sie es dem Mann unmöglich machte, sich um sie zu bemühen. In ihren Augen war ein Mann, der sich um sie bemühte, verrückt, denn sie sah sich als wertlos. Sie konnte nicht verstehen, dass ein Mann sie lieben könnte. Und doch wollte sie es aufgrund dieses Unverständnisses im selben Moment erzwingen.

Was kann der Mensch tun, der sich wertlos fühlt?

Er sollte erkennen, wer er ist, also die Frage „Was ist Mu?" klären. Er erfährt dann den absoluten Wert, indem er sich erfährt. Das eigene Erfahren ist unendlich mehr, als dass man von anderen, gut gemeint, hört, dass man nicht wertlos sei. Es ist dann, als ob Gott es einem sagt. Wenn man Gott nicht glaubt, wem dann?

Wer diese Frage geklärt hat, ist nicht mehr relativ wertlos, sondern absolut wertlos, d.h. er unterliegt keinem Wert, er ist unbezahlbar.

Krass war...

... im menschlichen Miteinander zwischen Frau und Mann auch, als ich einmal in einem Schnell-Restaurant saß und sich am Tisch daneben zwei Frauen unterhielten, laut genug, dass ich verstehen konnte, wovon sie sprachen. Während ich dasaß und aß, fragte die eine ihre Bekannte, wie es denn beziehungsmäßig so laufe, worauf diese dann antwortete: „Nicht so gut, weißt du. Das, was an Männern so herumläuft, ist nicht viel." Sie meinte dies im Sinne von „Was an Männern herumläuft, ist nur Mist." Weit weg davon jede dahingesagte Bemerkung auf mich zu beziehen, und in der Ichlosigkeit schon gleich gar nicht, war dennoch klar, dass ihre Bemerkung nicht in erster Linie für ihre Bekannte bestimmt war, sondern für mich, den einzigen und zufällig dasitzenden Mann in der Nähe. Und genau den wollte sie in ihrem Frust treffen. Ich dachte, wer so über Männer denkt, da wundert es mich nicht, „gute Frau, dass Sie alleine sind." Die Aussage „Das ist nicht viel" fand ich schon verletzend. War sie denn viel? Wann ist ein Mann, oder allgemein ein Mensch, denn viel? Würde sie verstehen, was viel und wenig ist, würde sie die Männer mit anderen Augen betrachten können und sicherlich so manchen Mann entdecken, der es wert ist. Dann wäre auch sie es wert, diesen zu entdecken.

D.h. je mehr der Mensch Mu erkennt, also ichlos wird, desto weniger steht er einer Beziehung im Wege?

Genau. Ein solcher Mensch ist nahbar. Es ist das Ich, das distanziert.

Eine Frau sagte einmal zu mir, sie hätte sich in meiner Stammkneipe gerne zu mir an die Theke gesetzt, doch etwas, was sie nicht erklären konnte, hätte sie abgehalten. Es war keine Äußerlichkeit oder etwa das, was ich redete, das sie abhielt, es war mein damaliges Ich. Bei dem ichlosen Menschen hingegen, wird kein Widerstand gespürt, weil dieser Mensch zu nichts im Gegensatz steht. Er ist mit sich und der Welt im Reinen. Das ist seine Ausstrahlung.

Unsere Partnerwahl ist nicht immer die Beste, gerade Frauen wählen wohl oft gewalttätige Männer...

Je mehr der Mensch Mu (Gott) erkennt, desto mehr ist seine Wahl wahllos, was sollte auch gewählt werden, wenn das Ja und Nein dasselbe ist, d.h. dieser Mensch wählt nicht mehr, sondern die Ichlosigkeit wählt. Diese Wahl, genaugenommen eine Nicht-Wahl, geschieht und ist immer richtig.

Könnten Sie das genauer erläutern?

Ich kann zur Erläuterung meine eigenen Erfahrungen anführen: Ich gehe in eine Kneipe, eine Bekannte ist dort, und sie heult, weil ihr Typ, den ich kenne und der ein stadtbekanntes Arschloch ist, sie wieder einmal geschlagen hat. Man hört sich als Mann dann das

Geflenne an und denkt sich: „Moment mal, wer hat sich denn dieses Arschloch ausgesucht? Wer hat denn diese supertolle Wahl getroffen? Das war doch sie!"

Bei dieser Frau hatte nicht die Ichlosigkeit den Mann ausgewählt, sondern der Egoismus, ihre Geltungssucht hatte gewählt. Sie wollte einen „richtigen Mann", ein Alphatier. Nicht etwa, weil ihr an diesem Menschen etwas lag, sondern um sich durch ihn zu erhöhen, besser dazustehen, nachdem sie mitbekommen hatte, wie sich die Männer in seiner Nähe ihm unterwerfen. Sie wollte ebenfalls diese Macht besitzen, denn als Frau vom Alphatier fällt ganz sicher etwas von dem Glanz ab. Sie dachte aber auch, dass sie einzig dieses Alphatier zähmen kann, sie also etwas kann, was all diese Männer nicht können. Nicht etwa mit der Art eines Mannes, sondern der einer Frau, worin sie sich aber irrte.

Aufgrund ihrer Geltungssucht...

... konnte sie nicht erkennen, was Alpha wirklich bedeutet. Gott ist Alpha und Omega, das A und O, der erste und der letzte, d.h. egal, welche Richtung, egal, was ist, Gott ist immer führend, anführend, doch seine Führung ist gewaltlos, seine Gewalt Gott. Der Mann, der Gott lebt, ist das wirkliche Alphatier. Er ist durch und durch Mensch.

Wie langweilig...

Nein, mit Langeweile hat dies nichts zu tun. Dieser Mensch ist lebendig, er ist das Gegenteil der Langeweile. Er ist der starke Mensch.

Es ist schon seltsam...

... denn der Mann, der sich dann das Geflenne anhören konnte, den verachtete diese Frau, den hielt sie für schwach, er war für sie gerade gut genug sich den Mist, den sie selber verbockt hatte, anzuhören.

Wer also nicht absichtslos wählt, sodass also die Ichlosigkeit wählt, wählt das Falsche und überlässt der eigenen Verblendung die Wahl, bei der nichts Gutes herauskommen kann. Kurzum, je mehr der Mensch Mu (Gott) erkennt, desto mehr wählt Mu durch ihn, und damit das Richtige, weil Mu aufgrund seiner Absolutheit ohne Fehler ist.

Ist die Frau, die durch ihre Geltungssucht wählt, dann nicht das Gegenteil der emanzipierten Frau?

So ist es. Die emanzipierte Frau wählt durch die Ichlosigkeit, d.h. die Freiheit wählt durch sie, religiös ausgedrückt Gott wählt durch sie. Die Ichlosigkeit erwirbt sie sich durch die o.g. Selbstverwirklichung.

Sie hat es also nicht nötig mehr zu gelten, weil sie

schon das Mehr ist. Sie braucht niemanden, um etwas zu sein, weil sie schon ist. Aus diesem freien Dasein führt sie eine Beziehung oder keine, doch so oder so bleibt sie frei.

Was wählt denn der Mann, wenn er aus Geltungssucht heraus wählt?

Er wählt die Frau, die er wie eine Trophäe ausstellt, um zu sagen: „Seht her, bin ich nicht ein toller Hecht!" Er verwechselt die Frau mit einem Ding, wie auch die Geltungssucht mit der Liebe. Wie die erwähnte geltungssüchtige Frau liebt er also nur sich, und damit keinen. Das ist der Narzissmus, das Gegenteil von Mu. In Mu besteht kein Narzissmus, weil die Transzendenz der unreflektierte Spiegel ist.

Was heißt unreflektiert?

Unreflektiert heißt, die Ichlosigkeit sieht in diesen Spiegel. Wen gibt es da zu sehen, was zu spiegeln? Oder anders ausgedrückt: Der in den Spiegel Schauende und der Spiegel sind eins, wie oben bei Physik und Zen die Aussage von Niels Bohr bzgl. Zuschauer und Mitspieler. Dieser Spiegel ist die ewige Schönheit. Religiös ausgedrückt: Der Mensch blickt in Gott, um sich zu sehen.

Sie meinen jetzt mit unreflektiert aber nicht wie bei

dem Grafen Dracula, weil Vampire kein Spiegelbild haben...

Nein, obwohl ich das cool fände ;-), aber im Ernst: In dem Spiegel der Transzendenz sieht man sich, ohne sich zu sehen, man sieht also das Ohne, man sieht Mu. Es ist das o.g. Verschwinden von Subjekt und Objekt.

All das, was der Mensch wahrnimmt, befleckt diesen Spiegel. Erst wenn die Welt für ihn verschwunden ist, die Dinge also dinglos sind, frei von Eigenschaften, ist der Spiegel rein.

Um auf die Frau, die Sie zugeheult hat, zurückzukommen, hätten Sie Interesse an ihr gehabt?

Nein, wer mit einem Arschloch zusammen ist, also dessen gewalttätige „Werte" teilt, kann nicht plötzlich mit mir zusammen sein, für den andere Werte gelten. Werte, die Lichtjahre näher an dem gewaltlosen Absoluten liegen. Es hat mich immer gestört, wenn in Beziehungen gemeinsam für etwas gestanden wird und nach dieser Zeit alle Überzeugungen plötzlich nicht mehr gelten, nur weil man mit jemand Neuem zusammen ist. Man fragt sich dann, war das, was man sich in der Beziehung sagte, alles gelogen? Und warum sollte man dem Gesagten in der jetzigen Beziehung Glauben schenken?

Mir gefiel...

... bei der o.g. Frau nicht, dass sie nicht an einer ernsthaften Lösung interessiert war, die letzten Endes nur darin liegen konnte mal nach dem „Wer bin ich?" zu fragen, sich also selbst mal in Frage zu stellen. Erst das würde ihr ermöglichen ihre Geltungssucht zu verringern und den gewalttätigen Mann zu verlassen. Schnell war aber klar, dass sie sich selbst nur gerne reden hören wollte und ich ein beliebig austauschbarer Statist war, und wer ist schon gerne in dieser Rolle?

Vielleicht hätten Sie mehr darauf drängen müssen...

Ich bin doch kein Missionar. Manchen muss das Leben eben zeigen, wo es langgeht. Oder wie es so schön heißt: Buddha ist barmherzig, doch er hängt nicht an der Barmherzigkeit, erst das ermöglicht ihm die Barmherzigkeit.

Zur Ehe, wenn Frau und Mann in einer Beziehung sind, muss es dann auch noch ein Eheversprechen sein?

Nein, denn bereits, dass sie zusammen sind, ist das höchste Versprechen, der höchste Segen, kurzum, Gott hat beide zusammengeführt. Da Gott das einzige Versprechen ist, genügt dies.

Wieso ist Gott das einzige Versprechen, ich kann doch auch was versprechen?

Einzig Gott ist Versprechen, weil Gott in der Zeit (Bewegung) ruht, also heute Gott ist, morgen Gott ist, übermorgen Gott ist, etc. Er bleibt immer treu.

Der Mensch kann demnach umso mehr ein Versprechen geben, je mehr er Gott erkennt, oder nicht religiös ausgedrückt die Frage „Was ist Mu?" beantwortet. Meint der Mensch, das Versprechen sei nur eine Sache des Willens, so irrt er, es sei denn, er meint den Willen Gottes, der die Ichlosigkeit ist.

Wer eine Ehe eingeht, sollte also wissen, wer er ist. Ansonsten ist das Ja des Ja-Wortes nicht frei, kein absolutes Ja, sondern nur ein relatives Ja. Er sagt nicht bedingungslos Ja. Er kann nicht wirklich Ja sagen, weil er die Wirklichkeit nicht kennt.

Ist die Ehe dann nur eine formelle Bestätigung des ohnehin schon Bestehenden?

Ja, wobei es wichtig ist, nicht eine überlagernde formelle Struktur zu erschaffen, die in einem Gegensatz steht, also nicht eine Diskrepanz zu erschaffen zwischen dem, was ist und dem, wie es genannt wird. Demnach: Nicht Ehe draufsteht und Lüge drin ist, zwei Menschen zwar miteinander verheiratet sind, aber sich schon lange nichts mehr zu sagen haben. Gott sie längst auseinandergeführt hat, doch das Formelle dem Formlosen nur noch nicht gefolgt ist.

Wozu dann heiraten?

Gute Frage. Die Einen, so scheint es mir, sind in das romantische Ideal der Heiratszeremonie verliebt, Andere sehen vielleicht wirtschaftliche und gesetzliche Gründe. Manche heiraten, weil ihre Eltern es gern hätten, und da sind vielleicht auch die, die wie Heinz Becker (Kabarettist Gerd Dudenhöffer) reden: „Und damals, da hat man halt geheiratet, weil das war halt so."

Doch nichts, außer Gott, ist so, weil es halt so ist, d.h. wer nichts in Frage stellt, darf dies nur deshalb tun, weil er die Frage bereits geklärt hat und nicht etwa, weil er nichts in Frage stellt und einfach nur blind folgt. Er muss auf dem Ziffernblatt auf der 24 stehen, nicht auf der 12. Er muss zu sich zurückgekehrt sein.

Es gibt aber auch die, die in der Ehe eine größere Ernsthaftigkeit sehen, als ohne Ehe in einer Beziehung zu sein. Sie wollen durch die Ehe eine festere, stabilere Bindung...

Der Wunsch ist verständlich, doch nur die Freiheit, die Gott ist, bindet, nur die Freiheit ist stabil, sodass gerade die Ehe, wenn sie als etwas anderes als diese Freiheit verstanden wird, das Gewünschte zu Fall bringt.

Was ist, wenn die Lebendigkeit der Ehe verloren ist?

Dann muss sie neu gefunden werden, sei es innerhalb oder außerhalb der Ehe. Ob innen oder außen ist wiederum die Frage „Was ist Mu?"

Und wenn die Lebendigkeit die Scheidung ist?

Dann ist das halt so. Wichtig ist einzig, wo die Lebendigkeit liegt, die Freiheit liegt, Gott liegt, und alle Genannten sind ein und dasselbe.

Dann ist Gott die Scheidung...

Eine unfassbare Aussage, die die Frage aufwirft, warum es dann etwa in der katholischen Kirche ein Problem mit der Scheidung gibt?

Die katholische Kirche geht davon aus, dass das Ja-Wort absolut ist, also frei zustande kam, der Wille frei geäußert wurde, d.h. die Kirche sagt, zunächst zu Recht, wobei das Recht Gott ist: „Das ist nicht auflösbar, weil du mit dem Ja-Wort „Ja" zu Gott gesagt hast." Tatsächlich war das Ja-Wort Gott, und damit ewiges gegebenes Wort, das nicht zurückgenommen werden kann. Aber hier wird etwas übersehen, nämlich dass Gott über Gott steht. Dieses Über ist absolut und nicht relativ, sodass Gott Gott aufheben kann. Es ist eine Nicht-Hierarchie. Wenn sich also zwei Menschen das Ja-Wort geben und man sagt, dies sei absolut, dann kann dieses Absolute aufgehoben werden durch etwas, das mehr absolut ist. Das Mehr muss aber, um die Beliebigkeit (Oberflächlichkeit) zu verhindern, wiederum absolut sein, also eine Steigerung sein, die keine ist, sondern in sich bleibt. Nicht auflösbar heißt, das Nicht löst auf. Kurzum, die Ehe wird von Gott aufgelöst, **d.h. Gott ist die Scheidung**, wenn die Ehe dem Lebendigeren, also ihm, im Wege steht. Dem Reifen des Menschen, dem mehr Mensch werden, der höheren Erkenntnis. Gott hat kein Interesse an einer formellen Unlebendigkeit des Menschen, schon gar nicht, wenn Kinder in der Ehe vorhanden sind. Er hat kein Interesse daran, dass die Ehe zum Gefängnis wird, sondern stellt die Freiheit, die er selbst ist, über alles. Es gilt damit auch nicht: „Bis dass der Tod euch scheidet", sondern immer nur: „Bis dass Gott euch scheidet", was bei einer lebenslang freien Ehe dasselbe ist.

Dann könnte Gott Gott entheben?

Ja, doch weil das Entheben Gott wäre, würde Gott auf Gott folgen, also nein.

Manche Menschen versuchen Liebe zu kaufen...

Die Liebe ist absolut, d.h. wertlos, sie benennt also keinen Preis, der es ermöglichen würde, sie zu kaufen. Die Liebe ist umsonst, die käufliche Liebe damit ein unerlaubter Widerspruch.

Ich kannte einen älteren rüstigen Mann von über siebzig, der viel Geld hatte. Ständig war er mit irgendwelchen Frauen zwischen vierzig und fünfzig unterwegs. Für jede kaufte er teure Kleider. Doch sie gingen nicht wegen ihm mit, sondern nur wegen dem Geld, das er für sie ausgab. Ihm reichte wohl diese Illusion der Liebe. Fraglich wäre allerdings, wenn er die Illusion nicht als Illusion erkennen und sich etwas vormachen würde.

Bis auf den bedingungslosen Menschen lassen sich alle Menschen mehr oder weniger kaufen. Bei dem Einen leichter ersichtlich, bei dem Anderen etwas versteckter und vielleicht begrifflich verschleiert.

Was ist mit der käuflichen Liebe der Prostitution? Hat Zen damit ein Problem?

Zen hat, außer mit Gott, mit nichts ein Problem.

Alles hängt von der Frage ab, inwieweit das Ja der Frau, die sich prostituiert, frei zustande kommt.

Ansonsten würde ich hier nicht den Begriff der Liebe verwenden, sondern den des Sex.

Je weniger...

... der Mensch weiß, wer er ist, desto weniger ist sein Sagen frei, also unbedingt von den Dingen. Nicht die

Freiheit spricht dann aus dem Menschen, sondern die Bedingtheit, die Relativität. Kurzum, eine Frau mag keinerlei Probleme sehen, sich zu prostituieren und dies auch wirklich so meinen, aber sie mag nur deshalb keine Probleme sehen, weil ihr die Weisheit fehlt. Die Weisheit etwa zu erkennen, dass der Preis ihrer Prostitution ein zu hoher sein mag.

Was ist denn der zu hohe Preis?

Sich zu verlieren.

Es mag...

... gegenüber der Frau vielleicht aber auch eine gewalttätige Atmosphäre geschaffen worden sein, die ihr das Nein nicht mehr erlaubt und sie es sich vor sich dann so zurechtbiegt (rationalisiert), dass die Prostitution für sie in Ordnung ist, sie in dieser Atmosphäre also nicht zu dem freien Willen, der Gott ist, durchdringt.

Oft besteht auch ein Einfluss...

... von außen, den man zunächst gar nicht als solchen wahrnimmt. Wenn man durch die Prostitution zehnmal mehr verdienen kann, als wenn man in der Fabrik arbeitet, in der vielleicht auch noch die Arbeitsbedingungen mies sind, also man sich schon als Arbeiter mehr oder weniger prostituieren muss, quasi ein Arbeiterstrich geschaffen wurde, mag es zur tatsächlichen Prostitution nicht mehr weit sein. Schon gar nicht, wenn die Frau auch noch ein Kind oder ihre Familie versorgen muss. Der Staat, der diese wirtschaftlichen Bedingungen durch billige Löhne etc. geschaffen hat, ist dann der Zuhälter, ein heuchlerischer Zuhälter. Dies liegt im Interesse eines Kapitalismus, der sich eben alles kaufen können möchte, auch Gott.

Manche Frauen, vor allem der Emanzipations-Bewegung nahestehend, sagen, dass sich durch die Prostitution die Männer nicht mehr um die Frauen bemühen...

Die Emanzipation, die sich gegen den Mann richtet und damit nur vermeintlich Emanzipation ist, muss die Frage beantworten, warum ein Mann sich um eine Frau bemühen soll, die ihm gegenüber feindselig eingestellt ist und bereits sein Mann-Dasein, also das fehlerlose Gottgegebene, als Fehler betrachtet, ihn wie Malcolm X sagen würde, schon vor der Geburt verurteilt. Diese Emanzipation fördert geradezu die Prostitution und erreicht damit das Gegenteil von dem, was sie fordert, weil ich da auch lieber zu netten Nutten gehe, als zu bösartigen Emanzen.

Geht man von der tatsächlichen Emanzipation, die Mu ist, aus, dann allerdings mag dieser Einwand berechtigt sein. Es ist doch ein Armutszeugnis für den Menschen, wenn sich eine Frau mit dem Mann nur befasst, weil er dafür bezahlt hat.

So mancher Mann denkt sicherlich, sie würde sich auch ohne sein Geld mit ihm befassen...

Tja, tragisch. Ein Kumpel von mir war auch mal der Meinung die Prostituierte, zu der er drei Tage hintereinander ging, habe sich in ihn verliebt, bis sie am vierten Tag kühl-professionell „Kennen wir uns?" zu ihm meinte. Er stand danach sichtlich unter Schock, und ich dachte, wie kann man nur so naiv sein. Ich musste damals, wir waren beide junge Männer Anfang zwanzig, aufpassen ihm gegenüber nicht laut loszulachen, denn sonst war er immer strahlend wie ein junger Hirsch aus dem Bordell rausgesprungen, während er es dieses Mal mit hängendem Kopf verließ, wie ein alter Mann, gebeugt und mit kleinen Schritten.

Wenn ich an diese Zeit denke...

Einmal kam er hektisch mit hastig angezogenen schief hängenden Kleidern ;-) in die Videothek rüber, in der ich auf ihn wartete, sie lag neben dem Bordell, und schrie herum: „Ralf, ich brauch noch 100 DM", um dann gleich wieder zu seiner Auserwählten zurückzugehen. Er ließ an diesem Abend 400 DM bei ihr, die so zustande kamen:

Es begann mit 100 DM, die zahlte er. Wenn es dann

zur Sache ging und er ihre Brüste anfasste, sagte sie: „Moment mal, das war so aber nicht abgemacht, das kostet 50 DM extra", wenn er die Stellung ändern wollte, sagte sie den Satz nochmal, und so ging es immer weiter, bis er bei 400 DM angelangt war. Welcher Mann ist schon in der Lage, wenn er geil ist, nein zu sagen? Natürlich zockte sie ihn bewusst ab, denn das war ihr ja auch klar. Während dem Sex immer wieder in Vertragsverhandlungen einzusteigen, ist ungefähr so anturnend, wie wenn Al Bundy aus der Serie „Eine schrecklich nette Familie" vor dem Sex mit seiner Frau auf ihren Wunsch hin immer erst den Müll runterbringen muss.

Jeder Mann...

... der Prostituierte aufsucht, mag sich selbst fragen, ob er nicht vielleicht doch ein gewalttätiges System unterstützt und auch seiner eigenen Beziehungsfähigkeit schadet.

Eine Frage noch zur Prostitution, was sagen Sie einer Prostituierten, die die Prostitution verlassen möchte?

Erkenne, wer du bist. Damit beginnt alles, der Rest ergibt sich.

Kommen „wir" zum Schluss...

Alle Dinge drehen sich nur um Gott, und doch ist Gott nicht egozentrisch.

Das Absolute ist ein faszinierender Mechanismus...

Ja, wobei man sagen muss, ein Nicht-Mechanismus, d.h. der Mechanismus von Gott ist die Lebendigkeit, nicht die Technik, nicht die Maschine, nicht die Bürokratie.

Besonders faszinierend finde ich den „Schutzmechanismus" von Gott. Wenn ein Mensch in böser Absicht zu Gott gehen möchte, etwa um ihn zu töten, dann findet er ihn nicht, findet er ihn aber, so will er ihn nicht mehr töten, sondern lieben. Gott schützt sich also durch Liebe, d.h. durch sich. Er schützt sich nicht durch Waffen.

Muss sich der Mensch vor Gott verbeugen?

Ja, aber nicht aus Relativität, also einer Hierarchie heraus, nicht weil er es fordert, sondern aus Einsicht. Der Mensch erkennt, dass Gott es verdient, sich vor ihm zu verbeugen, der tiefsten Weisheit. Das Müssen selbst wird Gott, es geschieht.

Diese tiefste Weisheit ist Zen.

Ralf Scherer

Weitere Bücher von Ralf Scherer

Der Liebende ist kein Sünder, Zen-Erfahrungen (erschienen 2010 im BoD-Verlag)

Website

Ralf Scherer betreibt die zen-buddhistische Website:

„Es (abs.), Nicht"

https://sites.google.com/site/esabsnicht